VIE POPULAIRE

DE

SAINT BENOIT-JOSEPH LABRE

SE VENDENT DANS UN BUT DE PROPAGANDE :

1° **Vie populaire de saint Benoît-Joseph Labre**, par un prêtre mariste.
  Edition in-12. Prix : 2 f. 50 c.
  Edition in-18, avec 4 portraits et 2 plans. Prix : *franco*........ 90 c.
  Edition in-18, avec 1 portrait. Prix : *franco*. 50 c.

2° **Voyage au pays natal de saint Benoît-Joseph Labre**, par A. C. (S. M.). Prix : 30 c. *franco*; 20 fr. le cent.

3° **Neuvaine** ou **Triduum**, en l'honneur de saint Benoît-Joseph Labre, par A. C. (S. M.). Prix : 15 c. *franco*; 1 fr. 25 la douzaine.

4° **Prières et Paroles du Saint; Maximes et sentences.** Prix : 2 fr. 50 le cent; 20 fr. le mille.

5° **Belle lithographie de saint Benoît-Joseph Labre.** Epreuve d'artiste : 2 fr., et 2 fr. 50 *franco*. Epreuve ordinaire : 60 c., et 1 fr. *franco*.

On peut adresser les demandes à la librairie de l'Œuvre de Saint-Paul, rue de Lille, 51, ou à l'auteur, rue de Vaugirard, 104, à Paris.

SAINT BENOIT-JOSEPH LABRE
protégez l'Église et la France contre tous leurs ennemis

LE SAINT PÈLERIN D'AMETTES

VIE POPULAIRE

DE

SAINT BENOIT-JOSEPH LABRE

Né à Amettes (Pas-de-Calais), en 1748
Mort à Rome en 1783
Canonisé le 8 décembre 1881

Par un Prêtre Mariste

> Cherchez d'abord le royaume de Dieu et sa justice; le reste vous sera donné par surcroît. (Luc, XII, 31.)
>
> Quiconque s'abaisse sera élevé. (Luc, XIV, 11).

A. M. D. G. et M. V. I. H.

PARIS
IMPRIMERIE DE L'ŒUVRE DE SAINT-PAUL
51, rue de Lille, 51

—

A Amettes, par Lillers, au presbytère.

—

TOUS DROITS RÉSERVÉS

DÉCLARATION DE L'AUTEUR

Nous soumettons respectueusement cet écrit et notre personne au magistère suprême du Pontife infaillible que Dieu a donné à l'Église comme un guide sûr au milieu des obscurités par lesquelles l'esprit de ténèbres s'efforce de corrompre les âmes dans le monde entier avec une perversité de plus en plus manifeste.

Nous reconnaissons que respect, honneur et soumission sont dus à Sa Sainteté LÉON XIII, choisi par la Providence pour proclamer solennellement la sainteté de l'héroïque Pauvre volontaire, SAINT BENOIT-JOSEPH LABRE, modèle du parfait disciple de Notre-Seigneur Jésus-Christ.

HOMMAGE

à Sa Grandeur

Mgr JEAN-BAPTISTE-JOSEPH LEQUETTE

Evêque d'Arras

Monseigneur,

J'ai reçu le précieux envoi des lettres pastorales et mandements, et la lettre qui l'accompagnait. Je viens remercier Votre Grandeur et la prier de m'excuser pour toute la peine que je lui ai donnée.

Je suis heureux, Monseigneur, que vous vouliez bien agréer l'hommage de la nouvelle édition de mon modeste travail, entrepris l'année dernière afin de contribuer, pour mon humble part, à populariser la connaissance du grand Saint d'Amettes, que l'on aime d'autant plus qu'on l'étudie davantage.

Malgré l'éclat inouï donné par la providence à l'existence obscure et méprisée de cet homme de bien, les ennemis de Dieu et de son Eglise n'ont pas voulu le connaître. Selon leur coutume, ils ont fermé les yeux, pour ne point se rendre à l'évidence. Par leurs écrits impies et mensongers, ils ont donné la limite de leur audace et de leur impuissance ; mais ils n'ont pu ternir la gloire incomparable du *Pauvre volontaire de Jésus-Christ*.

Le travail lent et continu de la sainte Eglise a fait la lumière sur cette vie de renoncement, d'expiation et de prière, à laquelle les mondains ne veulent rien comprendre.

Tandis que les aides de Satan, monstres d'égoïsme et d'impiété, s'en allaient à travers le monde, insultant la majesté divine par le mépris et le blasphème, flattant les grands, semant la révolte et le désordre, jetant à tous les vents du ciel le cri impie de leur cynique chef : « Ecrasons l'infâme » ; LE PAUVRE PÈLERIN, poussé par l'inspiration d'en haut, parcourait l'Europe et montrait en cent lieux divers ce qu'est un véritable disciple du Dieu crucifié. Par sa charité, sa patience, ses mortifications, son humilité, sa piété, il vengeait l'Eglise, le Sauveur et son vicaire sur la terre de toutes les tentatives diaboliques des hommes sinistres et sans cœur qui troublaient les consciences et bouleversaient l'ordre social.

L'acte solennel, accompli par l'Auguste Captif du Vatican, le jour de la fête de l'immaculée Reine des anges et des saints, le 8 décembre dernier, a réduit pour toujours à néant les contradictions. Désormais, jusqu'à la fin des temps, tous les fronts chrétiens s'inclineront aux pieds du *sublime Pénitent du* XVIIIe *siècle.*

Il m'a été donné d'assister à ces fêtes à jamais mémorables, où la place du plus zélé promoteur de la cause du Saint était bien aux côtés du Souverain-Pontife. Je ne saurais oublier les impressions profondes que j'ai ressenties en ces saints jours. Il me semblait vous entendre dire, Monseigneur, avec l'un de vos plus éminents prédécesseurs : « *Pour nous, nous n'avons pas cessé de travailler à vous procurer un nouveau protecteur dans le Ciel. Ce ne sera pas une des moindres gloires de notre long épiscopat que d'avoir conduit à une heureuse fin cette sainte entreprise, et nous nous glorifierons dans le Seigneur d'avoir acquis par là un droit spécial à la protection d'un Saint né dans notre diocèse. C'est la seule récompense que nous ambitionnons.* » (Son Eminence le Cardinal de la Tour d'Auvergne, mandement du 11 décembre 1844.)

Je prie saint *Benoît-Joseph Labre*, qui ne fit jamais que du bien, d'obtenir de Dieu que Votre Grandeur soit conservée pendant de longues années encore à ce diocèse d'Arras, depuis longtemps témoin de vos vertus, de votre zèle et de vos bienfaits.

Daigne Votre Grandeur bénir de nouveau mes trop faibles travaux et leur auteur, et agréer l'hommage de la vive reconnaissance de celui qui est heureux de se dire,

Monseigneur,
de votre Grandeur,
le très humble et dévoué serviteur in X^{to} et M^{ia}.

A. C.,
Prêtre Mariste.

Paris, le 6 mars 1882.

APPROBATIONS

I

Arras, le 3 mars 1882.

Mon Révérend Père,

Je viens vous remercier de l'envoi que vous m'avez fait de la grande gravure de *notre Saint Benoît-Joseph Labre*, et de la vie que vous avez composée.

En ce qui concerne la gravure, j'ai pensé qu'elle était la reproduction d'un portrait peint, qu'on m'a montré à Rome et qu'on assurait avoir été exécuté du vivant du Saint. J'ai cru reconnaître dans la gravure les traits que m'avait présentés le tableau. Quoi qu'il en soit, *cette gravure me paraît bien exécutée et sa diffusion ne contribuera pas peu à exciter de plus en plus la dévotion envers le nouveau Saint.*

Quant à la vie que vous avez composée, je la connaissais déjà et je ne suis pas surpris du grand nombre d'exemplaires qui s'en sont écoulés. *Elle m'avait paru bien propre à intéresser et à mettre à la portée de tous la connaissance d'une vie qui a été si pleine devant Dieu.*

La nouvelle vie que vous vous proposez d'éditer, par les additions dont vous l'enrichirez, ne contribuera pas moins que la précédente à propager la dévotion que mérite à tant de titres le nouveau Saint, qui fait la gloire de mon diocèse. Aussi j'accueille volontiers l'hommage que vous voulez bien m'en faire.

Au sujet de la publication, que vous vous proposez de faire, des *panégyriques de saint Benoît-Joseph*, je me rends volontiers au désir que vous m'exprimez. Je vous envoie, avec mes mandements et lettres circulaires, ceux et celles de mon vénéré prédécesseur, Mgr Parisis, et le seul mandement que Mgr le Cardinal ait fait à ce sujet, en 1844 ....

Agréez, mon révérend Père, avec mes félicitations sur le zèle qui vous anime envers notre cher Saint, l'assurance de mes sentiments dévoués en N.-S.

† J.-B.-J., Evêque d'Arras.

II

Lyon, le 8 octobre 1881.

Comme nous avons besoin du *Patronage de Marie*, dont nous célébrons aujourd'hui la fête, pour lutter contre Satan et ses suppôts! C'est vraiment l'enfer tout entier déchaîné sur la terre. Le cœur me saigne, quand je pense à l'Eglise de Dieu et à notre pauvre pays.

Vous contribuez à faire tomber sur eux les grâces du Père Tout-Puissant en répandant votre bon petit livre sur le *Bienheureux Labre*. Ce mendiant, fort auprès de Dieu, n'oubliera ni ceux qui le servent, ni Rome, ni la France. Je vous remercie, pour ma part, de cette bonne œuvre.

Votre bien tendrement dévoué en J. M. J.

† Ferd. Vitte, *Ev. d'Anastasiopolis*.

— X —

III

J'ai été très touché et je vous suis très reconnaissant de l'envoi que vous m'avez fait de la VIE DE SAINT BENOÎT-JOSEPH LABRE. Je l'ai lue avec le plus vif intérêt et une grande édification.

Ecrite pour le peuple sur des documents véridiques elle reproduit fidèlement les traits et l'esprit du Saint, avec son humilité, sa pauvreté, sa mortification et son amour embrasé pour le Dieu de l'Eucharistie. Elle exhale un parfum de piété, qui attire les âmes simples et craignant Dieu.

Votre livre a fait beaucoup de bien. Vous allez en donner une nouvelle édition. Je m'en réjouis et j'espère que, venant après la canonisation solennelle du Saint, elle aura encore plus de succès que la première.

J. FAVRE,
Sup^r S. M.

Le 8 mars 1882.

IV

J'ai lu avec beaucoup d'édification et un intérêt constant la *vie populaire de saint Benoît-Joseph Labre*, par un prêtre mariste.

Le travail de l'auteur disparaît et l'on n'y respire que le parfum des vertus du Saint, peint pour ainsi dire par lui-même. Sa physionomie est mise en relief par une relation presque non interrompue de ses paroles, de ses maximes, de ses lettres ; à chaque page on croit l'entendre, le voir, s'entretenir en quelque sorte avec lui... Aussi cette vie me paraît admirablement propre à faire aimer le Saint et à populariser son culte.

Ce sera un grand service rendu aux âmes. Notre siècle, malade d'un amour effréné du bien-être, des richesses et des honneurs, a besoin plus que jamais de se retremper par la vue du sacrifice et de l'abnégation poussés jusqu'à l'héroïsme.

H. DEPOIX,
Prov. S. M.

Le 28 février 1882.

V

Cambrai, le 14 avril 1882.

MON RÉVÉREND PÈRE,

Plus que d'autres enfants de la sainte Eglise, nous sommes sensibles à tout ce qui intéresse la gloire de saint *Benoît-Joseph Labre,* puisqu'il est de notre province ecclésiastique, et plus que d'autres nous devons être reconnaissants envers ceux qui popularisent le culte de notre Saint.

Je vous remercie donc du fond du cœur pour vos deux opuscules (1). Je les ai lus ; ils m'ont édifié et intéressé, et je suis sûr qu'ils obtiendront partout ce double résultat.

Je suis, etc.

† ALFRED,
Arch. de Cambrai.

(1) La *Vie populaire de saint Benoît-Joseph Labre* et le *Voyage au pays natal de saint Benoît-Joseph Labre.*

VI

Verdun, le 28 avril 1882.

Evêché de Verdun,

La « Vie de saint Benoit-Joseph Labre », écrite avec simplicité et onction, offre une lecture des plus édifiantes et des mieux appropriées aux besoins de notre temps.

L'auteur ne s'est pas contenté de donner l'hagiographie très détaillée du Saint; il a soigneusement réuni « ses Prières et ses Maximes » dans la dernière partie de son ouvrage, et en a fait ainsi un livre de piété à la fois intéressant et pratique.

† Augustin,
Evêque de Verdun.

PRÉFACE DE L'AUTEUR

Encouragé par le bienveillant accueil fait à l'édition in-18 de la VIE POPULAIRE DE SAINT BENOIT-JOSEPH LABRE que nous publiâmes vers le milieu de l'année dernière pour venir en aide à la postulation de la cause de Canonisation, nous nous sommes décidé à répondre au désir manifesté par un grand nombre de personnes, qui ont trouvé le caractère fin et trop serré. L'édition in-12, que nous présentons aujourd'hui au public, donne satisfaction à ce légitime désir. Nous n'avons rien négligé pour en faire un beau volume, tout en restant dans de justes limites pour le prix.

Elle diffère par quelques additions seulement de l'in-18, que nous continuerons à réimprimer et dont plus de 15000 exemplaires ont été vendus en moins de huit mois.

Nous voulons avant tout faire une œuvre de propagande et contribuer à répandre la connaissance et le culte d'un admirable Saint que Dieu a donné au monde pour montrer ce que valent les mensonges et les prétentions des impies et en quoi consistent la vraie grandeur et la vraie gloire.

Daigne le Saint continuer à bénir nos efforts et obtenir pour la France, notre patrie, la paix par la fidélité à ses devoirs.

A. C.,
Servus Mariæ.

Paris, en la fête de l'Annonciation de la Ste Vierge, le 25 Mars 1882.

INTRODUCTION

> Un pauvre qui a la vraie
> sagesse est bien supé-
> rieur à un riche insensé
> qui ne sait pas prévoir
> l'avenir éternel.

Tandis que les soi-disant philosophes du dix-huitième siècle traitaient de fables, de légendes ineptes les récits merveilleux des vies des saints, Dieu donna à leur vaine science le plus formel démenti pratique par la vie extraordinaire de Benoit-Joseph Labre. Cet homme singulier, né dans le pays même où étaient affichées publiquement toutes les théories les plus perverses, a donné au monde les enseignements dont il a le plus grand besoin.

Les maximes évangéliques sont considérées comme des absurdités, des impossibilités. Au même temps, apparaît dans un village inconnu ce pauvre volontaire que l'amour des choses célestes porte à renoncer à tous les avantages terrestres pour résumer en lui, au milieu du monde, l'*esprit d'abnégation et de mortification* des anachorètes, l'*esprit de contemplation* des moines qui s'enferment dans les cloîtres pour mener une vie toute de recueillement intérieur, méconnue des gens du monde, l'*esprit de pureté* d'un saint Louis de Gonzague, l'*esprit de charité* d'un saint Vincent de Paul. Dans un corps mortel, il vit comme un ange, se refusant tout ce qui n'est pas absolument nécessaire pour soutenir son existence, et montrant ainsi combien de superfluités se rencontrent généralement dans la vie ordinaire.

Le miracle était nié, l'intercession des Saints rejetée, et, Benoît à peine mort, les foules se portent auprès de son corps, le vénèrent et prient celui que déjà la rumeur publique nomme un Saint; Dieu se plaît à manifester par des miracles sans nombre le pouvoir du *pauvre Pèlerin*, inconnu ou méprisé par le plus grand nombre tant qu'il vécut. Les maux de l'esprit et les maux du corps sont guéris à la fois; la lumière se fait en ceux qui ne croyaient pas ; la santé est rendue aux malades.

Au milieu de l'incrédulité générale, la puissance divine se manifeste en France comme à Rome et dans un grand nombre de lieux à la fois. Le pauvre volontaire, que naguère l'on traitait de mendiant et d'insensé, obtient maintenant de Dieu l'aumône spirituelle et l'aumône corporelle pour tous.

En ce moment où le naturalisme moderne pénètre partout, et où tout gravite autour du veau d'or, la glorification par l'Eglise d'un pauvre méprisé du monde durant sa vie, vénéré de tous, et marqué par Dieu lui-même du sceau des Saints immédiatement après sa mort, est le plus grand enseignement et le plus bel exemple en faveur des maximes évangéliques, que tous les efforts de Satan et de ses suppôts réunis ne pourront jamais anéantir.

Ce *grand Saint français,* dont la vie fut une sévère condamnation des fausses maximes du XVIIIe siècle, nous apprend ce qu'il faut penser du luxe, de la légèreté et de la mondanité de notre époque.

Il est pour nous un exemple admirable en

même temps qu'une sérieuse leçon. Il nous montre la voie étroite que doit suivre le vrai chrétien pour arriver à Dieu, et il nous enseigne la vanité des biens terrestres et quelle folie c'est de s'y attacher. Le Ciel ! voilà le seul bien véritable, auquel nous devons tendre par la pratique des vertus chrétiennes. Si nous le voulons, rien ne pourra nous le ravir.

« Dieu l'a fait naître, dit l'abbé Marconi pour confondre l'*incrédulité* de ce siècle, pour en briser l'*orgueil* et pour en condamner la *mollesse*. Car, dès l'enfance, il se proposa d'observer à la lettre le divin Evangile, d'exprimer et de porter en lui l'image de Jésus-Christ la plus ressemblante qu'il serait possible..... Il a merveilleusement accompli ce dessein... On voyait briller dans ses mœurs *la douceur, l'humilité, la pauvreté, le mépris du monde, la modestie, la dévotion, la suavité* et les autres vertus de Jésus-Christ, notre Sauveur ; de sorte que, dès la première fois qu'on jetait les yeux sur lui, aussitôt on concevait l'opinion d'une âme sainte, et on était porté à s'écrier : *Oh ! quelle ressemblance a ce pauvre avec notre Sauveur !*

« Il a gardé constamment une humilité profonde, une extrême pauvreté et une austérité si rigide en tout, qu'on peut l'appeler un *miroir de la pénitence*. Continuelle était son oraison, pendant laquelle on l'a vu quelquefois environné de lumière. C'est pourquoi le Seigneur l'avait favorisé de plusieurs dons surnaturels, surtout de la pénétration des esprits et de la prophétie, car il a manifesté à plusieurs l'état de leur conscience et il a prédit clairement tous les honneurs qui lui seraient rendus après sa mort. On a aussi tout lieu de croire qu'il s'est quelquefois multiplié, se trouvant en plusieurs lieux en même temps. Il a opéré quelques merveilles pendant sa vie : mais les grâces et les prodiges après sa mort, on peut dire qu'ils sont innombrables. Le bruit de sa sainteté s'est répandu aussitôt dans toute la ville et ailleurs ; et l'on voit toujours des étrangers qui viennent honorer son tombeau. Beaucoup de grands saints sont morts ici (à Rome) ; ils ont fait à leur mort beaucoup de miracles et de bruit : mais Benoît les a surpassés tous. »

Les sectaires, esclaves de l'esprit de mensonge, peuvent s'indigner, insulter et blasphémer ; le *saint Pauvre d'Amettes,* acclamé par les foules, glorifié par Dieu lui-même et canonisé par l'Eglise, sera à jamais honoré, imité et invoqué par tous les fidèles disciples de Notre-Seigneur Jésus-Christ, qui seul donne le salut et la paix aux âmes et aux sociétés.

O saint Benoit-Joseph Labre ! Les ténèbres nous envahissent de nouveau dans le siècle que l'on appelait le siècle des lumières. Demandez pour nous à Jésus et à Marie, nous vous en supplions, la lumière et la force pour combattre victorieusement l'ennemi qui, depuis le commencement des temps, continue toujours avec la même perversité et avec les mêmes moyens honteux et hypocrites, de travailler à la ruine des âmes, en s'efforçant de les enfler d'orgueil et en excitant toutes les convoitises. Puissions-nous comprendre, par l'étude de votre admirable vie, qu'il n'y a, sur la terre, de vraie joie qu'à contempler Jésus-Christ, à le suivre et à l'imiter, en méprisant les avantages terrestres, recherchés avec tant d'avidité par les mondains, toujours insatiables et dévorés sans cesse par le dégoût et par l'ennui.

Grand Saint, qui nous montrez le vrai chemin du bonheur, priez pour nous ; obtenez-nous la grâce de bien connaître la volonté de Dieu et de la suivre aussi fidèlement que vous l'avez toujours fait.

O Marie, Mère immaculée de Jésus, veillez sur nous !

Loués soient Jésus et Marie à jamais !

Les paroles des saints furent, pour les personnes auxquelles elles s'adressaient, un sujet d'édification, d'encouragement et de consolation. Elles portent toujours en elles un parfum délicieux qui réjouit, console et fortifie les âmes fidèles. Benoît-Joseph Labre a parlé peu, mais tout ce qu'il a dit est marqué au coin de la sainteté. En l'entendant, une malade disait que chacune de ses paroles était une *consolation du Paradis*. Je me suis efforcé d'en recueillir le plus grand nombre possible et de les faire entrer dans ce volume au milieu des faits nombreux qui nous montrent, comme disait le Saint, que, avec la grâce de Dieu, « *Qui veut, peut* » atteindre à la plus haute sainteté. Il suffit de vouloir énergiquement.

VIE
DE
SAINT BENOIT-JOSEPH LABRE

PREMIÈRE PARTIE

ENFANCE ET JEUNESSE DE BENOIT-JOSEPH LABRE

CHAPITRE PREMIER

ENFANCE DE BENOIT

> Heureux Benoit ! Plût à Dieu
> que nous lui ressemblions !

Au milieu d'un siècle où la corruption des mœurs, l'orgueil de l'esprit et les tendances irréligieuses allaient grandissant en France d'une manière effrayante, *Benoît-Joseph Labre* naquit, le 26 mars 1748, à Amettes, petit village du diocèse de Boulogne (1). Il fut l'aîné des quinze enfants de Jean-Baptiste Labre et de Anne-Barbe Grandsir, vivant du revenu d'un modeste patri-

---

(1) Amettes est aujourd'hui du diocèse d'Arras. C'est un petit village, situé dans une vallée ombragée, au fond de laquelle coule le ruisseau appelé *la Nave*. Il est à 7 ou 8 kilomètres de Lillers, station du chemin de fer du Nord, entre Arras et Boulogne, non loin de Béthune.

moine qu'ils cultivaient eux-mêmes, et d'un petit commerce de mercerie. Ses parents se distinguaient par une grande piété. L'assistance quotidienne au saint sacrifice de la messe était d'usage traditionnel dans leur famille, et l'habitude qu'ils avaient de donner aux enfants le nom de Joseph dénote une dévotion toute particulière au saint époux de la Vierge Marie (1).

Le lendemain de sa naissance, cet enfant prédestiné fut baptisé, dans l'église paroissiale d'Amettes, par son oncle François-Joseph Labre, vicaire d'Ames et plus tard curé d'Erin, qui fut son parrain (2).

Aussitôt que les premières lueurs de la raison commencèrent à se manifester, on lui inspira l'amour de *Jésus,* de *Marie* et de *Joseph,* que les âmes vraiment chrétiennes ne séparent jamais dans leur dévotion. La mère imprima dans son jeune cœur les éléments de la piété, en même temps qu'elle prenait soin de sa vie. *Il se plaisait aux pratiques religieuses et il imitait tout ce qui se faisait à l'église où sa mère pouvait le conduire et le garder autant qu'elle le voulait.*

De bonne heure pénétré de la crainte de Dieu, il conçut une grande horreur du péché et on le vit s'efforcer d'en éviter les occasions ; il renonça

(1) Cette coutume s'est conservée à Amettes.
(2) Le baptistère actuel de l'église d'Amettes est celui qui servit au baptême du Saint.

même aux amusements turbulents de l'enfance, parce qu'ils l'exposaient à le commettre. D'un tempérament ardent, il travaillait à se contenir ; il prenait ainsi un certain empire sur lui-même, il tendait à devenir doux et pacifique, et il acceptait les réprimandes avec un air souriant et sans manifester le moindre mouvement d'humeur. Il préludait de la sorte à la sainteté, dont il devait être un modèle si parfait.

Eclairé par les lumières de la grâce et formé par l'éducation de famille, Benoît comprit à un âge très tendre les grandes maximes de l'Evangile : l'obligation de servir Dieu, le devoir de suivre fidèlement Jésus-Christ en pratiquant la complète abnégation de soi-même, la nécessité de mortifier ses sens et les tendances de l'âme vers les biens terrestres, pour vivre de la vie surnaturelle.

Il n'avait encore que quatre ou cinq ans ; son attrait pour la mortification et pour la prière se montrait déjà. Il était indifférent à toutes les satisfactions de la vanité : les aises, les caresses, les flatteries, la nourriture, le vêtement, etc. Il ne se contentait pas de la prière faite en commun, suivant l'usage de la famille, mais il se retirait à l'écart pour prier, il s'exerçait à servir la messe et il se portait avec empressement à tout ce qui avait rapport à Dieu.

Il passa la plus grande partie de sa quatrième

et de sa cinquième année chez sa grand'mère maternelle Anne-Théodore Vincent (1) ; c'est là que se révéla surtout la précocité de ses heureuses qualités et de ses sentiments élevés. L'aîné de ses oncles maternels, Jacques-Joseph Vincent, alors sous-diacre, remarqua les aptitudes de son neveu pour la piété ; il se mit avec affection à les développer et employa une partie de ses journées à l'instruire et à le former aux exercices de dévotion.

Il lui apprit à lire, pour le rendre capable d'étudier le catéchisme et de faire des lectures pieuses. Pour le punir, quelquefois il l'obligeait à tenir les bras en croix ou à réciter le rosaire ; l'enfant obéissait promptement et avec joie. Il observait son oncle, et il profitait de ses exemples autant que de ses leçons. Ses parents ne cessaient de remercier Dieu de leur avoir donné un fils si vertueux.

En témoignage des actes de vertu de son docile disciple, M. Vincent écrivait plus tard : « Mon neveu Benoît, dès sa plus tendre jeunesse, s'est rendu aimable par sa grande douceur. Déjà pénétré de la majesté des lieux saints et de la sainteté des mystères, il n'y paraissait qu'avec une modestie et une ferveur édifiantes. »

(1) La famille Vincent demeurait à *Amettes*. On montre la ferme qu'elle habitait à la Cauchiette, à l'endroit où la Coqueline se réunit à la Nave ; elle est parfaitement conservée.

Il avait six ans environ lorsque son oncle rentra au séminaire pour se préparer au sacerdoce. Ses parents le prirent alors chez eux pendant l'hiver, pour l'envoyer à l'école du village, plus rapprochée de leur domicile que de celui de sa grand'mère, où il retourna les étés suivants. Il eut là pour maître, d'abord pendant deux ans et demi M. François-Joseph Forgeois qui enseignait les principes de lecture et d'écriture aux commençants, puis M. l'abbé François d'Hanotel, vicaire de la paroisse, directeur de l'école.

Il se distingua de tous les enfants de son âge par sa modestie, sa piété, sa docilité, sa douceur, sa tranquillité et son application pour apprendre les éléments de la lecture et en particulier ceux de la religion. Il aimait à se trouver avec le vicaire, contrairement à la tendance des autres élèves qui craignaient sa sévérité contre les paresseux. Aussi bien il ne perdait jamais son temps. Si M. Forgeois voulait le retenir un peu auprès de lui dans le temps de l'étude, l'enfant, s'efforçant de regagner sa place, lui disait : « *Oh! laissez-moi aller, je vous prie, parce qu'autrement je ne saurai pas ma leçon.* — Mais alors je vous pardonnerai, parce que j'en aurai été la cause. — *Oh! oui, mais tout de même je ne la saurai pas.* »

Il était doux et patient avec ses camarades, respectueux et obéissant avec ses maîtres. Il ne manifesta jamais aucun des signes d'impatience, de jalousie, de paresse et d'espièglerie si ordinaires aux enfants. Il était toujours gai et content.

Il n'avait encore que sept ou huit ans et il joignait déjà à la douceur et à l'affabilité de l'enfance la gravité de l'âge mûr. A la fin des classes, il s'en allait tout seul et posément, sans s'arrêter ni se détourner de son chemin, pour s'amuser, comme ont coutume de le faire les enfants. Son maître, le voyant toujours sortir le dernier, lui en demanda la raison. « *J'aime mieux*, répondit naïvement Benoît, *laisser partir les autres avant moi, parce que, en sortant après eux, j'arrive plus vite à la maison.* » Déjà cet amour de la solitude et du recueillement, qu'il porta à un si haut degré durant sa vie, se manifestait en cet enfant béni du ciel.

Grâce à son application et aux bonnes méthodes d'enseignement, Benoît fit de rapides progrès : il sut bientôt lire et compter. Sa piété se montrait en tout ; son plus grand plaisir était de lire de bons livres et d'apprendre parfaitement ses prières et d'autres formules de dévotion.

Lorsqu'il atteignit sa dixième année, on l'envoya à Nédon, chez M. Delrue, dont l'école, d'un degré plus élevé que celle d'Amettes, était ouverte même pendant les moissons. L'assiduité de Benoît, son amabilité et sa condescendance envers ses condisciples, sa prudence et sa modestie le faisaient aimer de tous, maîtres et élèves. Ses rapports avec M. Delrue étaient empreints d'une confiance entière et respectueuse, excluant toute crainte, « tant sa conscience était tranquille à cet égard. Aussi, écrit son maître, la satisfaction que me donnait cet enfant était si complète, que je ne me souviens pas d'avoir jamais eu à lui dire la moindre parole qui pût lui faire de la peine. »

Ses camarades l'avaient en telle estime qu'ils le prenaient pour modèle et se tenaient avec soin sur leur garde en sa présence. Si l'un d'eux faisait un acte tant soit peu blâmable, les autres lui disaient : « Ce n'est pas la façon de Benoît ; ce n'est pas comme cela que fait Benoît. »

A la maison, il était, comme à l'école, respectueux envers tous, docile aux moindres désirs de son père et de sa mère, bon envers ses frères et sœurs, tous plus jeunes que lui : il les instruisait, les consolait de leurs petits chagrins et les édifiait par sa douceur, sa modestie, sa patience à tout supporter, son obéissance à ses parents et son recueillement à l'église et pendant les prières faites en commun dans la famille.

Quand il avait un moment libre, au lieu de le perdre à s'amuser, comme il est si naturel à cet âge, il se retirait à l'écart pour apprendre ses leçons ou faire quelque lecture pieuse. « Lorsqu'il sut lire, dit son oncle, Benoît-Joseph ne se trouva plus guère aux jeux et aux récréations ; au lieu de prendre ces plaisirs innocents, il se retirait à l'écart pour lire des livres de piété. »

Il s'exerçait déjà en cachette à la mortification, en se surveillant beaucoup dans son maintien ainsi que dans ses paroles et en se refusant tous les petits riens qui font tant de plaisir aux enfants. On le vit même dormir, la tête sur une planche, en guise d'oreiller, et quelquefois étendu sur le plancher. Dieu manifestait dès lors la vocation de son serviteur à la vie austère dont il a été un modèle parfait.

D'un naturel vif et déterminé, il eut à faire de grands efforts sur lui-même et des actes de vertu continuels pour atteindre le degré d'abnégation, d'abandon à la Providence, de condescendance envers les autres, d'oubli de lui-même et d'obéissance, auquel il est parvenu. En un mot, il combattait tous les mauvais penchants de son âge, la dissimulation, l'impatience, la légèreté, l'inconstance, la gourmandise, la paresse, etc.

Dans ses rapports avec les étrangers, il était d'une modestie, d'une simplicité et en même temps d'une gravité qui imposaient le respect et l'admiration. Il évitait dans la conversation tout ce qui était contraire à la charité et il aimait à s'entretenir des choses du ciel et de la vie surnaturelle qui fait les saints. Il avait en horreur la médisance et il fuyait ceux qui y étaient enclins. Il se plaisait à faire à haute voix des lectures pieuses dans sa famille et dans les maisons voisines, et il évitait avec soin tout ce qui pouvait donner lieu au scandale.

Ses parents lui firent prendre l'habitude de la confession dès l'âge de six ans. Son goût pour la prière et pour les exercices de l'église alla toujours grandissant. Vers l'âge de sept ou huit ans, il passait au pied des autels, dans la prière, tout le temps qu'il pouvait ; aussitôt qu'il sut servir la messe, ce fut pour lui un grand bonheur d'assister le prêtre au saint Sacrifice. Il le faisait souvent et avec tant de piété qu'il était un sujet d'édification pour tout le monde : il avait l'attitude d'un ange.

Le dimanche il assistait assidûment à tous les offices ; il était toujours l'un des premiers au catéchisme. Dans la maison paternelle et chez sa grand'mère, il avait disposé un petit autel dans une espèce d'oratoire improvisé, où il reproduisait avec ses frères toutes les cérémonies de l'Eglise : la sainte Messe, les processions, les vêpres, etc.

Depuis 1753, l'Adoration perpétuelle était établie dans tout le diocèse. Le 8 janvier, elle avait lieu à Amettes ; beaucoup de prêtres des environs venaient y assister. C'était pour Benoît une journée de bonheur ; il en passait à l'église la plus grande partie et il servait le plus de messes possible (1).

(1) L'autel se trouvait à l'endroit où commencent les cons-

On le trouvait souvent seul, priant dans le cimetière, autour de l'église.

A Nédon, comme à Amettes, il excitait l'admiration de tous par sa tenue respectueuse à l'église et par son zèle à servir la messe et à assister dévotement à tous les exercices religieux.

Une de ses sœurs, âgée à peine de quelques mois, mourut. Benoît la contempla longtemps, comme s'il se fût trouvé en présence d'un ange du ciel, et, dans son vif désir du paradis, il s'écria : « *Chère petite, que ton sort est digne d'envie ! Que ne puis-je être aussi heureux que toi !* »

---

tructions récentes de l'église paroissiale, que l'on a fait agrandir, à l'arrivée des Pères Maristes, pour répondre aux besoins du pèlerinage.

CHAPITRE II

JEUNESSE DE BENOIT

> Benoît brilla toujours par sa dévotion, sa modestie, son recueillement perpétuel, sa mortification et son détachement absolu des biens et des plaisirs de ce monde.

Art. 1. — Benoît à Erin.

L'ancien vicaire d'Ames, M. Labre, oncle et parrain de Benoît, curé d'Erin depuis 1752, vint en 1760 à Amettes voir son frère malade. Son neveu était dans sa treizième année, et on pensait à lui choisir un état. Admirant ses heureuses dispositions et le croyant appelé au sacerdoce, il proposa à ses parents de l'emmener et de lui apprendre le latin, pour le préparer à l'état ecclésiastique. La modicité de leur fortune et le nombre de leurs enfants inclinaient son père et sa mère à le retenir auprès d'eux pour les aider à élever ses frères; mais ils cédèrent aux instances de M. le curé.

C'était vers la fin de 1760; Benoît était en âge

de faire sa première Communion. Tout en s'y préparant, il alla à l'école pour se perfectionner dans la connaissance de la grammaire. Il fut bientôt, comme il avait été à l'école d'Amettes et à celle de Nédon, un sujet d'édification pour tous les écoliers, qui ne purent jamais le surprendre en faute. Il écoutait avec bonheur les instructions de son oncle sur le Saint Sacrement de l'autel. Jésus, Roi du ciel et de la terre, dans la sainte Eucharistie, était depuis longtemps l'objet de ses adorations.

Il ne se lassait point d'admirer la bonté ineffable d'un Dieu caché sous les apparences du pain et du vin, et supportant souvent sans se plaindre les irrévérences et même les profanations. Il concevait dès lors l'ardent désir de réparer, par sa ferveur et son assiduité au pied du tabernacle, les ingratitudes des hommes envers la divine Victime, immolée par amour pour nous. S'il craignait, à cause de son indignité, de s'unir à Jésus, il brûlait de la soif de posséder dans son cœur Celui de qui vient toute grâce et dont l'amour pour nos âmes n'a d'égal que sa patience à supporter nos misères et son désir de nous plonger dans l'océan de ses bontés et de ses miséricordes, en se donnant à nous.

Satisfait des pieuses dispositions de son neveu, le digne et saint curé d'Erin se réjouissait de voir arriver le jour qui devait être pour sa paroisse une source de grâces et de bénédictions. Mgr l'évêque de Boulogne, Gaston de Partz de Pressy, choisit le 4 septembre 1761 pour faire sa visite à Erin et y administrer le sacrement de Confirmation ; ce fut aussi le jour de la première Communion.

Comme préparation immédiate, Benoît, après avoir bien prié, avoir sérieusement et minutieusement examiné sa conscience et s'être fortement excité à la contrition par la considération de tout ce que Notre-Seigneur Jésus-Christ a souffert pour nos péchés, fit une bonne confession générale, puis il se tint dans un parfait recueillement.

Ainsi préparé, il s'approcha de la Sainte Table avec une douce joie et une modestie angélique. Jésus combla son serviteur bien-aimé de ses plus pures délices ; Benoît consacra sa vie au service de Jésus. Dès lors il s'appartint moins encore qu'avant ce jour de bénédictions, où son Dieu s'était fait sa nourriture et dans la soirée duquel l'Esprit-Saint avait pénétré son âme de ses dons divins par le sacrement de Confirmation.

Après s'être nourri du pain des Anges, il semblait avoir perdu tout autre goût. Il observait les jeûnes prescrits par l'Eglise autant que son oncle le lui permettait, et il partageait souvent en secret sa nourriture avec les pauvres. Il ne touchait point aux fruits abondants du jardin, comme aiment à le faire les enfants de son âge : « Il pourrait en prendre, disait le bon Curé, mais il n'y a pas à craindre qu'il y touche, il est trop sobre pour cela. » Son oncle lui demandait quelquefois, par curiosité, s'il en avait pris. « *Oh! non*, répondait-il ingénument, *aucun ; je sais bien que sans votre permission je ne le puis pas.* »

Benoît venait de terminer sa treizième année lorsqu'il commença l'étude de la langue latine. Il s'y livra d'abord avec bonheur, parce que c'est la langue de l'Ecriture Sainte et des offices de l'Eglise. La lecture et les exercices de piété absorbaient le temps qu'il n'employait pas à l'étude. Il se levait tous les jours de grand matin, faisait ses prières vocales et la méditation ; puis, au premier son de cloche, il se rendait à l'église où il servait ordinairement la messe du curé et celle du vicaire. Si parfois un autre enfant servait l'une des deux, il ne manquait pas d'y assister dévotement. Après les messes, il rentrait dans sa chambre pour s'y livrer à l'étude ; il visitait le Saint-Sacrement plusieurs fois dans la journée et il faisait ses lectures spirituelles et quelques autres exercices de dévotion à des heures réglées. Il mangeait peu, et, aussitôt qu'il avait fini ses repas, il allait lire ou prier.

Il employait ses congés à ses lectures favorites, à des visites de charité ou à des conversations avec les personnes pieuses. Il parlait ordinairement des joies du paradis et de la nécessité d'éviter le péché pour les mériter.

L'église était le lieu où il aimait surtout à se rendre ; il restait de longues heures en adoration devant le Saint-Sacrement. Toutes les fois qu'il le pouvait, il allait dans les paroisses où avaient lieu les exercices des Quarante-Heures, commençant à pratiquer de la sorte la dévotion au Saint-Sacrement, qui fut, pendant toute sa vie, sa dévotion de prédilection. Insensible aux fêtes mondaines, il laissait les autres à leurs divertissements et il se retirait souvent dans un lieu solitaire pour prier au pied du crucifix.

Il ne se confessait d'abord que tous les mois ; mais bientôt la délicatesse de sa conscience le porta à le faire plus souvent. Il visitait presque chaque semaine M. Dupuich, curé de Bergueneuse. Il ne faisait rien sans consulter un directeur prudent, pieux et éclairé. Il se regardait comme un grand pécheur, indigne de communier toutes les fois que son directeur le lui permettait et il ne s'approchait de la Table Sainte que lorsque son confesseur le lui ordonnait.

Il était si humble, si mortifié, si bon pour tous et surtout pour les pauvres que tout le monde était heureux de le voir, de converser avec lui et de l'entendre le dimanche, après les offices, lire ou raconter quelque histoire curieuse et édifiante.

En trois années d'étude, Benoît fit de grands progrès dans la connaissance du latin, de l'histoire, etc. ; mais à l'âge de quinze ans, il ne sentit plus de goût que pour la lecture de la Bible, des livres ascétiques et de la vie des Saints. Il n'avait qu'une pensée : connaître sa vocation et les moyens qu'il devait employer pour devenir un Saint. La lecture des saintes Ecritures, et surtout du Nouveau Testament, était son occupation favorite; il en connaissait si bien le texte que lorsqu'on le tronquait dans quelque citation, il disait avec simplicité et modestie : « *Je ne crois pas que cela soit dans la Sainte Ecriture... Il me semble que vous en altérez les termes* »; et ordinairement il ne se trompait pas.

Il en vint à un tel point que son oncle lui interdit l'entrée de sa bibliothèque et ne lui laissa que les livres qu'il lui crut utiles. « Si je lui abandonnais la clef de ma bibliothèque, disait-il, il n'en sortirait plus, pour vaquer uniquement à ses lectures de dévotion, et, malgré toute sa docilité, il ne s'occuperait plus d'autre chose. »

Sa bonne volonté et le désir de plaire à son oncle ne pouvaient lui faire surmonter son dégoût pour les auteurs profanes et surtout pour ceux de la latinité païenne. Cicéron, Virgile, etc., jetaient dans son âme le trouble et l'inquiétude, que dissipait la lecture des livres ascétiques et en particulier celle des œuvres du P. Lejeune, de l'Oratoire. Les sermons de ce célèbre misssionnaire sur *les peines de l'enfer* et sur *le petit nombre des élus* firent sur son esprit une impression ineffaçable. Il aimait aussi à lire et à méditer les œuvres du P. Louis de Grenade. Nourri de ces lectures sérieuses, il se sentit de plus en plus porté à la pratique des vertus chrétiennes et à mener une vie mortifiée et pénitente.

Dieu ne tarda pas à lui manifester qu'il voulait l'attirer à lui par la voie du renoncement le plus absolu. Bientôt il éprouve un vif désir de se séparer entièrement du monde qu'il a en horreur et de vivre dans la retraite. Son attrait pour la plus étroite solitude le porte à étudier les Ordres religieux pour savoir quel est celui où il pourra arriver à *la plus grande perfection sous la règle la plus austère*. La règle des Trappistes parut le mieux lui convenir. Il fut confirmé dans cette pensée en entendant un curé voisin raconter dans tous ses détails la vie admirable des Religieux du monastère de Notre-Dame de la Trappe (la Trappe de Mortagne), qu'il avait visité.

M. Dupuich, chargé par M. Labre de sonder Benoît, obtint pour toute réponse : « *Je ne demeurerai jamais dans le monde : ma vocation est de me retirer dans un désert.* » Informé de cela, le curé d'Erin excita son neveu à ne pas négliger ses études qui lui seraient nécessaires pour être prêtre.

« *Mon cher parrain*, lui dit respectueusement Benoît, *je dois vous l'avouer, j'ai pris un dégoût extrême de toute science profane et étrangère au salut de mon âme; j'ai résisté tant que je l'ai pu, pour vous complaire; mais je me sens vaincu par une force supérieure à ma volonté; je suis donc résolu à me retirer dans un cloître, et j'ai choisi le plus régulier, que je crois être celui de la Trappe.* » Son oncle essaya de le dissuader d'un projet qui paraissait au-dessus de ses forces ; mais, par ses réponses, Benoît montra que sa détermination avait été précédée de sérieuses réflexions. Il envoya le jeune homme à Amettes consulter ses parents. Ceux ci employèrent tous les moyens pour persuader à leur fils qu'il ne devait pas les quitter.

La voix qui l'appelait, sans qu'il pût nullement en douter, était pour lui au-dessus de toute considération. Cependant il retourna reprendre ses études à Erin, pour obéir à ses parents. Il ne parvint pas à vaincre ses répugnances. Il vivait dans la retraite, assidu à la prière et à la méditation, et se préparait à la vie de la Trappe par la mortification. Il ne sortait plus du presbytère que pour aller à l'église ; il se confessait et communiait plus fréquemment.

Sa vie à Erin fut celle d'un anachorète : on l'appelait *le jeune saint* et on le vénérait comme tel. Le curé lui parlait fréquemment de la nécessité du calme et de la prudence dans une affaire aussi grave que la vocation, dont dépendaient la vie entière et le salut éternel. Pour l'éprouver davantage il joignait la réprimande aux conseils.

Dans de pareilles contradictions, Benoît eut des doutes, des perplexités de conscience qui le jetèrent dans le trouble. Dieu permet ces épreuves, quelquefois longues et fortes, pour mettre ses Saints en garde contre les illusions et les aguerrir contre les tentations. Une confession générale rendit un peu de calme à son âme bouleversée.

Cette période de lutte durait depuis plus de deux ans, lorsqu'un événement douloureux vint faire diversion à ses peines et mettre sa charité à l'épreuve. Vers le milieu d'août 1766, une maladie épidémique et contagieuse fit en peu de temps à Erin de nombreuses victimes. Benoît avait dix-huit ans. Il se dévoua avec son oncle, prodiguant à tous indistinctement les soins les plus assidus et n'épargnant rien pour les assister. Non content d'aider au soulagement des malades, il se plie aux services les plus rebutants, se faisant au besoin garçon d'écurie pour conserver aux gens du village les animaux qui sont leur principale richesse. M. le curé est obligé de modérer le zèle de son neveu qu'il craint de voir atteint par la contagion. Le fléau ménage le jeune homme, mais il arrête le pasteur encore si nécessaire à son troupeau.

Malgré les soins assidus de Benoît et les prières de ses paroissiens, le bon curé d'Erin, mûr pour le ciel, meurt victime de son dévoûment, le 13 septembre 1766, à l'âge de cinquante-deux ans. Son filleul, dont il avait dirigé la jeunesse avec tant de sagesse et de sollicitude, fut vivement affligé de cette perte. Seule la pensée du ciel fut capable de le soulager ; il se sentit plus porté à renoncer à tout ce qui est fragile et périssable, pour s'attacher aux seuls biens véritables, les biens éternels. Il ne réclama, dans la succession de son oncle, que les œuvres du *Père l'Aveugle* (le Père Lejeune) qui lui étaient si chères ; il les emporta dans sa famille où il les laissa plus tard.

Il demeura encore environ six semaines à Erin, continuant à se dévouer au soulagement des personnes atteintes par le typhus. Les habitants s'affligeaient de son départ prochain. « Oh ! si votre oncle avait vécu, lui disaient-ils, vous auriez pu lui succéder dans sa cure et le remplacer auprès de nous. » Il répondait avec humilité qu'il ne se croyait pas appelé à être prêtre et qu'il était indigne d'être pasteur des âmes.

Art. 2. — Benoît à Amettes et à Conteville.

Benoît-Joseph avait près de dix-neuf ans lorsqu'il rentra à Amettes, vers la Toussaint de 1766 : il avait passé six ans à Erin. Pensant que ses parents le laisseraient enfin suivre son attrait pour la vie cénobitique, il renouvela sa demande : mais, dominés par la frayeur des austérités de la Trappe et par le désir de le voir prêtre, ils ne voulurent point encore l'accueillir.

A toutes les difficultés, il répondait : « *Je dois obéir à la volonté de Dieu qui m'appelle à la solitude ; j'aurais à craindre de me damner, si je me chargeais de travailler au salut des autres.* » Il s'établit un jour entre sa mère et lui ce touchant dialogue : « Comment ferais-tu pour vivre, mon cher enfant, si tu te retirais dans un désert ? — *Oh! je vivrais de l'herbe et des racines des champs, comme les anciens ermites.* — Mais ces ermites étaient d'une trempe plus forte que les hommes d'aujourd'hui ; et puis il se faisait alors des miracles qui ne se font plus. — *On le peut, si on le veut. Et puis, le bon Dieu n'est pas moins puissant à présent qu'autrefois ; si alors il faisait des miracles pour soutenir ses serviteurs, ne croyez-vous pas qu'il peut encore en faire maintenant? Ah! ma chère mère, tous les jours il en fait qu'on ne voit pas.* **Oui, on peut tout avec le secours**

de Dieu, si on le veut véritablement. » Ainsi, la confiance en la Providence était toujours sa grande réponse.

Pendant le peu de temps qu'il passa chez ses parents, il continua sa vie solitaire et recueillie, partageant son temps entre la prière, les lectures de piété et de fréquentes visites à l'église. Sa ferveur, en s'approchant de la Table Sainte, donnait à son visage un rayonnement tel que ceux qui le voyaient communier brûlaient du désir de communier comme lui et de mourir après une semblable communion.

« Quoiqu'il n'eût pas encore dix-neuf ans accomplis, dit sa mère, il semblait à son retour d'Erin tellement mort au monde, qu'il n'était pas en état de rendre compte des objets qui étaient dans les lieux où il allait. Son recueillement en Dieu était déjà si constant, qu'on pouvait regarder sa vie comme une prière et une oraison continuelles... Il était si scrupuleux observateur de la justice, que, quand je sortais pour quelque emplette, il me priait quelquefois de ne pas marchander, de crainte que le marchand ne gagnât pas autant qu'il était juste, ou n'en prît occasion de mentir ou même de se parjurer. »

Il pratiquait déjà les règles austères de la vie religieuse : la pauvreté, le silence, l'obéissance, le renoncement complet, au point de se priver même du nécessaire, sans jamais rien demander et sans rien perdre de sa sérénité habituelle. Si sa mère le surprenait dans ses dures pratiques de mortification, il répondait à ses reproches : « *Oh ! ne vous fâchez pas, ma chère mère ; Dieu m'appelle à la vie austère de la Trappe, ne faut-il pas que je m'y habitue avant de l'entreprendre ? Je me prépare à suivre les voies de Dieu.* »

Il avait l'habitude de dire que « *pour être attentifs à travailler uniquement à notre salut, il nous suffirait de penser que, quand même il ne devrait y avoir qu'une seule âme damnée, nous devrions craindre de l'être.* »

Bientôt Benoît fut envoyé chez son oncle maternel, l'abbé Jacques-Joseph Vincent, vicaire de Conteville et plus tard curé de Lespesse, qui se fit toujours remarquer par son austérité et sa charité pour le prochain. Il continua à étudier plutôt par obéissance que par goût. Il était pourtant très exact au travail; tout le monde admirait sa modestie, sa patience, sa charité et sa piété.

Un de ses camarades, d'un caractère difficile, l'insultait et le maltraitait souvent ; mais le pieux écolier supportait toutes ses vexations avec un grand calme et une douceur qui ne se démentait jamais. Ses paroles et ses actes, en pareilles circonstances, ne portaient pas la moindre trace de colère. Il offrait à Dieu toutes ses peines. Il supportait également les rigueurs du froid en esprit de pénitence, et sans laisser paraître extérieurement aucune incommodité. Il ne se plaignait point à son oncle de ce qu'il avait à souffrir. Aussi l'abbé Vincent ne l'aurait jamais su, comme il le dit lui-même, si sa servante ne lui en avait parlé.

En se levant, chaque jour, de grand matin, son premier soin était de faire sa prière à l'église devant le Saint-Sacrement. Il allait de temps en temps avec le vicaire assister aux adorations et aux fêtes dans les villages voisins. On le vit quelquefois à Saint-Pol, visitant les églises. Un jour, il demeura une grande partie de la journée, sans songer à prendre aucune nourriture, en adoration dans l'église des Carmes, où avaient lieu les prières des Quarante-Heures.

Il s'exerçait à la mortification, au point de rester sans manger, même quand il en sentait un grand besoin; on était obligé de faire attention à lui et de le forcer à prendre de la nourriture.

Pendant le Carême de 1767, malgré les intempéries de la saison, il suivit les missions que donnèrent les missionnaires diocésains dans divers villages voisins de Conteville. Il leur parla de son désir d'aller à la Trappe. Les hommes de Dieu, après un sérieux examen, approuvèrent sa résolution d'entrer en religion.

(1) Conteville est à mi-chemin entre Erin et Saint-Pol, à près de 6 kilomètres de Saint-Pol.

L'abbé Vincent, jugeant alors qu'une épreuve de plus de quatre ans était suffisante, lui conseilla d'aller dans un couvent de Chartreux du voisinage plutôt qu'à la Trappe dont les austérités effrayaient ses parents. Il se chargea d'en conférer avec eux et il n'eut pas de peine à faire comprendre à sa sœur la nécessité de ne plus contrarier une vocation devenue évidente, pour ne point s'opposer à la volonté de Dieu.

Art. 3. — Benoît essaie d'entrer chez les Chartreux, et à la grande Trappe.

Après les fêtes de Pâques, à la fin d'avril 1767, Benoît se rend, suivant le conseil de son oncle, à la Chartreuse du Val-Sainte-Aldegonde, près de Longuenesse, au diocèse de Saint-Omer. On ne recevait point de novice ; on lui conseille de se présenter à la Chartreuse de Notre-Dame-des-Prés de Neuville, près Montreuil-sur-Mer, après avoir toutefois appris le chant et la dialectique. Il revient et se met à l'étude.

Sur ces entrefaites, un autre de ses oncles, François-Henri Vincent, vint voir sa sœur à Amettes et son frère à Conteville. Il s'intéressa au projet de son neveu et s'offrit à le conduire à la Chartreuse de Neuville. Ils partirent à la fin de mai 1767. Benoît voulut faire à pied les douze lieues qui séparaient Amettes de la Chartreuse.

Comme il n'avait pas accompli ses vingt ans et qu'il ne savait pas suffisamment le chant et la dialectique, on l'ajourna. Son oncle le ramena à Amettes.

Vers la fête de l'Ascension, il fut placé chez le vicaire de Ligny-lez-Aire, près d'Amettes. Il continua à lire avec fruit les sermons du Père Lejeune, qu'il portait partout avec lui. Il fuyait toujours le monde et ses divertissements ; il refusa même d'aller à Amettes, le jour de la fête, quoiqu'il dût s'y trouver avec ses parents et ses amis. « *Mes proches ne sont plus là*, dit-il, *puisque je suis à la veille de me séparer d'eux pour toujours; et quant à mes père et mère, il me suffira de les voir dans une circonstance moins tumultueuse, pour leur dire le dernier adieu.* »

Le renoncement, la pénitence et l'imitation de notre divin Rédempteur sont les conditions du salut. « Si quelqu'un veut venir après moi, dit Jésus-Christ, qu'il se renonce lui-même, qu'il prenne sa croix et me suive. » L'ennemi de nos âmes, au contraire, nous pousse à oublier Jésus-Christ, à nous enorgueillir et à ne rechercher que les plaisirs des sens. C'est pourquoi, tandis que les élus de Dieu brillent par l'humilité, la modestie, la simplicité et la charité, les mondains sont dominés par l'orgueil, l'égoïsme, le vain éclat des pompes extérieures. La paix, le calme, la joie d'une bonne conscience sont le partage des premiers, et les seconds, sous des dehors brillants, sont généralement désolés par l'envie, le dégoût et l'ennui.

Au lieu de suivre celui qui, dès l'origine, a dit : « Je ne servirai pas », et qui s'efforce de faire les ténèbres dans les esprits pour les plonger dans le plus profond aveuglement, les âmes vraiment sages vont à la suite de l'archange fidèle et disent avec lui : « Qui est comme Dieu ? » elles marchent avec Notre-Seigneur Jésus-Christ qui nous dit à tous : « Je vous ai donné l'exemple, afin que vous fassiez ce que j'ai d'abord fait moi-même... Courage, j'ai vaincu le monde... Je suis la lumière du monde... Je suis la voie, la vérité et la vie. »

Benoît-Joseph, pénétré de ces salutaires pensées, aspirait de tout son cœur à l'heureux jour où il lui serait enfin donné de vivre de la vie austère du cloître.

Il quitta Ligny pendant le mois de septembre, fit ses adieux à ses parents et se rendit de nouveau à la Chartreuse de Neuville, où il fut admis comme postulant, le 6 octobre, jour de la fête de saint Bruno. Il était tout heureux, se croyant arrivé au lieu de son repos. Mais bientôt des peines intérieures, incomparablement plus grandes que celles qu'il avait eues à Erin, l'éprouvèrent fortement.

Dieu voulait purifier de plus en plus son serviteur; il en use le plus souvent ainsi avec les saints.

L'isolement et l'absence de mouvement lui rendaient ses afflictions d'esprit et ses scrupules encore plus pénibles. Il eût désiré le travail manuel en commun et des pratiques de pénitence plus rudes et plus fréquentes, comme à la Trappe, après laquelle il soupirait toujours. Un confesseur, auquel il fit connaître plus tard tout ce qu'il eut alors à souffrir, s'étonnait que sa raison eût pu y résister. Il était néanmoins fidèle à observer la règle dans toute sa rigueur.

Craignant sérieusement pour sa santé, le Père Prieur le fit reconduire chez ses parents. Là il fit de nouvelles instances pour aller à la Trappe. Aux difficultés qu'on lui opposait, il répondait sans cesse : « *Dieu, qui le veut, saura bien me donner la force nécessaire.* » Un jour, en présence de toute la famille, il dit : « *Lors même que mon père se mettrait en travers de la porte, pour m'empêcher d'aller à la Trappe, je ne ferais pas difficulté, pour obéir à Dieu, de passer outre, sans craindre de me rendre coupable d'irrévérence ou de désobéissance; tant je suis persuadé que c'est là que Dieu m'appelle!* »

Son père et sa mère donnèrent enfin leur consentement, et, après avoir reçu leur bénédiction et avoir demandé pardon des chagrins qu'il leur causait, il partit à pied et sans bagage pour Notre-Dame de la Trappe (1), en Normandie.

Il y arriva le 25 novembre, ayant eu des pluies continuelles pendant tout le voyage. On le trouve trop faible et trop jeune; on a pour règle inflexible de n'admettre personne avant l'âge de vingt-quatre ans. Il sollicite en vain, pendant plusieurs jours, son admission au noviciat. Il revient à Amettes, dans un état pitoyable, après un mois d'absence. Il est épuisé de fatigue et ses habits sont en lambeaux.

Les parents de Benoît pensaient que ce nouvel essai infructueux serait le dernier, et ils espéraient que celui qui ne leur avait jamais donné d'autre peine que celle de vouloir quitter leur compagnie pour vivre dans un monastère, renoncerait enfin à la vie religieuse. Cependant le saint jeune homme persistait dans sa détermination; seulement, quatre années d'attente lui paraissaient un temps bien long.

Au commencement de l'année 1768, on le renvoya chez son oncle, vicaire à Conteville. L'abbé Vincent n'ayant pas pu aller chez les Capucins, où ses désirs et ses goûts l'attiraient, vivait comme un austère religieux dans sa paroisse. Son amour pour les pauvres l'avait porté, plusieurs fois, à se dé-

---

(1) Notre-Dame de la Trappe est à 60 lieues d'Amettes, près de Soligny, au diocèse de Séez, à 12 kilom. de Mortagne, dans le département de l'Orne.

pouiller de tout ce que ses parents lui avaient procuré : meubles, linge, vaisselle, etc. A pareille école, Benoît était heureux de pouvoir satisfaire sa soif d'expiations et d'austérités. Ses parents furent effrayés, et ils ne le laissèrent que peu de jours chez son oncle, de peur qu'il ne persistât dans sa résolution de les quitter pour aller à la Trappe. Revenu à Amettes, le Saint ne cessa de se livrer aux mortifications les plus rudes et aux plus dures privations.

Il y passa le reste de l'hiver. Il continuait les exercices de pénitence en usage dans les maisons qu'il venait de quitter. Sa mère, qui l'aimait tendrement, chercha à l'en détourner. Benoît, sans s'émouvoir, lui répondit qu'*étant appelé à une vie austère et pénitente, il commençait à se disposer à entrer dans les voies de Dieu.*

Le vicaire de la paroisse, à la demande des parents, s'efforça aussi, mais en vain, de le détourner de son dessein. A toutes les raisons alléguées : son peu de santé, les services qu'il rendrait dans sa famille, etc., il opposait invariablement *la sainte volonté de Dieu*. L'abbé Théret admira sa patience, son humilité, sa charité. « Il est trop porté à la sévérité, disait sa mère; il est trop dur pour lui-même; mais c'est son seul défaut, si c'en est un ; et il le rachète par tant d'autres qualités ! »

Benoît regrettait de n'être point parti pour

Sept-Fonts et il voulait tenter un nouvel essai à Mortagne. Le vicaire, auquel il en parla, lui dit qu'il valait mieux écrire, et il se chargea de le faire. La réponse fut que la règle était inflexible et qu'on ne le recevrait pas avant vingt-quatre ans.

Le 3 mars 1768 il consentit, pour obéir à son père, à être le parrain du plus jeune de ses frères, qu'il nomma Augustin. Aux fêtes de la Pentecôte, son père le conduisit chez le vicaire de Conteville, avec lequel il demeura fort peu de temps. Revenu à Amettes, ses parents essayèrent de l'employer aux travaux des champs. Il s'y livrait par obéissance, mais son esprit et son cœur étaient ailleurs. Il répétait encore souvent : « *Quand même il ne devrait y avoir qu'une seule âme damnée, nous devrions craindre de l'être...* »

Il y avait près de vingt mois qu'il était de retour de la Trappe, après laquelle il soupirait toujours, lorsqu'il se rendit à environ soixante kilomètres d'Amettes, en un lieu voisin de Boulogne, où avait lieu une mission ; il voulait consulter les missionnaires. Il alla même à Boulogne demander conseil à son évêque, qui lui dit : « Mon fils, suivez l'avis de vos parents, et retournez chez les Chartreux. »

Ne sachant comment se présenter à la Chartreuse après son premier essai, il va voir au Séminaire un de ses cousins auquel il rend compte de sa situation. Il fait une confession générale (1) au supérieur du séminaire, qui lui donne une lettre pour le prieur des Chartreux de Neuville, son ami. Il se rend alors à Neuville où il est admis à venir faire une seconde épreuve après avoir pris congé de sa famille.

Il retourne donc à Amettes, où la maladie le retient plus de six semaines. Enfin, aussitôt qu'il est guéri, il fait ses adieux et part, en disant à ses parents *qu'il ne reviendra plus, quoi qu'il arrive, et qu'il ne les reverra plus que dans la vallée de Josaphat.* C'était le 12 août 1769; Benoît était dans sa vingt-deuxième année.

La vie de chartreux fit naître dans son esprit les mêmes peines que durant son premier séjour. Au bout de six ou sept semaines, le Prieur le renvoya, en lui disant : « Mon fils, la Providence ne vous appelle pas à notre institut; suivez les inspirations de la grâce. »

Le jour de sa sortie, le 2 octobre, il écrivit de Montreuil la lettre suivante, qui témoigne hautement de son esprit d'abnégation, de sa soumission à la volonté de Dieu, de son respect et de son amour filial et fraternel. Il chargea le domestique du couvent, qui l'accompagnait, de la

---

(1) C'était la troisième confession générale que faisait Benoît pour bien connaître la volonté de Dieu. Nous le verrons en faire d'autres dans les circonstances où il est dans la peine et où il se sent brûlé d'un désir de plus en plus ardent de se rapprocher toujours davantage de Dieu.

remettre à ses parents, et il se dirigea seul à pied vers la Trappe.

Ab iniquitate mea et a peccato meo munda me, quoniam iniquitatem meam ego cognosco : ab iniquitate mea et a peccato.

Mon très cher père et ma très chère mère.

Je vous apprends que les Chartreux ne m'ont pas jugé propre pour leur état; j'en suis sorti le second jour d'octobre. Je regarde cela comme un ordre de la divine Providence qui m'appelle à un état plus parfait. Ils m'ont dit eux-mêmes que c'était la main de Dieu qui me retirait de chez eux.

Je m'achemine donc vers la Trappe, ce lieu que je désire tant et depuis si longtemps.

Je vous demande pardon de toutes les désobéissances et de toutes les peines que je vous ai causées. Je vous prie l'un et l'autre de me donner votre bénédiction, afin que le Seigneur m'accompagne. Je prierai le bon Dieu pour vous tous les jours de ma vie. Surtout ne soyez pas inquiets à mon égard. Quand j'aurais voulu rester dans ce couvent, on ne m'y aurait pas reçu; c'est pourquoi je me réjouis beaucoup de ce que le Tout-Puissant me conduit.

Ayez soin de l'instruction de mes frères et sœurs, et surtout de mon filleul.

Moyennant la grâce de Dieu, je ne vous coûterai plus jamais rien, et ne vous ferai plus aucune peine. Je me recommande à vos prières. Je me porte bien et je n'ai pas donné d'argent au domestique. Je ne suis sorti qu'après avoir fréquenté les Sacrements. Servons toujours le bon Dieu, et il ne nous abandonnera pas.

Ayez soin de votre salut. Lisez et pratiquez ce qu'enseigne le Père l'Aveugle; c'est un livre qui enseigne le chemin du ciel, et sans faire ce qu'il dit, il n'y a pas de salut à espérer. Méditez les *peines effroyables de l'enfer*, que l'on y endure une éternité tout entière pour un seul péché mortel qu'on commet si aisément. Efforcez-vous donc d'être du *petit nombre des élus*.

Je vous remercie de toutes les bontés que vous avez eues pour moi, et des services que vous m'avez rendus. Le bon Dieu vous en récompensera.

Procurez à mes frères et sœurs la même éducation que vous m'avez donnée ; c'est le moyen de les rendre heureux dans le ciel : *Sans instruction, on ne peut se sauver.* Je vous assure que vous êtes déchargés de moi. Je vous ai beaucoup coûté ; mais soyez assurés que, moyennant la grâce de Dieu, je profiterai de tout ce que vous avez fait pour moi. Ne vous affligez point de ce que je suis sorti de chez les Chartreux ; il ne vous est pas permis de résister à la volonté de

Dieu, qui en a ainsi disposé pour mon plus grand bien et pour mon salut.

Je vous prie de faire mes compliments à mes frères et sœurs. Accordez-moi vos bénédictions ; je ne vous ferai plus aucune peine. Le bon Dieu, que j'ai reçu avant de sortir, m'assistera et me conduira dans l'entreprise qu'il m'a lui-même inspirée. *J'aurai toujours la crainte de Dieu devant les yeux et son amour dans le cœur.*

J'espère fort d'être reçu à la Trappe. En tout cas, on m'assure que l'ordre de Sept-Fonts n'est pas si rude, et qu'on y reçoit plus jeune ; mais je serai reçu à la Trappe.

Votre très humble serviteur,

Benoit-Joseph Labre.

A Montreuil, ce 2 octobre 1769.

Art. 4. — Benoît part pour Sept-Fonts.

En se rendant à Mortagne, Benoît passa par la Picardie, qui est le chemin le plus direct et qu'il avait dû déjà traverser dans son premier voyage à la Trappe. Quelques auteurs disent qu'il vint à Paris et qu'il suivit les stations du chemin de la croix au célèbre calvaire du Mont-Valérien. On parle de son passage en divers autres lieux, mais on n'en a pas de preuve. Il paraîtrait qu'on le vit, dans le diocèse de Beauvais, aux environs de Senlis. Peut-être y passa-t-il plus tard, à l'époque où il visita Notre-Dame de Liesse, près de Noyon.

Quoi qu'il en soit, on a recueilli dans plusieurs villages de la Somme des souvenirs du saint pèlerin. Il a dû aller en pèlerinage à Notre-Dame d'Albert; car on le vit à Ovillers-la-Boisselle. Dans un autre endroit, on montre un confessionnal où l'on dit qu'il s'est confessé. Dans quelques familles on conserve traditionnellement le souvenir de l'hospitalité qu'il reçut. Il ne retourna plus dans la suite en Picardie.

Il est fort probable qu'il passa à Chartres pour prier la très sainte Vierge que l'on honore à la cathédrale, depuis longtemps, sous les titres de *Notre-Dame-sous-terre* et *Notre-Dame du Pilier*.

Comme il n'avait pas les vingt-quatre ans requis par la règle, Benoît ne fut pas reçu à Notre-Dame de la Trappe. Il se décida immédiatement à faire à pied les quatre-vingts lieues qui le séparaient de l'abbaye de Sept-Fonts (1), sur la paroisse de Saint-Cyr de Dyou.

Tout porte à croire que Benoît, suivant son habitude, visita, en quittant Mortagne, les sanctuaires en vénération dans le pays, comme la

---

(1) Le monastère de la Trappe de Sept-Fonts, alors du diocèse d'Autun, est aujourd'hui dans le diocèse de Moulins. Il est éloigné de 30 kilomètres environ de Moulins.

chapelle dédiée à la sainte Vierge à Couterne, le pèlerinage de Sainte-Anne, etc.

Dans la paroisse de Saint-Samson, autrefois du diocèse du Mans, aujourd'hui de celui de Laval, il reçut l'hospitalité une nuit dans une famille chrétienne de la Sauvagère, qui en a conservé précieusement le souvenir.

Il alla sans doute au Mans, à Saint-Calais, à Orléans, etc.

On raconte qu'il s'arrêta en plusieurs endroits du diocèse de Nevers :

A Pouilly-sur-Loire, une famille de vignerons conserve le souvenir de son passage. Il arrivait, sur le déclin du jour, au *Pouillisot* (petit Pouilly). Avisant un ouvrier qui travaillait à sa vigne, il l'appelle doucement, et, après s'être excusé de sa témérité, il lui demande s'il ne pourrait pas lui donner, pour la nuit, asile dans sa maison. « Volontiers je le ferais, répond le villageois, mais le seul lit que je puisse vous offrir, et avec peine encore, ne sera qu'un peu de paille. » En même temps, il lui montre un autre vigneron qui travaillait un peu plus loin, et il lui dit : « Adressez-vous à lui ; celui-là a toute facilité pour vous loger. » Le pèlerin salua et continua son chemin.

La nuit était venue et le vigneron rentrait chez lui. Quel n'est pas son étonnement de trouver assis à son foyer, conversant avec sa femme et ses enfants, le pauvre voyageur qui lui avait tout à l'heure demandé l'hospitalité ! Il l'invite à partager son modeste repas. Celui-ci refuse ; il ne veut qu'un réduit pour attendre le lendemain. On le conduit dans un galetas dépendant de la maison, et on l'y enferme selon son désir. Un peu de paille sèche avait été étendue dans un coin : c'était le lit destiné à l'étranger. Mais l'étranger était un Saint ; il se trouvait trop bien couché. Quand le lendemain, de grand matin, le vigneron vint trouver son hôte, il était étendu sur le pressoir, c'est-à-dire sur la planche nue.

Tiré ainsi de son sommeil, l'homme de Dieu se leva, reprit son petit sac et son bâton de pèlerin, fit à toute la maison mille remerciements et partit.

Son dernier mot d'actions de grâces et d'adieu fut une prophétie. Elle allait droit au cœur du vigneron : « *Mon bon ami*, lui dit-il, *vous n'êtes pas riche ; mais je prierai Dieu qu'il vous bénisse, et je vous promets, avec sa grâce, que la vigne où je vous ai trouvé ne gèlera jamais.* » Cette vigne gelait tous les ans, et, depuis le passage de Benoît Labre, elle n'a ressenti aucun dommage. Dans les années mauvaises, les petits enfants du vigneron s'adressent à lui avec une entière confiance, lui répétant cette naïve prière : « Mon bon Benoît-Joseph, ne nous oubliez pas ! »

A Nevers, les vieillards racontaient que Benoît Labre était entré à la cathédrale par la petite porte de Saint-Jean. Dans sa visite au monastère de l'abbaye de Saint-Martin, on l'avait vu tout en larmes, plongé dans une profonde méditation. Tous les anciens prêtres de la ville se rappelaient cette réponse prophétique qu'il fit aux religieux, l'interrogeant sur les motifs de son amère tristesse : « *Ah ! c'est que de grands maux doivent s'abattre sur cette maison ; bientôt la voie publique passera sur l'emplacement du sanctuaire, et les bâtiments claustraux seront le refuge des bêtes de somme.* » Aujourd'hui, la rue d'Orléans traverse le sanctuaire de l'antique église Saint-Martin, et les écuries de la gendarmerie occupent l'emplacement de l'ancien cloître.

A Dornes, une bonne femme, chez laquelle le bienheureux Pauvre avait logé, disait en le voyant s'éloigner : « Mes enfants, je crois que nous avons logé un Saint. » Les membres de la famille se transmettent avec bonheur cette précieuse tradition.

Sans doute, en plusieurs autres localités, des souvenirs non moins touchants existent encore, consignés peut-être avec un religieux respect sur les registres paroissiaux. Il serait intéressant de les grouper tous et de suivre ainsi, comme pas à pas, la marche du bienheureux Pèlerin.

Il arrivait à l'abbaye du Saint-Lieu, à Sept-Fonts, le 30 octobre. Il fut admis à y prendre l'habit de novice, sous le nom de frère Urbain, le 11 novembre. Il édifiait tout le monde par sa régularité, sa modestie et son austérité.

Bientôt Dieu montra qu'il n'était pas appelé à ce genre de vie ; ses peines d'esprit recommencèrent pour la troisième fois. Par excès d'humilité, il n'osait pas approcher de la Sainte Table et il se jugeait indigne de l'absolution par défaut de contrition. Sa santé ne put longtemps résister à ses douleurs intérieures et il entra à l'infirmerie vers la fin d'avril 1770, fortement ébranlé par une fièvre ardente. Le 13 mai, on le transporta hors du monastère dans l'hôpital des pauvres. On l'entendait souvent dire : « *Mon Dieu! que votre volonté soit faite!* » Ceux qui le soignaient disaient que sa vie « était une conversation non interrompue avec Dieu, favorisée par le silence le plus absolu du malade. » On les entendait se dire entre eux : « Le jeune Labre est un Saint ; allons le voir. »

Dès qu'il se crut assez fort, au mois de juillet, il quitta le monastère. Le Père abbé lui fit ses adieux, en lui disant, comme le Prieur des Chartreux : « Mon fils, vous n'êtes pas destiné pour notre couvent ; Dieu vous veut ailleurs. » Comme on lui demandait plus tard ce qu'il avait éprouvé lorsqu'il entendit ces paroles, il dit : « *Je les ai acceptées avec une grande résignation, et, quoique je désirasse uniquement cette vie pénitente et solitaire, je me contentai de dire : Que la volonté de Dieu soit faite!* » Le frère infirmier, auquel il

communiqua son intention d'aller à Rome, disait:
« Je ne doute pas que Labre deviendra un Saint
et fera parler de lui. »

La maladie et de grandes peines d'esprit l'avaient obligé à quitter la solitude de Sept-Fonts.
où il aurait voulu rester. Il se rendait à pied à
Rome, sans ressources et ignorant encore la
sublime et rude vocation à laquelle Dieu l'appelait.

C'était le moment où les ennemis de Dieu et de
son Eglise, les jansénistes, les philosophes, les
sectaires de tout genre, s'élevaient avec acharnement contre les manifestations de Notre-Seigneur
Jésus-Christ à son humble servante, la Bienheureuse Marguerite-Marie Alacoque, et s'efforçaient
de décrier la dévotion au Sacré-Cœur. Les pieux
disciples du Sauveur témoignaient contre cette
guerre insensée par leurs écrits et par de fréquents pèlerinages à Paray-le-Monial.

Les fatigues du voyage le forcèrent de s'arrêter
à l'hôpital de Paray-le-Monial pour se guérir de
la fièvre dont il ressentait de nouveau les atteintes. Les Sœurs de Sainte-Marthe furent frappées de son air de sainteté; elles conservèrent
précieusement les miettes du pain qui lui avait
été servi, et elles parlèrent longtemps de ses actes
de vertu.

Benoît édifia aussi les religieuses de la Visitation par son assiduité à prier au lieu des apparitions du divin Maître. C'est peut-être pendant une de ses ferventes prières au cœur adorable de Jésus, dans la modeste chapelle du monastère, que le *Saint Pauvre* pressentit, par inspiration divine, qu'il était appelé à mener la vie pénitente et mortifiée de pèlerin jusqu'à la fin de ses jours.

En quittant Paray-le-Monial, pour se rendre à Rome, Benoît passa par Tarare (1). Sa première visite, en y arrivant, fut pour l'église, où il pria longtemps ; de là, il se présenta chez les Capucins et il leur demanda l'hospitalité. Mais ils ne voulurent pas le recevoir, craignant qu'il ne fût un espion des Lyonnais. Le Saint se retira sans donner le moindre signe de mécontentement. Il alla chercher asile, rue des Capucins, dans une petite auberge tenue par Mme Planus, tante de Mlle Chapiron (2). Il passa la nuit dans une petite chambre qui est encore aujourd'hui dans

---

(1) « A Tarare, raconte le chanoine V. Davin, on montre à trois maisons de la maison où je suis né, celle dite de *Planus*, où saint Benoît-Joseph Labre a passé une nuit. Il avait demandé l'hospitalité aux Capucins qui, peu rassurés sur ce mendiant, ne l'avaient pas accueilli. Le lendemain, se ravisant, ils allèrent le prier de venir chez eux. Il était parti. » (*Le Monde*, 22 février 1882.)

(2) Ces détails nous ont été fournis par Mlle Chapiron. La date de ce voyage du Saint n'a pas encore été déterminée d'une manière bien positive. On dit à Tarare, que Benoît y vint lors de son dernier voyage à Rome. Nous croyons que ce fut plutôt lorsqu'il quitta la France pour la première fois. Ce pourrait être aussi en 1776, lors de son long voyage en Suisse et en Allemagne.

le même état qu'à cette époque. Le lendemain il assista à la messe chez les Capucins, et il y fit la sainte communion. Toute sa personne avait quelque chose de si édifiant que les religieux et les assistants en furent touchés. Après la messe, on le fit appeler à la sacristie, et on voulait le retenir. Il refusa de rester, disant qu'il partait le jour même. Il remercia et il se rendit aussitôt à Notre-Dame de Bel-Air, pèlerinage situé sur une montagne qui domine la ville. Il faut environ une demi-heure pour y monter.

La dévotion au Saint dans cette ville a toujours été en grandissant. « Les anciennes personnes de notre rue en parlaient très souvent, m'écrivait récemment la pieuse nièce de la personne qui avait eu le bonheur de le recevoir, et c'était toujours avec un nouveau plaisir qu'on s'en entretenait. La petite chambre où ma tante l'a fait coucher existe toujours dans le même état. Nous sommes tout à fait voisins. »

A Dardilly, commune de la banlieue de Lyon, non loin de Vaise, Benoît-Joseph Labre reçut l'hospitalité dans une maison, qui fut depuis particulièrement bénie de Dieu. C'est en effet dans ce lieu que naquit, trois ans après la mort du saint Pauvre, Jean-Baptiste-Marie Vianney, qui devait être le saint curé d'Ars, un modèle de charité, de mortification et de piété dans notre siècle si porté à l'indifférence et à la vanité.

Les pauvres étaient accueillis généreusement par le charitable cultivateur Pierre Vianney, son grand-père. Selon son habitude, l'humble voyageur ne consentit à loger qu'à la condition d'avoir sa place à l'écurie. Le saint curé se plaisait à raconter qu'il était né dans la chambre même où le saint Pèlerin avait été reçu un moment, et que quand il fut grand et qu'il fut employé aux travaux de la campagne, il couchait dans l'étable où avait couché Benoît.

En allant de Dardilly en Piémont, Joseph Labre fit sans doute ses dévotions à Lyon, d'abord à Notre-Dame de Fourvières, ensuite aux lieux sanctifiés par le martyre de saint Irénée, de sainte Blandine, etc., et aux plus anciens sanctuaires de la ville : Ainay, Saint-Irénée, Saint-Jean...

Il traversa ensuite le département de l'Ain ; on garde le souvenir de son passage à Contrevez, près de Roussillon, et dans plusieurs autres localités du diocèse de Belley.

Ces voyages longs et pénibles, faits à pied et sans ressources, étaient comme une préparation à la vie que le saint jeune homme devait mener. Dieu lui faisait faire l'essai de la vocation à laquelle il le destinait.

De Quiers (1) il écrivit sa seconde et dernière

(1) Quiers (Chierie), en Piémont, est à 10 kilomètres au sud-est de Turin.

lettre à ses parents. Elle est, comme la première, l'expression de sa piété filiale et de son entier abandon entre les mains de la divine Providence.

Mon très cher père et ma très chère mère,

Vous avez appris que je suis sorti de l'abbaye de Sept-Fonts, et vous êtes sans doute en peine de savoir quelle route j'ai prise depuis, et quel état de vie j'ai envie d'embrasser. C'est pour m'acquitter de mon devoir et vous tirer d'inquiétude, que je vous écris cette présente.

Je vous dirai donc que je suis sorti de Sept-Fonts le 2 juillet. J'avais encore la fièvre quand j'en suis sorti. Elle m'a quitté au quatrième jour de marche, et j'ai pris le chemin de Rome. Je suis bientôt à présent à moitié chemin. Je n'ai guère avancé, depuis que je suis parti de Sept-Fonts, parce que pendant le mois d'août il fait de grandes chaleurs dans le Piémont où je suis, et que j'ai été retenu pendant trois semaines dernièrement dans un hôpital, où j'ai été assez bien, par une petite maladie que j'ai eue. Au reste je me suis bien porté depuis que je suis sorti de Sept-Fonts.

Il y a en Italie plusieurs monastères où la vie est fort régulière et fort austère; j'ai dessein d'entrer dans quelqu'un et j'espère que Dieu m'en fera la grâce. J'en sais même un de l'ordre de la

Trappe, dont l'abbé a écrit à un abbé de France, que s'il allait des Français dans son abbaye, il les recevrait, parce qu'il lui manquait des sujets.

J'ai tiré de bons certificats de Sept-Fonts. Ne vous inquiétez pas à mon égard, je ne manquerai pas de vous envoyer de mes nouvelles. Je voudrais bien en avoir des vôtres et de mes frères et sœurs ; mais cela n'est pas possible à présent, parce que je ne suis pas arrêté dans un lieu fixe. Je ne manque pas de prier Dieu pour vous tous les jours ; je vous demande pardon de toutes les peines que je peux vous avoir causées, et vous prie de m'accorder vos bénédictions, afin que Dieu bénisse mes desseins ; c'est par l'ordre de sa Providence que j'ai entrepris le voyage que je fais.

Ayez soin surtout de votre salut et de l'éducation de mes frères et sœurs ; veillez sur leur conduite ; *pensez aux flammes éternelles de l'enfer et au petit nombre des élus*. Je suis bien content d'avoir entrepris le voyage que je fais. Je vous prie de faire mes compliments à ma grand'mère, à mon grand-père, à mes tantes, à mon frère Jacques, à tous mes frères et sœurs et à mon oncle Choix (François).

Je vais entrer dans un pays où il fait bon pour les voyageurs. Il m'a fallu affranchir la lettre pour sortir des Etats du roi de Sardaigne, tant qu'elle fût arrivée en France.

Je finis en vous demandant derechef vos

bénédictions et pardon des chagrins que je vous ai occasionnés.

Fait en la ville de Quiers, en Piémont, ce 31 d'août 1770.

Votre très affectionné fils,

BENOIT-JOSEPH LABRE.

On voit par cette lettre que si, dans un de ses épanchements au cœur de Jésus au lieu même où il se manifesta à la B. Marguerite-Marie Alacoque, Benoît eut comme une intuition de l'austère vocation à laquelle Dieu l'appelait, il n'en eut certainement pas encore une idée parfaitement arrêtée.

DEUXIÈME PARTIE

BENOIT MÈNE LA VIE DE PÈLERIN

> Bienheureux les pauvres d'esprit, parce que le royaume des cieux est à eux. (Saint Matth. v, 3.)
> Le peu que possède le juste est préférable à toutes les richesses des impies. (Ps. xxxvi. 16.)

Les pèlerinages faits pieusement, suivant le véritable esprit chrétien, sont, non seulement une prière et une source de mérites par les sacrifices qu'ils imposent, mais encore une vive démonstration de piété, un exemple éclatant de religion qui contribue puissamment à la glorification de Dieu, à l'honneur de l'Eglise et à la sanctification des âmes.

Saint Benoît-Joseph Labre rétablissait, au siècle dernier, la vraie notion des pèlerinages, trop longtemps perdue. Dieu donnait en spectacle au monde ce Pèlerin modèle, au moment où les Jansénistes décriaient ces manifestations de la foi, il appelait l'attention des fidèles vers Rome, le centre de la catholicité, alors que l'esprit de ténèbres s'efforçait de les en détourner, et il faisait voir avec quels sentiments et dans quel but ces saints voyages doivent être entrepris.

CHAPITRE PREMIER

VIE DE BENOIT DE 1770 A 1777

> Le royaume des cieux souffre violence et ce sont des violents qui le ravissent.
> (Saint Matth., xi, 12.)

Peu de temps après avoir écrit à ses parents, le saint Pèlerin eut comme une illumination soudaine touchant le merveilleux genre de vie auquel il était appelé. Il comprit que « *le divin vouloir était qu'il marchât sur les traces de saint Alexis, qu'il abandonnât pour toujours sa patrie, ses parents, ses aises, ses commodités et tout ce qu'il y a de flatteur au monde, pour mener un nouveau genre de vie : la vie la plus pauvre, la plus pénible et la plus pénitente; non dans un désert ni dans un cloître, mais au milieu du monde, en visitant dévotement en pèlerin les sanctuaires les plus renommés.* »

Benoît prend l'avis de saints directeurs et fidèle

à l'inspiration divine, il se résout à ne plus avoir de relation suivie avec personne, pas même avec ses parents, et à vivre en solitaire au milieu du monde. Il va toujours à pied, en suivant les chemins les moins fréquentés et en s'arrêtant dans les lieux qui rappellent quelque souvenir cher à la piété des fidèles; il est revêtu d'un habit pauvre et déchiré, qu'il ne quitte point; il porte un chapelet à la main, un autre au cou, un crucifix sur la poitrine, et, sur les épaules, un sac contenant tout son avoir : son Nouveau Testament, l'Imitation de Jésus-Christ, quelques autres livres de piété et son bréviaire, qu'il récite chaque jour. La pluie, le froid, la neige, la chaleur, rien ne l'arrête; il couche le plus souvent en plein air; il évite les auberges et les hôtelleries, où son recueillement serait troublé par le bruit, les blasphèmes, les chants des voyageurs. Il vit de la charité au jour le jour, sans mendier et sans rien se réserver pour le lendemain. Il ne prend que la nourriture indispensable pour soutenir son corps, qu'il mortifie sans cesse, et, s'il reçoit des aumônes abondantes, il donne aux pauvres ou bien il jette dans le tronc d'une église tout ce qui ne lui est pas absolument nécessaire pour la journée. Souvent il est le jouet des enfants et de la populace; on l'insulte, on le maltraite, on le regarde comme un insensé, et il supporte tout avec patience et amour.

Comme saint Paul, il mortifie sa chair pour réduire son corps en servitude (1). Heureuse servitude! qui donne la vraie liberté des enfants de Dieu et qui préserve de l'esclavage honteux des passions en ce monde et des tourments éternels dans l'autre vie.

Il renonce, non seulement à toutes les choses extérieures ; mais, ce qui est plus difficile, il se renonce lui-même (2). Combien croient avoir assez fait pour Dieu en donnant de leur superflu, sans se retrancher jamais rien, je ne dirai pas du nécessaire, mais même de ce qui flatte l'amour-propre et plaît à la misérable nature humaine! Benoît nous donne l'exemple du parfait renoncement. Quoiqu'il ne soit destitué ni des biens de la fortune ni des dons de l'intelligence et du savoir, il consent à passer pour un pauvre mendiant, un fou, un vagabond et un ignorant; toute sa vie il pratique la pauvreté la plus absolue et il s'efforce de mener la vie la plus simple et la plus cachée.

« Il se trouve, dit Mgr Pie, que ce qu'il est destiné à faire tout le reste de sa vie, c'est ce qu'il fait depuis plusieurs années, et que, sans

---

(1) Saint Paul, I aux Cor. ix, 27.
(2) Fortasse laboriosum non est homini relinquere sua : sed valde laboriosum est relinquere semetipsum. Minus quippe est abnegare quod habet : valde autem multum est abnegare quod est. (S. Greg. hom. 32 in evang.)

s'en douter, il est déjà dans le plein exercice de sa vocation..... Benoît-Joseph ne cherche pas seulement la pénitence, la mortification, il veut davantage.... Il a faim et soif des avanies, des dérisions, des outrages; il les cherche, il les appelle par un extérieur qu'il s'efforce de rendre repoussant. Il n'a qu'une pensée, qu'un soin, qu'une occupation de toute sa vie, c'est d'être présent au Seigneur. »

Dieu s'est chargé de faire connaître et de glorifier son serviteur qui voulait être ignoré et méprisé de tous; « à travers toutes les déchirures de ses vêtements, dit encore l'éminent évêque de Poitiers, la lumière de la grâce, je dirai presque de la gloire, ruisselle de toutes parts. » Il agit toujours ainsi avec ses élus.

Art. 1. — Premier pèlerinage à Lorette et à Rome.

La sainte maison de Nazareth, appelée *Santa Casa*, l'attire d'abord à Lorette, où il édifie par sa piété, sa modestie et ses austérités. Il restait en prière toute la journée dans le sanctuaire béni, qu'habitèrent Jésus, Marie et Joseph, et il passait les nuits en plein air près de l'Eglise. On voulait lui faire accepter un logement et tout ce dont il paraissait avoir besoin : « *Je vous remercie, dit-il, je vous remercie. D'autres sont plus besogneux que moi, veuillez le leur réserver.* » Il demeura huit ou dix jours à Notre-Dame de Lorette.

Le 18 novembre il est à Assise, où il vénère le tombeau du séraphique saint François, et où il s'approche des sacrements, se fait inscrire sur le registre de l'archiconfrérie érigée en l'honneur du Saint, et reçoit le saint cordon, qu'il porta jusqu'à sa mort. Il se confessa au P. Temple, pénitencier français, chez les conventuels.

Il pria aussi dans la basilique de SAINTE-MARIE DES ANGES et partout où se retrouve le souvenir de saint François d'Assise, le saint Pauvre qu'il voulait imiter : dans la sainte chapelle de *la portioncule*, où le Saint fut favorisé des visions célestes, et auprès de la *chambre* où il mourut, qui sont dans la basilique même; à la *grotte* où il se retirait pour prier et au *champ de petits rosiers* sans épines, à côté de la sacristie, au lieu où il se roula nu sur les ronces pour mortifier sa chair, etc...

Le 3 décembre, Benoît arrivait à Rome. Sa première visite fut au tombeau des saints apôtres, les Saints Pierre et Paul, dans la basilique vaticane.

La prière, la mortification et la charité se partagent désormais toute sa vie. Pendant le jour, il est constamment en prières dans les célèbres basiliques de Rome ou devant les madones vénérées, ou encore dans les lieux fort nombreux qui rappellent le souvenir des saints. Il récite tous les jours le bréviaire ; il fait des lectures de piété et il y ajoute beaucoup de prières vocales et d'oraisons jaculatoires. Il médite surtout la *Passion du divin Sauveur*. Son âme, embrasée d'un ardent amour de Notre-Seigneur, n'oublie pas un seul instant les excès des abaissements et de la miséricorde de son Dieu. La vue de la blessure du cœur de Jésus, des plaies qui couvrent son corps sacré et de la couronne d'épines le fait tressaillir et lui arrache toujours des soupirs et des larmes.

La nuit il se réfugie dans des trous de murs, sous quelque portique, ou au Colisée (1).

Il suit assidûment les exercices de l'œuvre évangélique au Colisée : Le chemin de la croix, les instructions fréquentes, etc. Il va prier dans les églises voisines : à Saint-Luc, à Sainte-Marie-Libératrice, à Saint-Côme, à Notre-Dame du Bon Conseil, etc.; on le rencontre fréquemment à la *Scala Santa*, à l'*Ara-Cœli*, à Saint-Ignace, à la Minerve, à l'église Sainte-Croix des Lucquois, et à celle des Saints-Vincent et Anastase in Trevi, où, en 1772, il choisit son confesseur.

(1) Benoit eut d'abord pour gîte un trou de mur au Quirinal, à l'extrémité de la place de Monte-Cavallo; puis les grottes du Colisée et de Saint-Sébastien, au Palatin, etc. ; plus tard il entra à l'hospice évangélique.

On peut dire que sa vie fut un *acte continuel d'adoration*. On le voyait presque toute la journée dans les églises au pied des autels ; il semblait délivré de toutes les exigences de notre misérable nature. Contempler Jésus Eucharistique, suivre la passion du Rédempteur : voilà sa principale occupation, pour ne pas dire sa vie entière.

Son salut habituel était : *Loués soient Jésus et Marie !*

En sortant des églises, il récitait le *Miserere*, et on l'entendait souvent dire : « *Belle Rome, ville sainte.* »

Art. 2. — Benoît à Fabriano et à Lorette.

Vers la fin de mai 1771, faisant son deuxième pèlerinage à Lorette, il s'arrête à Fabriano pour vénérer le corps de saint Romuald. Son recueillement dans les églises, dans les rues et à l'hospice où il est logé la nuit, attire sur lui l'attention ; on le regarde comme un saint. Il demeurait tous les jours de longues heures à l'église. Il passa quinze nuits dans l'hôpital, sans jamais se mettre au lit et sans accepter ni boisson ni nourriture.

On lui offre d'abondantes aumônes qu'il refuse, en disant : « *Les pauvres doivent vivre des aumônes qu'ils recueillent jour par jour ; et puis il me suffit de peu pour nourrir ce pauvre corps.* » Dans l'église Saint-Jacques, il prie longtemps devant la statue du saint et il fait une confession générale; c'est là que son voyage à Saint-Jacques de Compostelle se décide.

Il a de longs entretiens avec des personnes pieuses ; il les aborde, en saluant, selon sa pieuse coutume, par ces mots : « *Loués soient Jésus et Marie.* »

Le 20 juin, une femme dans l'affliction le voit passer par une pluie battante, et l'invite à se mettre à l'abri. Le saint entre chez elle. La veuve, montrant ses enfants, lui fait connaître tous ses chagrins et sa misère. Benoît lui recommande la confiance en Dieu. Ses paroles étaient pour elle un baume de consolation. « Veuillez prier pour mes enfants, dit-elle, et surtout pour que Dieu leur fasse la grâce de ne jamais l'offenser. » « *Bien volontiers* », répond-il ; et s'adressant aux enfants : « *Si vous voulez être bien aimés de Jésus, évitez soigneusement le mensonge et la désobéissance ; apprenez et récitez bien vos prières, et vivez toujours dans la crainte du Seigneur.* »

Comme on le presse de manger pendant un repas : « *Il me faut peu*, dit-il, *le surplus n'est bon qu'à préparer aux vers une plus grande pâture. Mon Dieu*, ajoute-t-il, *quelle n'est pas votre bonté d'avoir donné à ces aliments la vertu de soutenir nos corps !* »

Interrogé sur ce que doit être notre amour pour Dieu, il répond : « *Pour aimer Dieu convenablement, il faut avoir trois cœurs en un seul. Le premier doit être* **tout de feu** *envers Dieu, et nous faire penser continuellement à Dieu, parler habituellement de Dieu, agir constamment pour Dieu, et surtout supporter avec patience le mal qu'il lui plaît de nous envoyer pendant toute la durée de notre vie. Le deuxième doit être* **tout de chair** *envers le prochain, et nous porter à l'aider dans ses besoins spirituels par l'instruction, le conseil, l'exemple et la prière; il doit surtout s'attendrir pour les pécheurs et plus particulièrement pour les ennemis, et demander au Seigneur de les éclairer pour les amener à la pénitence; il doit aussi être plein d'une pieuse compassion pour les âmes du Purgatoire, afin que Jésus et Marie daignent les introduire au lieu du repos. Le troisième doit être* **tout de bronze** *pour soi-même, et faire abhorrer toute sorte de sensualité, résister sans relâche à l'amour de soi, abjurer la volonté propre, châtier le corps par le jeûne et par l'abstinence, et dompter toutes les inclinations de la nature corrompue : Car plus vous vous haïrez et plus vous maltraiterez votre chair, plus grande sera votre récompense dans l'autre vie.* » Admirables leçons d'un saint, dont les paroles ne sont que la peinture de la vie.

On lui demande les conditions d'une bonne confession : « *Un bon examen de conscience, une douleur véritable et une sincère résolution de se corriger* », répond-il ; et, à ce sujet il dit encore : « *Une nuit j'eus un songe* (1), *je voyais trois processions différentes de pénitents : la première était peu nombreuse et toute composée de personnes vêtues de blanc ; la deuxième offrait de longues files avec des robes de couleur rouge, et la troisième se composait d'une grande multitude portant des habits lugubres et de couleur noire. Comme je ne comprenais pas ce que signifiait cette diversité de couleur et de nombre, je le demandai, et il me fut répondu que la première procession symbolisait ceux qui, au moment de leur mort, se trouvant avoir la conscience purgée de tout péché, s'acheminaient vers les célestes parvis ; la deuxième, ceux qui se rendaient en Purgatoire, pour satisfaire à la justice divine qu'ils n'avaient point entièrement apaisée pendant leur vie ; et la troisième les malheureux pécheurs qui étaient condamnés aux peines de l'enfer, à cause de leurs confessions mal faites.*

Oh ! combien d'âmes sont précipitées dans les gouffres éternels par les mauvaises confessions !

---

(1) On a remarqué que le saint rapportait habituellement à des songes ce qui était sans doute des visions célestes ou des inspirations divines.

Elles y tombent malheureusement aussi pressées que les flocons de neige pendant les brumes de l'hiver. »

Il console une infirme, Vincence Fiordi, qui gardait le lit depuis plus de neuf ans : « *Ma fille! lui dit-il, Jésus vous aime beaucoup ; votre état, bien loin d'exciter vos murmures et vos regrets, doit vous paraître digne d'envie. Tant de saints et de saintes ont désiré souffrir comme vous souffrez, et ne l'ont pas obtenu ! le bien et le mal nous viennent également de Dieu : sachez profiter de l'un et de l'autre. Préparez-vous à supporter courageusement le poids d'une longue vie de douleurs, parce que c'est un signe que, dans les vues de sa miséricorde, le Seigneur vous prépare un poids immense de gloire éternelle. En vous mettant à une grande épreuve, il veut de vous une grande vertu, et il vous destine une grande récompense. Car, je vous le répète, vous passerez de ce lit en paradis.* »

Les paroles du saint firent à la malade une grande impression : « C'est Jésus-Christ ou quelque saint qui me parle. » pensait-elle. Elle disait ensuite : « Chaque mot était une consolation de paradis. » Il prédit à une jeune fille qu'elle serait religieuse, ce qui arriva.

En quittant ces bonnes gens, il écrivit une prière en latin et il la leur laissa en assurant que, s'ils la récitaient avec foi, leur maison et les maisons voisines seraient préservées de la foudre, de l'incendie et des tremblements de terre. Dix ans après, en 1781, le jour de la Pentecôte, un tremblement de terre fit écrouler beaucoup de maisons à Fabriano; celle des Fiordi et les voisines furent épargnées. La prière laissée par le saint fut aussitôt imprimée et très répandue. La voici avec traduction en français:

Jesus Christus, rex gloriæ, venit in pace.	Jésus-Christ, roi de gloire, est venu en paix.
Deus homo factus est.	Dieu s'est fait homme.
Verbum caro factum est.	Le Verbe s'est fait chair.
Christus de Maria Virgine natus est.	Jésus-Christ est né de la Vierge Marie.
Christus per medium illorum ibat in pace.	Jésus-Christ allait en paix au milieu d'eux.
Christus crucifixus est.	Jésus-Christ a été crucifié.
Christus mortuus est.	Jésus-Christ est mort.
Christus sepultus est.	Jésus-Christ a été enseveli.
Christus resurrexit.	Jésus-Christ est ressuscité.
Christus ascendit in cœlum.	Jésus-Christ est monté au ciel.
Christus vincit. Christus regnat.	Jésus-Christ triomphe. Jésus-Christ règne.
Christus imperat.	Jésus-Christ gouverne.
Christus ab omni malo nos defendat.	Que Jésus-Christ nous délivre de tout mal.
Jesus nobiscum est.	Jésus est avec nous.
Pater..., Ave..., Gloria...	Notre Père..., Je vous salue, Marie..., Gloire au Père...

Benoît se voyant l'objet de la vénération des habitants, s'empressa de quitter la ville, après avoir communié, le 26 juin, et prié, toute la journée du 27, dans l'église Saint-Jacques. Quand il y revint plus tard, en se rendant à Lorette, il fit le plus promptement possible ses dévotions au pied de la statue de saint Jacques et au tombeau de saint Romuald, et ne parla à personne, ne voulant pas même s'arrêter dans un lieu où « *l'on avait fait cas de lui comme de quelque chose de bon.* »

Après avoir terminé son deuxième pèlerinage à Lorette, le saint suivit la côte de l'Adriatique, fit ses dévotions au Mont-Gargan, dans la cathédrale de Barletta, et au tombeau de saint Nicolas à Bari, où l'on admira sa piété, sa charité envers les prisonniers, sa patience à supporter les injures et même les coups.

En passant devant les prisons de Bari, il entendit les gémissements des prisonniers; il songea de suite à leur procurer quelques soulagements. Comme il n'avait rien, il se mit à genoux sur la place publique et chanta d'une voix toute céleste les litanies de la sainte Vierge, pour implorer la générosité des passants en leur faveur. Il employa ce même moyen dans d'autres circonstances pour venir en aide aux malheureux.

Un jour qu'il accepta de s'asseoir à la table d'un vieillard, celui-ci voulut avoir de lui quelques avis, avant de le laisser partir. L'horloge sonna : « *Eh bien*, dit le saint, *chaque fois que vous entendrez cette cloche, souvenez-vous que vous n'êtes pas maître de l'heure suivante, et pensez en même temps à la Passion qu'a voulu souffrir Notre-Seigneur Jésus-Christ, pour nous mettre en possession de l'éternité bienheureuse.* »

Il arriva le 13 février 1772 à Naples, où il pria dans les divers sanctuaires, et surtout au tombeau de saint Janvier. Le 17 mars, il partit pour Rome et s'arrêta au Mont-Cassin et à Tagliacozzo. Il ne demeura que peu de temps à Rome, y menant sa vie accoutumée de prières et de privations. C'est alors qu'il prit pour confesseur le P. Gabrini à l'église des Saints-Vincent-et-Anastase, près de la fontaine Trevi. Il lui dit qu'il avait la profession de *Pèlerin*, qu'il était un grand pécheur et qu'il avait besoin d'être aidé pour faire une bonne confession. Le Père comprit bientôt qu'il avait affaire à une âme privilégiée de Dieu.

Pour faire accepter quelque chose à Benoît, il n'y avait qu'à mettre en avant la volonté de Dieu ou l'obéissance. « *Oh! oui, le bon Dieu! le bon Dieu!* » s'écriait-il.

Il avait une modestie si singulière et un visage si angélique, qu'il excitait la dévotion de tous ceux qui le contemplaient. Il était d'une taille moyenne, d'une constitution forte et robuste. Il avait la tête un peu grosse, une physionomie aimable, un teint délicat, les cheveux blonds, les yeux bleu azuré. On le voyait toujours poli dans ses manières, toujours prêt à rendre service et soucieux de n'incommoder personne.

En mai, il se rendit pour la troisième fois à Lorette, en passant par Port-de-Fermo, et par Cossignano, où l'abbé Santucci le retint dix ou douze jours pour prendre quelques leçons de français. Il édifia tout le monde dans cette petite ville. « *Oh !* s'écriait-il un jour, les larmes aux yeux, *si on offense Dieu, c'est que l'on ne connaît pas sa bonté ; qui la connaît, ne pèchera jamais.* » Il mangeait si peu qu'on disait qu'il vivait de l'air comme les papillons, ou mieux de l'Esprit-Saint comme les anges. On remarqua qu'il ne cessait de prier pendant ses maigres repas.

Il n'était jamais oisif. Pendant le jour on le voyait toujours lisant, priant, méditant, ou bien exerçant la charité. Il ne prenait que fort peu de repos, et, la nuit même, on l'entendait faire de nombreuses oraisons jaculatoires. Il passait de longues heures en adoration dans l'église Sainte-Marie.

A force de questions, l'abbé Santucci obtint de lui de nombreux renseignements sur sa vie passée. Un jour il lui disait : « Pourquoi n'êtes-vous pas rentré chez vos parents après votre sortie de la Trappe ? on peut servir Dieu partout. » Benoît répondit : « *J'ai consulté un confesseur ; il m'a approuvé dans mon projet de mener une vie errante et solitaire.* »

Sollicité vivement à accepter des vêtements

pour remplacer ses haillons, le saint les reçut par force, et, sauf la chemise dont il se servit, il donna tout aux pauvres. Il promit à regret d'écrire ; mais l'abbé Santucci n'entendit plus parler de lui qu'après sa mort. Il avait cependant consenti à laisser un billet écrit de sa main, qui fut conservé précieusement et sur lequel on lisait seulement ces mots : « *Benoît-Joseph Labre, d'Amettes en Artois.* » Au départ il remercia son hôte avec effusion. On ne put lui faire accepter que quelques baïoques.

Art. 3. — Benoît à Lorette, à Moulins, en Espagne.

Le 3 juin, Benoît était à Lorette. Il y fit un long séjour, parce qu'il se proposait de partir pour l'Espagne ; il craignait sans doute que ce fût son dernier pèlerinage. On le voyait toute la journée en prières dans la basilique, depuis le matin jusqu'à la fermeture des portes, le soir. Il se mettait dans les endroits les plus retirés et il priait longtemps devant l'autel du Saint-Sacrement et dans la *Santa Casa*, où les gardes, touchés de sa sainteté, lui permettaient de rester. Quand on fermait la basilique, souvent il continuait à prier, en dehors, auprès de la porte. Quelquefois, le soir, il sortait par la porte Marine et allait du côté du port de Récanati.

En quittant Lorrette, il visita de nouveau les

lieux sanctifiés par saint François : à Assise, la basilique et la Portioncule ; au mont Alverne, l'Eglise et les oratoires qui rappellent la vie du saint, ainsi que la chapelle où il reçut les stigmates. Il fit dans ce dernier lieu une confession générale pour se préparer au long et pénible pèlerinage qu'il allait entreprendre.

Après avoir passé quelques jours dans le désert de Camaldule et à Pratovecchio, Benoît traversa la France pour se rendre en Espagne.

C'est probablement vers la fin de l'année 1772 que le saint Pèlerin visita un grand nombre de sanctuaires en France, dans l'Alsace, la Lorraine, le Soissonnais, et qu'il alla jusqu'à Saint-Hubert, dans les Pays-Bas.

On raconte qu'il sauva le sanctuaire de Notre-Dame-de-Liesse et la statue miraculeuse, en déjouant un affreux complot. A l'abbaye de Cuissy, près de Liesse, il fut accueilli avec une grande vénération ; François Lequeux, le père du théologien, eut l'honneur de le servir à table et il constata ses rudes mortifications. Nul doute que les abondantes bénédictions reçues par la famille Lequeux ne proviennent de la vénération qu'elle a toujours eue pour lui. La famille Delahaigue eut aussi l'insigne bonheur de le loger.

La tradition rapporte qu'il s'arrêta à l'hospice Saint-Marcoul à Reims. Tout porte à croire qu'il pria au tombeau de saint Remy, dans la même ville. A Charleville, on montre au petit séminaire la place où il aurait pris un repas.

Il paraîtrait qu'il ne retourna pas en Picardie. Peut-être se rendit-il alors à Moulins, en passant par Nevers.

Il était à Moulins, au commencement de l'année 1773 ; il y demeura depuis l'Epiphanie jusqu'à Pâques, le 11 avril. Il fit quelques visites à Sept-Fonts, sans se faire connaître, et il alla sans doute prier de nouveau à Paray-le-Monial, au lieu où Notre-Seigneur avait montré son Cœur à la bienheureuse Marguerite-Marie, et, à Autun, au tombeau de saint Symphorien.

On dit à Autun qu'il reçut l'hospitalité chez M. Riambourg, à l'ancien presbytère de Saint-André, qui existait encore, il y a peu d'années ; on ajoute qu'il a habité dans la maison de la famille Pierre, au n° 7 de la rue des Marbres, une petite chambre où il se retirait souvent pour faire de longues prières. On admira sa patience, sa piété et sa mortification.

A Moulins, Dieu manifesta sa sainteté par plusieurs faits, dont le souvenir s'est conservé. Un jour, il fit aux pauvres une distribution de pain et de pois qui se multiplièrent entre ses mains. On lui reprochait de ne rien garder pour lui : « *Aujourd'hui je n'ai besoin de rien,* » dit-il. Pour faire oublier le prodige, il revint, quelques heures après, avec une même quantité de pain et de pois, et il dit : « *Vous voyez bien que ce n'est pas moi qui ai fait cette aumône, puisque je n'avais pas gagné de quoi la faire ; mais le mérite appartient à celui qui m'en avait donné le moyen et qui a redoublé encore sa charité.* »

Il allait faire ses dévotions à l'église collégiale, aujourd'hui la cathédrale. On lui en interdit bientôt l'entrée, parce que quelque temps auparavant un vol y avait été commis. On alla même jusqu'à l'accuser d'être le voleur. Se voyant ainsi poursuivi et soupçonné, il s'adressa au curé de Saint-Pierre, qui voulut bien l'admettre dans son église. Dès lors on l'y vit fréquemment en prières ; il communiait souvent à la première messe. Le sacristain, le trouvant trop mal mis, le chassa plusieurs fois de la Sainte-Table. Benoît supporta cet affront avec patience. Mais le curé, ayant appris la conduite grossière du sacristain, lui en fit de vifs reproches, et l'obligea à laisser en paix le saint Pèlerin. Peu après, il fut en quelque sorte banni de la ville, après avoir été dénoncé au lieutenant de police.

Son hôte, M. Fanjou, souffrait depuis longtemps d'une maladie dont il eut un accès violent pendant les fêtes de Pâques. Benoît l'entendant dire : « Je souffre beaucoup et ce sera sans doute ma fin », se met à prier tout bas, l'encourage et lui dit : « *Maître, ce ne sera rien, ce ne sera rien.* » Le mal disparut entièrement dans la journée et

Fanjou n'en souffrit plus pendant les dix années qu'il vécut encore. En partant, Benoît ne voulut rien recevoir, disant : « *J'ai déjà reçu assez de bienfaits de vous et de votre parenté.* » Il s'arrêta quelques jours à Toulon, près de Moulins.

Dans les Pyrénées, près de Saint-Bertrand de Comminges, il fut pris pour un assassin et mis en prison. C'était le soir. Selon sa coutume, Benoît marchait absorbé dans ses pieuses méditations. Tout à coup, en traversant un petit bois, il entend des cris déchirants. N'écoutant que sa charité, il court aussitôt du côté d'où partent les cris et il se trouve en présence d'un homme que des assassins venaient de couvrir de blessures affreuses. En le voyant, il est pénétré de compassion, il panse ses plaies avec des lambeaux de ses vêtements, et il court à une fontaine, non loin de là, puiser de l'eau pour étancher le sang qui coule en abondance. Au même moment, deux cavaliers l'arrêtent, le prenant pour le meurtrier qui essaie de fuir ; ils le garottent et le conduisent à la ville voisine, emportant en même temps le malheureux voyageur qui ne donnait plus signe de vie. Jeté dans une sombre prison, le saint Pèlerin remerciait Dieu de lui avoir donné l'occasion de souffrir.

Cependant, grâce aux soins qu'il reçut, le blessé fut bientôt rappelé à la vie ; et, dès qu'on l'eût questionné, il s'empressa de faire connaître l'innocence du prisonnier et les charitables soins qu'il en recevait au moment où il avait été saisi. On rendit aussitôt la liberté à cet homme de bien et on lui permit de séjourner à l'hôpital pour se remettre de ses fatigues.

Il édifiait tout le monde par sa piété et sa charité pour les malades et les moribonds. Au bout d'une quinzaine de jours, l'infortuné voyageur auquel il n'avait pas cessé de prodiguer ses soins fut rétabli. Il se joignit à son libérateur pour accomplir le vœu qu'il avait fait, au moment du danger, d'aller en pèlerinage en un lieu consacré à la mère de Dieu. Ils se rendirent tous deux à Barcelonne, et de là à Notre-Dame de Montserrat, pour remercier la sainte Vierge.

Benoît visita ensuite Manrèse, Saragosse, Burgos, où il demeura quelque temps à l'hospice tenu par les religieux Augustins. Il arriva enfin à Saint-Jacques de Compostelle, le but de son voyage. Il y fit, auprès du célèbre tombeau de l'apôtre saint Jacques le Majeur, trois neuvaines en l'honneur de la sainte Trinité, pour laquelle sa dévotion alla toujours grandissant. En revenant, il passa par Bilbao, en compagnie d'un pieux vieillard de cette ville, avec lequel il s'était lié d'amitié à Saint-Jacques de Compostelle, et qui voulut l'accompagner jusqu'au pied des Pyrénées, où ils se séparèrent en se promettant de prier chaque jour l'un pour l'autre.

On se souvient de son passage à Montpellier, au bourg de Montagnac, à Lunel, à Avignon, à Pierrelatte, à Arles, à Aix, à Marseille, à Fréjus, à Nice, à Quargnento, près d'Alexandrie de la Paille, à Lucques, où il alla prier devant un crucifix célèbre.

Dans une paroisse du diocèse d'Auch, à l'Isle-en-Jourdain, on parle encore du saint Pauvre qui donnait aux autres indigents les aumônes qu'on lui faisait. On dit aussi qu'on le vit portant une grande croix de bois dans des sentiers ordinairement déserts. C'est ainsi que le pieux Pèlerin témoignait à Dieu son ardent désir d'imiter Jésus-Christ par la pauvreté extrême et par la pratique de la mortification.

Il est à croire qu'il s'arrêta à Toulouse pour satisfaire sa dévotion auprès des corps saints de l'insigne basilique de Saint-Sernin et aux autres églises de la ville, où la sainte Vierge Marie est particulièrement honorée.

A Lunel, il alla chez les religieuses de Saint-Vincent de Paul. En entrant, sa première action fut de se prosterner au pied de la statue de la sainte Vierge. Comme, au lieu de manger, il regardait constamment la croix du chapelet de la Sœur de charité, celle-ci lui demanda ce qui le préoccupait si vivement : « *C'est*, dit-il, *cette couronne d'épines au centre de cette croix.* » — Si elle vous fait plaisir, je vous la donnerai. — « *Oh ! je serais heureux de l'avoir.* » La religieuse lui donna la croix, et il la mit de suite sur sa poitrine. Elle connut plus tard par inspiration divine le moment de la mort de Benoît et elle l'annonça à ses sœurs, en leur disant : « Le pauvre de Jésus-Christ est mort. »

A Avignon, il alla sans doute prier à N.-D. des Doms. C'est en venant de Nîmes qu'il passa à Avignon; c'était la route naturelle. Peut-être alla-t-il prier au sanctuaire de N.-D.-de-Grâces à Rochefort, près d'Avignon.

A Carpentras, le quartier qui s'étend au-dessous de la promenade des Platanes s'appelle *le quartier de Saint-Labre* et le chemin *le chemin de Saint-Labre*. M. l'abbé Gruzu, bénéficier de la cathédrale de Saint-Siffrein, avait une propriété dans ce quartier qui portait le nom de Saint-Jacques; là se trouvait alors une chapelle dédiée à cet apôtre. Il y fit construire une chapelle en l'honneur du saint Pèlerin, immédiatement après sa mort; elle fut achevée en 1788. La dévotion au Saint devint populaire, et dès lors le quartier prit son nom, qu'il conserve encore aujourd'hui. L'oratoire exista jusqu'en 1809; on n'y a jamais dit la messe. On n'a cependant pas pu constater la présence du Saint à Carpentras. En revenant de Saint-Jacques de Compostelle, vint-il s'agenouiller dans le sanctuaire de Notre-Dame-de-Santé, baiser respectueusement la précieuse relique du Saint-Mors, ou prier dans la petite chapelle de Saint-Jacques, on l'ignore. Peut-être la dévotion de l'abbé Gruzu au Saint Pèlerin eut-elle pour origine des rapports avec lui ou quelque faveur reçue par son intercession.

A Valréas, il y a deux ou trois ans à peine, on démolissait, pour le redressement d'une rue, une chétive maison, située non loin de l'église paroissiale, près de la place Pie, dont l'espace était occupé jadis par le cimetière. Le Saint avait logé dans ce pauvre réduit. C'est là que, pendant la nuit, il allait prendre quelques instants de repos. Le soir venu, quand le Saint Pèlerin était rentré, le maître de la maison retirait la clef et plus d'une fois, le lendemain, la porte étant close, on trouvait le bienheureux jeune homme, hors de sa cellule, à genoux, en extase au pied de la croix du cimetière.

Le Saint passa par Piolenc et il demanda l'hospitalité à la famille Bernard. On offrit une chambre convenable au Pèlerin inconnu ; mais celui-ci la refusa, lui préférant, comme son maître, une pauvre étable à moutons. C'est là qu'il reposa ou plutôt pria toute une nuit. Depuis lors la famille Bernard a été favorisée de grâces singulières de vocation ; elle compte plusieurs saints prêtres.

On dit que l'infatigable Pèlerin alla jusqu'au

tombeau de saint François Régis, à la Louvesc. On assure que les parents de M. d'Allard de Pierrelatte, dans la Drôme, reçurent le Saint et conservaient avec soin ce qui lui avait servi chez eux ; ils savaient son nom.

Il pria sans doute dans l'église de Sainte-Marthe, à Tarascon, où se trouvaient les précieux restes de la sœur de Lazare, l'ami de Jésus.

Arles a conservé la tradition de son passage. Benoît-Joseph Labre pria dans les insignes basiliques de Saint-Trophime et de la Major, et il s'agenouilla souvent dans les Arènes, qui lui rappelaient si bien le Colisée de Rome et auprès de l'ancien temple consacré à la sainte Vierge à l'extrémité des Aliscans.

Une religieuse Carmélite du voile blanc, la sœur Saint-Laurent, aimait à parler du Saint Pauvre à ses compagnes. Elle est morte, il y a peu d'années, au monastère des Carmélites d'Arles, dans un âge avancé. Douée d'une excellente mémoire, elle était tout à fait digne de foi. Elle disait que souvent elle avait entendu raconter aux Dames de Guilleu Clermont-Tonnerre, pendant qu'elle était servante chez elles, que Mme de Guilleu, leur mère, en rentrant, un jour, reçut de sa bonne un billet laissé par un étranger. Reconnaissant que c'était le pèlerin Benoît Labre qui était venu ; « Ah ! s'écria-t-elle, qu'on me le fasse revenir. » Bien des recherches furent faites, mais en vain : le Pèlerin avait disparu.

Il dut sans doute laisser dans cette maison une bénédiction spéciale qui inspira aux dernières filles de cette dame des actes héroïques de pauvreté, de détachement des biens de la terre. La dernière vendit son château pour en distribuer l'argent en bonnes œuvres ; elle ne garda que sa maison pour se loger, et elle vécut des rentes que lui faisaient ceux à qui elle avait tout donné. L'étonnement fut à son comble, lorsque, à sa mort, on trouva qu'elle ne possédait plus rien. De leur vivant, ces dames furent toutes l'édification de la ville ; à leur mort tout le monde admira leur détachement et leur charité.

La ville d'Arles fut une des premières favorisée des miracles du Saint.

A Aix, on raconte que Benoît-Joseph Labre avait coutume de se retirer au milieu du poétique quartier du Montaiguet, dans le vaste et sauvage vallon de *Chicalon*. A droite, en montant dans ce désert, on rencontre, presque vis-à-vis du rocher du *Saut-des-Nonnes*, au-dessus duquel se trouve le vaste plateau *des Anges*, une excavation de rochers couverts de ronces. C'est là que le Saint prenait *son gîte pour la nuit*. « Mes aïeuls paternels ainsi que les anciens habitants de la ferme des Anges m'ont raconté bien souvent, écrivait M. J.-B. Bourrillon en 1881, qu'ils avaient connu cet homme simple et pieux qui passait de longues heures en prières et que, l'appelant par-dessus les rochers, ils l'invitaient à monter prendre chez eux une écuelle de soupe, qu'il allait toujours manger dans sa retraite d'élection. »

L'accoutrement du pauvre Pèlerin, son désintéressement (il refusait les pièces de monnaie) et surtout sa dévotion l'eurent bientôt fait distinguer des mendiants vulgaires que l'on voyait nombreux à Aix. Les personnes du peuple ont dit qu'il prédisait l'avenir.

Un soir, en effet, en sortant des vêpres de l'église Saint-Sauveur, il se dirigeait vers la grotte de Chicalon. Il passait suivant son habitude par la rue du Mouton. Quelques jeunes personnes qui jouaient aux cartes sur le seuil d'une porte, l'appelèrent en le plaisantant et en riant. Le Saint leur répondit avec douceur, et s'adressant à l'une d'elles, Mlle Félicité Raymond, qui se montrait la plus espiègle de toutes, il lui dit : « *Jeune fille, je prierai Dieu pour vous : vous irez à Rome un jour et vous deviendrez la fondatrice d'un établissement de vierges.* » Ces paroles excitèrent un rire général. La jeune personne, légère et tout à ses plaisirs, pensait à un avenir bien différent. Cependant elle se trouvait à Rome quelques années après, et, en 1804, elle rétablissait à Aix le monastère du Saint-Sacrement, dont les religieuses se consacrent à l'adoration perpétuelle de la divine Victime eucharistique, l'une des plus grandes dévotions de saint Benoît-Joseph Labre.

En mai 1878, on bénissait un oratoire au lieu sanctifié par l'austère Pèlerin; il est visité tous les jours par un grand nombre de fidèles. On y verra sans doute bientôt une chapelle en l'honneur du Saint.

D'Aix, Benoît se rendit aux lieux que sainte Madeleine a rendus à jamais célèbres par ses oraisons et ses pénitences effrayantes. On conserve à Saint-Maximin un bâton dont il s'est servi dans ses incessants voyages. Il pria à la Sainte-Baume.

On parle de lui à Barjols (1) et dans quelques autres endroits du diocèse de Fréjus, où les familles qui lui donnèrent l'hospitalité attribuent à sa puissante protection certaines faveurs signalées que quelques-uns de leurs membres

---

(1) « Une tradition de famille, écrivait récemment M. Aug. Cabane, directeur de la *Semaine religieuse* de Montpellier, m'autorise à croire que le Bienheureux mendiant, en traversant la Provence pour se rendre à Rome, séjourna quelque temps à Barjols et s'employa, comme manœuvre, à la construction d'une maison qui fut acquise plus tard par mon grand'père maternel, Jean-François Laugier, chef d'institution, maison où je suis né, où j'ai passé mon enfance et dont je regrette beaucoup de n'être plus possesseur. Elle fait partie aujourd'hui de la place de la Burlière. Autrefois elle occupait le centre d'une prairie et formait, avec elle, le domaine appelé *Versailles*, nom qui est toujours resté à notre ancienne propriété. »

ont obtenues depuis le passage du saint Pauvre.

En passant à Fréjus, sur la place aux Herbes, il entra chez un barbier, nommé Chabert, et le pria de le raser. L'opération terminée, celui-ci dit : « Ne soyez pas en peine du paiement. » Le Saint répliqua : « *Dieu vous le rendra.* » Dès lors les affaires de la famille allèrent toujours en prospérant. Les Pascal, qui en sont aujourd'hui les représentants, reconnaissent qu'ils doivent au saint Pauvre les bénédictions dont Dieu n'a point cessé de les combler.

On voit dans l'une des églises de cette ville un petit *ex voto*, qui rappelle la guérison d'un membre de la famille Chabert, due à l'intercession du Saint en 1785.

Pour se rendre à Nice, Benoît eut à traverser les bois de l'Estérel; il fut assailli et maltraité par des voleurs. Lorsqu'ils apprirent cette nouvelle, les habitants de Fréjus en furent indignés.

A Quargnento, le Saint dit à un chanoine auquel il venait de se confesser : « *Le bon Dieu m'a trop bien traité jusqu'ici, car je n'ai encore eu à souffrir pour lui aucun mauvais traitement.* » Pour répandre l'Association de la bonne Mort, il portait toujours dans un petit sac un certain nombre de livrets intitulés : *Association pour bien mourir sous la protection des saints Anges gardiens avec les choses qu'il faut observer pour en être,* qu'il distribuait gratuitement. Il en donna un à son confesseur; plusieurs personnes furent guéries par la simple application de ce livret. Le chanoine fut si touché de la vertu de Benoît qu'il disait après son départ : « Il va à Rome pour se faire saint ; mais il l'est déjà. En conversant avec lui, sa face me semblait celle de Jésus, tant elle était céleste et gracieuse. »

Partout où le saint Pèlerin passait, il édifiait par sa piété, sa patience, sa mortification. La paix et toutes sortes de bénédictions entraient avec lui dans les maisons où il recevait asile (1).

Art. 4. — Notre-Dame-des-Monts, à Rome, et quatrième pèlerinage à Lorette.

Benoît était de retour à Rome le jour de Pâques, le 3 avril 1774. Malgré sa fatigue extrême et les plaies qui couvraient ses jambes, il voulut célébrer librement les fêtes, et il ne se présenta à l'hospice de Saint-Louis des Français que le jeudi après Pâques. Il y rencontra un compatriote qui lui demanda ses commissions pour ses parents, inquiets sur son sort : « *Faites-leur mes compliments*, répondit Benoît; *dites-leur que je suis content. Quant à leur écrire, ce n'est pas nécessaire; au besoin, je profiterai de la poste.* »

---

(1) Il est un fait bien digne de remarque. Les familles qui reçurent le saint Pèlerin ont été bénies de Dieu ; leurs maisons et leurs biens ont été préservés de tout accident fâcheux. Il n'est pas jusqu'aux masures, où il logea, qui sont généralement encore debout.

Il demeura trois jours à l'hospice, puis il reprit sa vie habituellle. Il passait les nuits au Colisée sous les arches, n° 43, derrière la V⁰ station du chemin de la croix, ou dans quelque creux de mur, et quelquefois auprès de l'église Saint-Sébastien au Palatin ou sur les degrés de Sainte-Marie-Majeure. Il était assidu à l'œuvre évangélique.

En le voyant passer, on disait : « Voyez donc ce pauvre; il semble vraiment un Jésus ! Comme il est beau ! comme il est bon ! » Une personne lui offrait des vêtements : « *Je n'en ai pas besoin,* dit-il : *donnez-les à d'autres. Dieu vous en tiendra compte.* » Si on l'insulte et même si on le maltraite, il ne s'émeut point. Un soir, en plein hiver, quelqu'un le voyant au Colisée, lui dit brusquement : « Que faites-vous là ? » — « *Je fais la volonté de Dieu* », est sa seule réponse.

On lui demande : « Comment pouvez-vous résister au régime malsain que vous suivez ? Ne seriez-vous pas mieux dans un couvent où vous vous sanctifieriez plus aisément. » Il réplique avec simplicité : « *Si le bon Dieu l'avait voulu, il aurait tout disposé pour cela.* »

L'église Notre-Dame-des-Monts, très fréquentée par les pauvres, devint à cette époque le centre habituel des dévotions de Benoît; il y venait de grand matin et il y suivait assidûment les prédications et tous les exercices. Le soir il allait aux prières des Quarante-Heures. Il répétait plusieurs fois par jour l'acte d'espérance, contre les tentations de défiance et de désespoir. On l'entendait souvent dire : « *Seigneur Jésus, ayez pitié de moi! préservez mon âme des peines de l'enfer!* » ou encore : « *Seigneur, mon Dieu, daignez accroître mon espérance jusqu'à mon dernier soupir! Soyez ma force et mon soutien!* »

Quoiqu'il cherchât à se cacher aux yeux du monde, tel était son extérieur, telle sa dévotion, telle la ferveur de ses prières, telle sa constance à passer des heures entières dans les églises, que beaucoup de personnes portaient leur attention sur lui, et s'en formaient l'opinion qu'il méritait.

Une personne lui disait un jour : « Il est beau de connaître Dieu, de croire en lui et de l'aimer. » Il poussa un soupir et il dit en tressaillant : « *Bon Dieu! bon Dieu!* »

Un autre jour, elle lui recommandait son neveu, jeune étudiant, pour l'avenir duquel elle avait des craintes. Le Saint lui dit : « *Chaque fois qu'il sortira de la maison, faites-lui réciter un Credo.* » Elle suivit fidèlement ce conseil. Son neveu devint prêtre et chanoine à Viterbe, sa patrie.

On avait plaisir à le voir et même à le savoir à l'église. S'il en était absent, on le regrettait et on désirait son retour.

Au mois de septembre, il quitte Rome pour se rendre de nouveau à Lorette. Il y passe les journées entières en adoration auprès de l'autel du Saint-Sacrement ou dans la *Santa-Casa*, dont il baise les murs avec vénération. Quand la foule est considérable, il se retire dans la chapelle de Saint-Ignace ou derrière un pilier, pour ne gêner personne et n'être point distrait. Il s'unit à toutes les prières, surtout à la récitation des Litanies lorettaines. Comme à Rome, on le prend pour un Jésuite, voué à ce singulier genre de vie depuis la suppression de la Compagnie.

Depuis longtemps l'abbé Gaspard Valéri, qui faisait les fonctions de sacristain, l'avait remarqué. Voyant que, malgré son extrême misère, non seulement il ne demandait pas l'aumône, mais qu'il la refusait quand il voulait la lui faire, observant, en outre, qu'il avait une conduite modeste et édifiante, il se dit en lui-même : « Cet homme est un grand saint ou un fou. »

Un soir, après qu'on eût fermé la basilique, il l'aperçoit, en dehors, auprès de la porte latérale de gauche, en entrant. Il était assis et appuyé contre le mur : tantôt il lisait un petit livre, tantôt il appuyait sa tête sur sa main, comme quelqu'un qui réfléchit, et de temps à autre il levait les yeux vers le ciel. Il l'aborde et il a, avec lui, la conversation suivante :

« Demandez-vous l'aumône ?

— *Je la reçois quand on veut bien me la donner.*

— Mais de quoi vivez-vous ?

Benoît fait son serrement d'épaules habituel, qui signifie : Je n'en prends point souci.

— Comment vous appelez-vous ?

— *Benoît.*

— Votre nom de famille ?

Point de réponse.

— Votre pays ?

— *Français.*

— Votre domicile ?

— *Tantôt ici, tantôt là.*

— Mais enfin où ?

— *A Rome.*

— Votre adresse ?

— Benoît se contente de sourire.

— Il y a beaucoup d'églises à Rome et on peut y faire beaucoup de bien sans être connu.

— *C'est vrai ; je puis aller librement d'une église à l'autre, et particulièrement à celles où ont lieu les quarante-heures.*

— Mais où couchez-vous ?

— *Pas ailleurs qu'ici.*

— Ne savez-vous pas que le froid de ce pavé et le courant d'air du clocher peuvent donner la mort ?

— *Dieu le veut ainsi ; un pauvre comme moi se jette où il se trouve, et ne doit pas chercher un lit commode. Et puis j'aime à être seul et à me tenir en paix.* »

L'abbé Valéri parla de lui au pénitencier français, le P. Temple, qui voulut le connaître. Il le conduisit donc, un soir, auprès de la porte de la basilique, et il lui dit, en montrant le Saint : « Voilà le pauvre dont je vous ai parlé. » Alors le P. Temple se mit à converser en français avec Benoît, qui répondait en peu de mots. A la fin, le pénitencier lui dit : « Bien! venez demain à mon confessionnal; je vous confesserai et je vous ferai l'aumône. »

Le Saint réfléchit un peu, leva les yeux au ciel et répondit : « *Je vous remercie infiniment.* »

Il se confessa au Père Temple, qui l'avait reçu à Assise de l'archiconfrérie du saint Cordon, et qui ne le reconnut pas d'abord.

A cause de son continuel commerce avec Dieu et de son intime union avec lui, Benoît fut favorisé de lumières et de grâces que le Seigneur n'accorde qu'à certaines âmes d'élite. Aussi se plaisait-on à se recommander à ses prières et à converser avec lui. L'abbé Valéri n'était encore que simple clerc, et il aspirait au sacerdoce, mais il craignait sérieusement de rencontrer des difficultés, comme son frère Louis, de la part de sa famille. Il dit donc un jour à Benoît, dont il admirait les vertus : « Je me recommande à vos prières. Je dois bientôt aller aux ordres sacrés, et j'ai besoin du secours de Dieu pour écarter les obstacles qui peuvent se rencontrer. » Le Saint leva les yeux au ciel et dit : « *Tout ira bien.* » De fait, Valéri fut ordonné bientôt après, à sa grande satisfaction.

Dans ses pèlerinages, le Saint s'arrêtait ordinairement aux endroits où quelque dévotion particulière l'attirait. Ainsi on le vit à Tolentino, où se trouve le corps de saint Nicolas ; à Cingoli, à Civita Nova, à Fano, à Macerata-Feltria, à Saint-Léon, à Savignano de Rico, à Iési, à Subiaco, célèbre par les souvenirs de saint Benoît et de sainte Scholastique ; il alla plusieurs fois au désert de Camaldule et à Monte-Corona, sanctifiés par saint Romuald et ses compagnons, au monastère d'Avellana, à Guarcino ; il vénéra à Ascoli les reliques de saint Emygde, à Osimo celles de saint Joseph de Cupertino, à Gubbio celles de saint Ubald, etc., etc.

Quand aucun motif de piété ne l'arrêtait, il suivait droit son chemin, ne se reposant que fort peu. Quelqu'un lui demandait en combien de jours il allait de Rome à Lorette ; il répondit : « *Je ne sais. Je mets tantôt plus, tantôt moins ; parce que je vais toujours hors de la grande route.* »

Benoît aimait à voyager seul, afin de satisfaire son goût pour l'oraison et la méditation. Quand il traversait un village, son premier soin était d'aller à l'église. Il priait habituellement pour la conversion des *pécheurs* et des *infidèles,* ou pour le soulagement des *âmes du purgatoire.* Il ne demandait jamais l'aumône et il la refusait souvent. Le plus ordinairement il donnait aux autres pauvres ce qu'il avait reçu ; il ne se réservait jamais rien pour le lendemain.

Dans le duché d'Urbino, à Urbania, il édifia par sa patience à supporter les insultes d'une troupe d'enfants, et par la charité qu'il montra à l'égard de deux pauvres femmes, en leur distribuant la plus grande partie de ce qu'on lui avait donné, ne s'en réservant qu'une petite portion. A Guarcino, on lui offrit un pain entier, il ne voulut accepter que des morceaux, disant : « *Les pauvres doivent se contenter des restes et non entamer un pain entier.* »

Lorsqu'il se rendait au mont Alverne, une femme s'approcha de lui pour toucher sa besace qui lui paraissait bien ronde. Quel ne fut pas son étonnement en la trouvant remplie de grosses pierres ! Elle demeura édifiée de la pénitence que s'imposait le pauvre Pèlerin. En Toscane, à Faenza, il dit à un jeune homme dont le père était un de ses amis de Rome et qui se recommandait à ses prières : « *Moi, je ne suis qu'un pécheur; les prières de votre père sont bien plus efficaces que les miennes.* » A Ravenne, un vicaire qui reçut sa confession, disait à son curé : « Ce matin j'ai confessé une grande âme du bon Dieu. »

Il passa sept ou huit jours à Saint-Blaise d'Argenta, près de Ravenne. Là, selon sa coutume, il restait de longues heures en oraison devant le Saint-Sacrement ; on le voyait prosterné la face contre terre et les bras étendus sur le pavé, sans faire le moindre mouvement, quand même on lui marchait sur les pieds ou sur les mains. Si dans les rues on l'offensait, il se contentait de sourire. Il couchait sous une haie, le long du Reno.

A Bologne, capitale de la Romagne, il fit ses dévotions dans les églises, à la Madone de Saint-Luc, au tombeau de sainte Catherine et à celui de saint Dominique, etc. Il retourna ensuite dans la Lombardie, à Vérone où il visita le tombeau de saint Zénon. Au monastère de Sainte-Claire, il refusa de prendre plusieurs morceaux de pain. « *parce que*, dit-il, *j'ai assez du premier, et que d'ailleurs ces dames sont pauvres elles-mêmes.* » Il laissa à entendre aux religieuses que l'Eglise était menacée de maux plus grands encore que ceux qui l'affligeaient et qu'il ne les verrait pas. A Milan, il alla prier au Calvaire et au dôme.

En Piémont, on conserve le souvenir de son passage à Bobbio et à Turin où il vénéra le saint Suaire et où, admis à l'hospice de la Très-Sainte-Trinité-des-Pèlerins, il édifia par son recueillement et ses austérités.

De 1770, année où le Saint commença ses pèlerinages, à 1777, où il se fixa définitivement à Rome, il traversa plusieurs fois la Savoie.

On pense qu'à Chambéry il logeait à l'*hospice des pèlerins*, qui était situé à l'extrémité de la rue du collège, à l'angle du côté de Maché.

De là, il n'avait que quelques pas à faire pour se rendre à l'église de la Visitation, actuellement la chapelle du lycée, où il restait en prière depuis le matin jusqu'à une heure avancée de la journée. Il y assistait à toutes les messes. Sa piété attira l'attention des sœurs tourières. Elles en parlèrent aux religieuses, qui voulurent voir le saint Pauvre et jouir de ses célestes entretiens.

Mlle de Berzetti, morte religieuse de la Visition à Lémenc, était alors élève au monastère de Chambéry ; elle avait assisté à l'entretien du Saint, au parloir, avec les religieuses. C'est elle qui l'a raconté à M. le chanoine de Saint-Sulpice, mort depuis peu.

A Saint-Jean-de-Maurienne, la tradition rapporte que plus d'une fois le saint Pèlerin s'arrêta dans la ville pour vénérer, à la cathédrale, les reliques insignes de saint Jean-Baptiste.

Un chanoine, qui entendit sa confession, ne put s'empêcher de s'écrier, en sortant du confessionnal : « Je viens de confesser un Saint. »

On se souvient aussi de son séjour dans l'Alsace, la Lorraine et la Franche-Comté qu'il traversa en faisant ses pèlerinages à Einsiedeln. Il se trouvait en Franche-Comté au mois de décembre 1774.

Partout où il passait, on admirait sa piété, sa modestie, sa charité envers les pauvres. A Saint-Nicolas de Lorraine il restait toute la journée à l'église. Près de Gray, il sauva de la mort un jeune homme qui se noyait dans la Saône. Il demeura plusieurs jours à Besançon et il alla ensuite vénérer les reliques de saint Claude dans la ville épiscopale de ce nom. Pris souvent pour un vagabond et un mendiant vulgaire, il supporta avec une grande patience toute sorte de mauvais traitements. On se souvient encore de lui à Maiche et à Baume-les-Dames...

Art. 5. — Einsiedeln. — Fribourg. — Rome, etc.

Benoît prit à Maiche un passeport pour Rome, et il quitta bientôt la France. Il passa à Spalochs dans la première quinzaine de février, fit viser son passeport et se rendit à Constance par la route de Landhaus et Batelherdenstein. Il s'y trouvait vers le 15 février.

Le nom seul d'hérétique faisait frémir le saint Pèlerin. Lorsqu'il était forcé de traverser le pays de ces hétérodoxes, qu'il appelait *hérétistes,* il le faisait le plus rapidement possible et en se recommandant à Dieu avec ferveur, pour être préservé des moindres atteintes de l'erreur. Il priait également pour leur conversion. Aussi, en se rendant à Notre-Dame des Ermites, à Einsiedeln, où il fit trois pèlerinages (mars et juillet 1775, août 1776), il traversait rapidement les pays ravagés par l'hérésie, et il s'arrêtait dans les cantons catholiques.

Il séjourna deux ou trois fois dans la ville de Fribourg, dont les habitants sont toujours restés si catholiques. On se souvient encore que le Saint refusait l'hospitalité dans les maisons et qu'il passait les nuits sous le porche de la collégiale de Saint-Nicolas. On montre en outre dans le quartier de l'Auge une fontaine, où il allait boire ; ce quartier est celui des pauvres. Sans doute le *saint Pauvre* a souvent prié dans l'église paroissiale de Saint-Maurice, dont le recteur actuel, M. le chanoine Schorderet, prêtre pieux et zélé, a fondé, il y a quelques années, l'admirable *Œuvre de Saint-Paul*, dans le but de travailler à la régénération de la société et à la sanctification des âmes par une organisation religieuse de la presse. Le bon Dieu a béni ses efforts généreux et persévérants, et déjà son Œuvre lutte vigoureusement contre la mauvaise presse.

Il alla plusieurs fois à Mariastein, un des plus célèbres sanctuaires de la Suisse, dans le canton de Soleure (1).

(1) Voir page 103.

Dans le canton de Zurich, à Wipkingen, Benoît s'assit à la table du curé, qui lui donna un vieux bréviaire. Il parcourut une partie de l'Allemagne, passa au pays de Bade, à Constance, etc... On le vit à Waldshut, Spalochs, Landhaus, Batelherdenstein, Wædenschwyl, Wattwil. Il revint ensuite en Suisse, à Fribourg, à Mariastein, à Lucerne, à Einsiedeln, d'où il se rendit, par Sargans et Coire, à Rome, en repassant par Milan.

C'est le 13 mars 1775 qu'il arrivait pour la première fois à Einsiedeln (1). On va dans ce célèbre lieu de pèlerinage, pour prier aux pieds de la statue miraculeuse et dans les oratoires qui rappellent le premier ermite, saint Meinrad. Le nombre des pèlerins était fort considérable à ce célèbre sanctuaire. Cependant Benoît s'y fit remarquer par sa piété extraordinaire et sa complète abnégation.

Il gagna l'estime et l'affection des moines béné-

---

(1) Un Révérend Père Bénédictin d'Einsiedeln m'écrivait, le 22 juillet 1881 : « Saint Joseph-Benoît Labre a visité Einsiedeln trois ou quatre fois. Il passait presque toute la journée en prières dans l'église. Son souvenir est toujours présent et on en parle avec vénération. Le saint Pauvre se retirait dans une misérable maison près de l'église. Elle a été démolie, il y a trois ans environ. Selon la prédiction de Benoît, cette maison, consacrée par sa présence, avait été préservée de l'incendie qui avait consumé toutes les maisons voisines. Les jeunes gens le tracassaient, se moquaient de lui et lui jetaient des pierres, lorsqu'il passait en faisant sonner une clochette qu'il portait suspendue à son cou. Plusieurs familles conservent encore son portrait avec toute vénération.

dictins par son humilité et sa piété. Ils le reçurent avec bienveillance et ils se sentirent bientôt pénétrés d'un grand respect pour lui. Dès la pointe du jour il était en prières devant la célèbre statue de Notre-Dame, dans la sainte chapelle. Les religieux, le voyant fort longtemps dans la même posture et comme absorbé en Dieu, ne pouvaient se lasser de le considérer. Il était si pénétré de la sainteté du lieu et si dévot à ce vénéré sanctuaire, qu'il avait de la peine à le quitter, chaque jour, à la fermeture des portes. Il aurait voulu y passer les nuits à prier. Les religieux se recommandaient à ses prières.

Après un séjour de près de trois semaines, il les remercia avec effusion et il partit pour visiter les sanctuaires de l'Allemagne, avec un passeport délivré à Einsiedeln le 3 avril.

Le 21 du même mois, à Waldshut, il priait au calvaire et au sanctuaire de Saint-Blaise. En juin, il visitait l'abbaye de Saint-Urbain au nord de Lucerne, où il alla à l'hôpital des pèlerins ; il passait une grande partie de la nuit en prières devant la chapelle. Il quitta Lucerne le 28 juin, fit ses dévotions au couvent de Sainte-Anne *in Bruch*, dans le quartier au sud de Lucerne et au couvent des Capucins, sur le *Wesemlin*, colline au nord-est de la ville. Au commencement de juillet, il était pour la deuxième fois à Einsiedeln. Les moines le virent revenir avec joie. Il logea la nuit dans un grenier, assez loin du village.

Il aurait voulu retourner en France, mais il se sentit pressé intérieurement de rentrer à Rome pour gagner l'indulgence du jubilé. Le 16 juillet, il allait de Sargans à Coire; il priait à la cathédrale de Milan, au tombeau de saint Charles Borromée, le 24 du même mois.

Le mois suivant il traversait la Lombardie, et il rentrait à Rome, pour la quatrième fois, le 7 septembre 1775. Il gagna l'indulgence du jubilé avec les pauvres de l'Œuvre évangélique, puis il reprit sa vie habituelle. On le voyait en prières à la Confession de Saint-Pierre dans la basilique Vaticane, dans les nombreux sanctuaires voisins de Saint-Pierre, dans la cité Léonine et au Borgo jusqu'à Notre-Dame des Grâces, près de la porte Angélique, ou bien dans les églises voisines du Colisée. Il allait souvent à sainte Marie-de-la-Consolation et à Sainte-Galle à l'ouest du Capitole, au Gesù et à Saint-Marc près de la place de Venise. Il fit surtout de Notre-Dame-des-Monts le lieu ordinaire de ses dévotions; il y était assidu aux messes, aux catéchismes et aux sermons.

Il parlait fort peu et le plus souvent en monosyllabes; pour toute réponse il faisait ordinairement un signe de tête ou un mouvement d'épaules. Lorsqu'il remarquait que quelqu'un se trouvait incommodé de son voisinage, il s'éloignait aussitôt sans rien faire paraître. On eut plusieurs fois l'occasion d'attribuer à ses prières des guérisons et d'autres grâces.

En le voyant passer, on se le montrait du doigt en disant : « Regardez ce saint homme ; c'est un bon serviteur de Dieu ; il passe tout son temps à Notre-Dame-des-Monts. » Une personne qui l'avait bien observé, disait : « C'est un grand Saint ; on entendra un jour de ses nouvelles. Sa modestie et sa dévotion sont incompréhensibles, et quand je le vois dans la contemplation, je pense en moi-même : Heureux mortel ! qui sait ce que tu vois dans la lumière divine ! »

Un boucher, nommé Zaccarelli, d'une grande piété, communiait tous les samedis à Notre-Dame-des-Monts, où il passait presque toute la matinée. Il remarqua Benoît et admira sa sainteté. Il chercha souvent à lier conversation avec lui, mais il n'obtenait jamais que des réponses fort brèves. Il aimait à s'agenouiller auprès du saint Pauvre et à lui faire l'aumône. Toute la famille Zaccarelli s'intéressa bientôt à Benoît, qui passait souvent devant la maison qu'elle habitait près de l'église Notre-Dame-des-Monts. C'est là que le saint Pèlerin vint mourir.

En sortant du Colisée ou de Notre-Dame-des-Monts, il allait fréquemment vénérer les chaînes de Saint-Pierre à Saint-Pierre-aux-Liens, assister aux instructions à Saint-Sylvestre-et-Saint-Martin-aux-Monts, faire le chemin de la croix devant Saint-François-de-Paule, prier et méditer devant une image de la Vierge, peinte sous un arceau dans l'escalier qui conduit de Saint-François-de-Paule à Saint-Pierre-aux-Liens.

Il n'est point de sanctuaire qu'il ne visitât, dans la Ville éternelle. Il n'était pas rare de le voir au salut du Saint-Sacrement, le dimanche soir, à Sainte-Marie *in campo Carleo*, près de la place Trajane.

Benoît rendit compte de sa vie, depuis son départ de Rome, au P. Gabrini, son confesseur, alors curé de l'église Saint-Vincent-et-Saint-Anastase in Trevi. Elle était si extraordinaire que le Père voulut le mettre à l'épreuve pour s'assurer que seule la volonté de Dieu le guidait, et nullement son inclination et sa volonté propre. Il le trouva toujours prêt à obéir. Un jour il lui dit de cesser de mener une vie oisive et errante, et de choisir la profession qui serait le plus de son goût. « *Je veux bien vous obéir*, répondit-il, *mais je ne sais rien faire.* » Il l'engagea à se mettre en service. « *Je le ferai pour vous obéir*, répondit-il, *mais, comme je ne connais personne je trouverai difficilement à qui m'adresser et m'attacher.* » — « Adressez-vous à quelque compatriote, et venez me dire ce que vous aurez fait; je chercherai de mon côté. » Benoît le quitte en lui disant « *qu'il est tout au plus bon à laver la vaisselle dans une cuisine.* »

Il revint et apprit à son directeur qu'on s'était moqué de lui et qu'on lui avait dit qu'il ne pourrait se placer nulle part à cause de sa malpropreté et de la faiblesse de son tempérament. Le religieux le laissa continuer sa vie pénitente et mortifiée. « Je cessai, écrit-il, de lui parler du changement de vie, quand j'eus reconnu qu'il était particulièrement assisté de Dieu qui le conduisait par cette route dans la voie de la perfection... Le serviteur de Dieu se plaisait dans les ignominies et les adversités, et le Seigneur certainement ne lui aurait pas accordé un secours assez puissant pour soutenir un tel régime de vie, s'il ne l'eût regardé comme digne d'approbation. »

Benoit ne parlait jamais de lui, à moins qu'il n'y fût forcé par la sainte obéissance. C'est en employant ce moyen que le P. Gabrini apprit que souvent dans les rues on le traitait de fou, de fripon, d'hypocrite, et qu'on lui jetait des pierres, de la boue ; mais qu'il supportait tout avec résignation et compassion pour ceux qui le maltraitaient. Le Saint ne voulut pas qu'on prît des moyens pour faire cesser ces scènes : « *O mon Père, ne faites rien, je vous en prie ; laissez-les faire... Cela ne vaut pas la peine...* »

« Je ne puis, disait plus tard son confesseur,

me rappeler le profond étonnement que me causa le naïf exposé de la joie intérieure qu'il éprouvait à être bafoué et maltraité, lorsque de jeunes libertins prenaient plaisir à l'attaquer par des injures et des coups. Plein d'une mansuétude parfaite, fondée sur l'amour des souffrances, il me pria de vouloir bien m'abstenir d'aucune démarche contre ces ignorants égarés, ajoutant que, pour l'amour de Jésus-Christ, tout ce qu'on pouvait souffrir était peu de chose... Cette complète insouciance des mépris et des outrages, ou mieux la complaisance qu'il y prenait et l'industrie chrétienne qu'il mettait à les rechercher, comme je crois qu'il l'avait en vue par sa mise sordide, me firent mesurer la grandeur de cette âme et la sublimité de sa vertu. »

Au commencement de l'année 1776, Benoît quitta de nouveau Rome, d'où il fut absent presque toute l'année. Il traversa les Apennins pendant la plus rigoureuse saison, au fort de l'hiver. Il se confessa et communia à Assise, et il arriva à Lorette, pour la cinquième fois, le 4 février. Il s'empressa d'aller saluer l'abbé Valéri, prêtre depuis quelque temps. Celui-ci dit de nouveau au saint Pèlerin de ne pas coucher en plein air autour de l'église, mais d'aller dans les campagnes voisines passer la nuit dans un four ou dans une grange; c'est ce qu'il fit désormais.

Un jour, M. Valéri lui demande quelles prières il récite :

« *Tantôt je fais une lecture, tantôt je récite les heures canoniques*, dit-il.

— Que lisez-vous?

— *L'Imitation de Jésus-Christ.*

— Comprenez-vous l'Office?

— *Un tant soit peu.* »

A toutes les propositions qui lui sont faites pour modifier sa vie ordinaire si fatigante, il répond : « *J'y réfléchirai* ; » et lorsqu'on lui demande : « Avez-vous réfléchi ? » il répond : « *Dieu ne me veut pas dans la voie dont vous m'avez parlé.* »

Lorsque tout le monde était sorti de la basilique, le sacristain observait le Saint, en se cachant. Il le vit souvent se retirer dans un coin, serrer davantage sa ceinture de corde, et s'en frapper plusieurs fois la poitrine, en poussant de fervents soupirs. Benoît se plaçait souvent à l'écart, dans les bancs des chanoines, ou dans la nef du milieu devant l'autel de l'Annonciation ; il s'asseyait quelquefois, pour lire, sur les marches du trône de l'évêque, du côté de l'épître ; dans la *Santa-Casa*, il s'agenouillait au fond, du côté de l'évangile ; devant l'autel de saint François de Paule, il priait sur les degrés de la balustrade (1). L'abbé Valéri avait de fréquentes relations avec

(1) Déposition d'*Angelo Verdelli*.

Benoît et se lia avec lui d'une véritable amitié. Comme il lui disait :

« Pourquoi voulez-vous mener une vie si misérable, tandis que vous pourriez, avec mérite, vivre d'une manière moins pénible et moins incommode?

— *Dieu*, répliqua le saint Pèlerin, *veut me conduire par ce chemin.* »

Ils parlaient un jour de la sanctification du dimanche. « *Je ne voyage jamais les jours de fête ni les dimanches,* dit le Saint; *il faut les sanctifier par la prière et l'assistance aux offices.* »

Chaque année il lui donnait, quand il partait, des reliques de la Santa-Casa, des crucifix, des chapelets... Il disait à ses amis :

« Si vous survivez à ce pauvre, vous entendrez dire qu'il est mort un grand saint.

C'est pendant ce séjour de Benoît à Lorette que le pénitencier français, le P. Temple, eut avec lui de longs entretiens spirituels. Il le prit d'abord pour un mendiant ordinaire, mais il vit bientôt que la main de Dieu conduisait ce Pauvre volontaire par des voies extraordinaires. En abordant le P. Temple, le saint Pèlerin lui dit avec calme et humilité :

« *Mon Père, puisque, grâce à la bonté de Dieu et de la très sainte Vierge, je me trouve heureusement dans ce sanctuaire, je désirerais me soumettre en tout à votre obédience ; et, pour le mo-*

ment, il me suffira que vous me donniez, si vous le jugez à propos, la permission de suivre mon régime accoutumé.

— Mais quel est votre régime ? lui dit le Père, étonné d'une pareille demande.

— *Je me contente de ce que l'on m'offre spontanément par charité.*

— Et si l'on ne vous offre rien ?

— *Je vais à la porte des couvents où se fait une distribution de soupe.*

— Mais s'il n'y en a pas là où vous êtes ?

— *Il y a les épluchures que l'on jette dans la rue; j'y trouve toujours quelque écorce de pomme ou d'orange, quelque feuille de chou ou d'autre légume, des fruits gâtés et d'autres rebuts qui me suffisent.*

— Mais enfin, si vous ne trouvez point de ces débris, voulez-vous tenter Dieu et le forcer à faire des miracles ?

— *Je ne me décourage pas; je vais dans la campagne. Il ne manque pas, le long des haies et des chemins, d'herbes et de racines dont je me nourris, en buvant l'eau des fossés et des mares.* »

Le P. Temple met, pour ainsi dire, son pénitent à la question; il l'interroge sur toute sa vie, sur ses vertus, sur ses défauts; il sonde jusqu'aux replis les plus cachés de sa conscience délicate. Il répugne beaucoup au Saint de manifester les dons de Dieu: son humilité profonde en est offensée. Il obéit cependant aux injonctions réitérées de son confesseur.

Comme celui-ci lui demandait comment il comprenait que l'homme, malgré sa bassesse, pût prétendre au paradis : « *Dieu est si bon, dit-il, si généreux, si plein d'amour pour nous, qu'il suffit que nous le priions de cœur, pour que nous obtenions de lui tout ce qui a rapport au salut de notre âme.* »

Il lui demanda encore ce qu'il ferait, s'il savait que son nom eût été effacé du livre de vie. « *Fondé sur la promesse divine*, répondit-il, *je ne cesserais point pour cela de faire le bien que je pourrais. Au contraire, je tâcherais d'en faire davantage, persuadé que Dieu ne refuserait pas de m'inscrire de nouveau. Je ne craindrais ni ne désespérerais jamais, tenant pour assuré que le salut de mon âme ne saurait m'être refusé par le Fils de Dieu, qui a tant fait et tant souffert pour la sauver.* »

Le Saint dit aussi au P. Temple : « *Je ne cesse de prier, chaque jour, pour ceux qui me font l'aumône, afin que Dieu le leur rende. Je prie plus spécialement pour tous ceux qui, dans ma vie, me sont venus en aide pour le spirituel, soit en m'instruisant, soit en me donnant des conseils. Je souhaite que le Seigneur les récompense au centuple ; je le demande pour eux dans mes prières.* »

Il professait un souverain respect et une soumission parfaite pour tous les représentants de Dieu dans l'Eglise, et il leur donnait toujours des marques extérieures de ce respect. Il appelait le Souverain-Pontife, le vicaire de Jésus-Christ, le *Vice-Dieu sur terre.*

Benoît s'aperçut que, à la suite de ces conférences, qui durèrent trois jours, on faisait grand cas de lui, on parlait tout haut de sa sainteté. Il évita dès lors la rencontre du P. Temple, et il hâta son départ de Lorette.

Il visita de nouveau l'Allemagne, la Suisse et peut-être la partie orientale de la France. Il revit Waldshut, alla jusqu'à Coblentz, séjourna à Soleure, et pria de nouveau à Mariastein (Notre-Dame de la Pierre) et à Einsiedeln (Notre-Dame des Ermites). A Coblentz, il accepta à manger chez trois pieuses dames, les sœurs Kromenthal. Elles menaient une vie très régulière et économe, et leur bienfaisance, comme toute leur conduite, était sage et tranquille. Elles se réjouissaient de pouvoir faire l'aumône.

En revenant, un matin, de l'église des Pères Jésuites, l'une d'elles parlait avec admiration d'un pauvre étranger qui priait depuis longtemps dans cette église, avec un recueillement tellement extraordinaire, qu'elle le considérait comme un saint. « Retournez vers ce pauvre, lui dit alors sa sœur, et demandez-lui s'il veut venir ici manger une soupe. » L'étranger accepta avec reconnaissance.

Il y avait en lui quelque chose de si modeste et de si humble, qu'elles le firent entrer dans une chambre à part, lui servirent une soupe et se retirèrent par respect. Elles l'observèrent en secret et le virent prier avec ferveur, prendre la tasse entre ses mains et l'élever vers le ciel avant de manger : ce qui les édifia beaucoup.

Après qu'il eut mangé, il fit son action de grâces et il se retira, les yeux baissés, en leur disant humblement et avec reconnaissance : « *Dieu vous le rendra.* » Les dames Kromenthal ne purent lui demander qui il était ; elles n'eurent que le temps de lui dire doucement : « Loué soit Jésus-Christ. » A quoi il répondit : « *Pendant l'éternité. Ainsi soit-il.* »

Plus tard, lorsque la vie et le portrait du saint Pauvre se répandirent en Allemagne, elles reconnurent le saint Pèlerin qu'elles avaient reçu, lors de son passage sur les bords du Rhin.

Dans un âge avancé, elles ne pouvaient raconter, sans attendrissement, cet événement, et elles disaient, avec une vive reconnaissance qu'elles avaient jadis reçu un Saint.

Notre-Dame de la Pierre (Mariastein) était un des principaux pèlerinages de Benoît. Il passa trois jours dans la chapelle souterraine de ce célèbre sanctuaire. En arrivant, il s'était reposé au village de Metzerlen, qui est à une demi-lieue ; et, comme il était déjà tard, il y demanda l'hospitalité pour la nuit. On consentit à le loger pendant les trois jours qu'il demeura à Mariastein. Il partait de bon matin pour le sanctuaire et il revenait le soir. En rentrant, il acceptait un frugal repas. Les pèlerins furent si édifiés qu'ils le regardaient comme un Saint. Il parlait du bon Dieu et des saints anges d'une manière si touchante, que les personnes qui l'entendirent n'oublièrent jamais ses pieuses paroles. Un peintre verrier du voisinage fit son portrait pendant qu'il priait. Cette peinture, simple et sans art, donne bien la physionomie du Pèlerin.

De Mariastein il alla à Soleure vénérer les reliques des martyrs de la légion Thébaine (saint Ours et saint Victor), et prier aux sanctuaires de Notre-Dame de Lorette, sur le modèle de la sainte maison de Nazareth, et de Notre-Dame d'Oberdoff, peu éloignés de la ville. Il reçut l'hospitalité dans la famille Tschann, dont la maison existe encore dans le faubourg, en face de l'église Saint-Joseph du monastère des Clarisses ; il mangea sur l'escalier, à l'intérieur de la maison. La tourière du couvent de la Visitation, touchée de sa pauvreté et de sa modestie, lui offrit à manger. Il n'accepta qu'une soupe, et, en se retirant, il remercia beaucoup.

Arrêté et conduit en prison, il endura, avec

beaucoup de patience, les mauvais traitements, en unissant ses souffrances aux humiliations et aux souffrances de Jésus, notre rédempteur.

On ne tarda pas à reconnaître l'innocence du saint homme que l'on avait pris pour un voleur. Comme il était fort souffrant, on le retint à l'hôpital civil, où sa mémoire est restée en grande vénération. Il y passa plusieurs jours, jusqu'à son complet rétablissement.

En quittant Soleure, il se dirigea, par Zurich et Zug, vers Einsiedeln qu'il désirait beaucoup revoir une dernière fois.

Il s'arrêta quelques instants au couvent des Bénédictines de Fahr, sur l'Aar, à deux lieues de Zurich environ, et à Menzigen, dans le canton de Zug, à mi-chemin, entre Zurich et Einsiedeln (6 lieues environ). La maison dans laquelle il s'arrêta à Menzigen est actuellement celle des Orphelins des sœurs de la Croix. On a obtenu des grâces exceptionnelles par l'intercession du Saint dans ces deux endroits.

Il se trouvait à Notre-Dame des Ermites, à Einsiedeln, vers le milieu de l'été, au mois d'août. Il y demeura un peu plus longtemps que de coutume. Il ne devait plus revenir dans ce lieu de grâces qu'il aimait tant.

Il rentra, pour la cinquième fois, à Rome vers la fin de l'année ; et, en mars 1777, il fit, à Lorette, au milieu du carême, son sixième pèlerinage qu'il prolongea jusqu'après les fêtes de la Pentecôte.

Se souvenant des éloges qui lui avaient été prodigués l'année précédente à la suite de ses entretiens avec le P. Temple, il ne s'adressa plus à lui et il l'évita avec soin, malgré toutes les précautions que prit le pénitencier français pour renouer des relations. Qui n'admirerait ici l'humilité du saint Pauvre de Jésus-Christ !

CHAPITRE II

VIE DE BENOIT DE 1777 A 1783

> Celui qui aura persévéré jusqu'à la
> fin sera sauvé. (S. Matth., x, 22.)

Art. 1. — Benoît ne quitte plus l'Italie.

Benoît était de retour à Rome, pour la sixième fois, au mois de juillet 1777 ; il ne sortit plus de l'Italie.

On le voyait toute la matinée à Notre-Dame-des-Monts ; dans la soirée, il suivait assidûment les exercices des Quarante-Heures. Le dimanche soir il était à la bénédiction du Saint-Sacrement et à la récitation du Rosaire à la Minerve, le vendredi soir à l'exercice de la bonne mort au *Gesù*... Il allait, par tous les temps, à ses dévotions, et il semblait n'être point incommodé par le froid, la chaleur, la pluie, etc. La nuit, il se retirait dans un enfoncement d'un ancien mur, près de la rue de la Croix ou dans une arcade du Colisée.

Chaque année, il faisait le pèlerinage de Lorette, sans suivre aucune route et en s'arrêtant dans tous les lieux où se célébrait quelque fête.

Tandis qu'il s'y rendait, en 1778, il fit la rencontre d'un vieillard persan, nommé Georges Zitli, qui en revenait. Celui-ci, depuis longtemps converti au catholicisme, était tombé dans une grande pauvreté; il vivait à Rome des secours que lui donnaient la Propagande et les Capucins de la place Barberini. Comme Benoît, il passait la plus grande partie de sa vie dans les églises. Il se lia d'amitié avec lui. En apprenant qu'il était né en Perse : « *Vous n'êtes donc pas chrétien ?* » lui dit Benoît.

— Grâce à la miséricorde divine, j'ai embrassé la religion de Jésus-Christ depuis plus de trente ans.

— *Je vous en félicite; restez et vivez fidèlement dans le sein de l'Eglise, et ne doutez point. Pour moi, je remercie Dieu d'être né dans la vraie foi, et d'avoir été élevé par des parents chrétiens.* »

Dans le cours de leur entretien Benoît dit : « *Quoique je sois sorti du monastère de la Trappe, par la permission de Dieu, j'espère bien ne pas me laisser vaincre par le diable, mais plutôt lui écraser la tête avec le secours de Marie. Aussi je ressens une grande joie quand je visite Lorette, et je remercie le Seigneur de me conserver la vie pour pouvoir m'y rendre tous les ans.* »

Le vieillard fut fort édifié de tout ce qui lui fut dit touchant le pauvre Pèlerin dans divers lieux où il s'arrêta. Trois mois après, ils se rencontrèrent sur la place de la Trinité-du-Mont, à Rome. Ils se voyaient souvent et s'admiraient l'un l'autre.

Benoît le saluait toujours le premier, par respect pour son grand âge. Comme Zitli s'étonnait que son ami pût vivre dans un pareil dénûment : « *Ah! ne craignez rien*, lui disait le pauvre Pèlerin de Jésus-Christ; *je suis parfaitement content de ma position.* » Il apprit que Benoît achetait quelquefois du vinaigre et le buvait pour se mortifier; il lui fit des observations à ce sujet. « *La jeunesse est mauvaise*, dit le Saint ; *il faut lui mettre un frein.* »

Le vieux Persan fut si touché de tant de vertu, qu'il disait : « J'ai parcouru toutes les parties de l'Europe et plusieurs parties de l'Asie, et quoique, depuis ma conversion à la religion catholique, j'aie eu le bonheur de traiter avec beaucoup d'hommes de bien, prêtres et religieux de divers ordres, je n'ai jamais vu personne pratiquer la vertu avec la même perfection que Benoît. En examinant attentivement sa manière de vivre, jointe à l'allégresse qui paraissait sur son visage, il me paraît qu'elle était arrivée au suprême degré ! Malgré l'affection que j'ai toujours conservée pour mon confesseur mort comme un saint, malgré l'estime méritée que j'avais et que j'ai encore pour lui, j'ai mis la sainteté de Benoît fort au-dessus, et j'ai pour lui encore plus d'estime et de vénération. »

L'abbé Verdelli songeait à se faire religieux et à entrer dans l'ordre de Saint-François, au couvent des Mineurs observantins d'Osimo. Tout était prêt pour son entrée, le jour de la vêture était fixé. Il rencontre Benoît et il lui parle de sa prochaine entrée au couvent d'Osimo. Le saint Pauvre le regarde fixement et lui fait signe de la tête qu'il n'en sera pas ainsi. « Comment non ? » dit Verdelli ; et Benoît sourit. Peu de jours après les parents du sacristain lui firent de telles difficultés, qu'il renonça à son dessein et il ne fut jamais religieux.

L'affluence à Lorette fut si grande, cette année, que Benoît ne pouvait pas facilement satisfaire sa dévotion, à cause du mouvement continuel dans la basilique et des irrévérences, qui lui causaient un grand chagrin. Il parla de sa peine à l'abbé Valéri. Celui-ci lui conseilla de venir de préférence aux fêtes de Pâques ou au temps de la moisson. Depuis ce moment le saint Pèlerin allait à Lorette vers la fin du carême.

Il revint à Rome, après avoir visité divers sanctuaires, et il se remit à sa vie de prières et d'adoration devant le Saint-Sacrement. De bonne heure il avait compris cette parole de l'Imitation de Jésus-Christ, qu'il aimait à lire et à méditer :

« Que peut vous procurer le monde sans Jésus ? Etre sans Jésus est un cruel enfer ; être avec Jésus, c'est un paradis bien doux. Si Jésus est avec vous, il n'y a point d'ennemi qui puisse vous nuire (1). » Aussi, dès le jeune âge, il se plaisait à demeurer en adoration dans les églises, en présence de Jésus-eucharistique. Partout où l'œuvre des Quarante-Heures, l'œuvre la plus parfaite, la plus utile aux âmes et la plus excellente sous le rapport de l'honneur rendu à Dieu, était établie, Benoît se plaisait à assister aux exercices, et à demeurer en adoration aux pieds du divin Rédempteur, solennellement exposé sur les autels. Il serait avec raison pris pour *modèle des adorateurs et patron des œuvres eucharistiques.*

On le suivait avec plaisir aux Quarante-Heures, dans les divers sanctuaires, dans les rues, aux exercices du Colisée et de Notre-Dame-des-Monts, le soir à la bénédiction du Saint-Sacrement, à Sainte-Catherine-de-Sienne, à l'église Saint-Cyr, à Saint-Pierre, à Sainte-Praxède, à Saint-Jean-de-Latran et à Sainte-Marie-Majeure où il communiait souvent.

« Je l'ai vu, dit quelqu'un, recevoir en plein hiver la pluie qui l'inondait entièrement. Néanmoins il ne quittait jamais ses vêtements, qui devaient se sécher sur son corps, et, tout transi de froid qu'il devait être, on ne s'apercevait pas,

---

(1) **Livre** II, chap. viii, vers. 2.

dans ses longues oraisons, qu'il en fût incommodé. »

Quelquefois il s'arrêtait devant une boutique, attendant qu'on lui donnât quelque chose. Il ne demandait rien, et, si on le rebutait, il s'éloignait en disant : « *C'est en vous, Seigneur, que j'espère; je ne serai point confondu à jamais.* »

Sa sérénité, sa patience à toute épreuve avaient pour fondement sa confiance filiale en Dieu et sa grande humilité. Un jour, un de ses confesseurs lui dit : « Vous devez avoir des moments d'aridité; comment vous comportez-vous alors ?

— *Je ne me désole jamais entièrement. Je me dis : Dieu est le maître de faire de moi ce qu'il lui plaît. Si la tentation augmente, je dis comme Job : Il est arrivé ce qu'il a plu au Seigneur, que son saint nom soit béni!*

— Comment supportez-vous les injures et les privations?

— *Dieu est si bon pour moi, que je ne saurais trop faire pour lui. Un fils doit être content de faire la volonté d'un si bon Père, quoi qu'il puisse lui en coûter.* »

Il allait chaque semaine porter une aumône à l'ermite qui gardait la chapelle construite près de la porte Saint-Paul, à l'endroit où se rencontrèrent saint Ignace de Loyola et saint Philippe de Néri. On le voyait par les plus rudes journées de l'hiver, transi de froid, ou trempé par la pluie ou la neige, couvert de boue et les pieds dans l'eau, continuer ses visites aux sanctuaires et rester des heures et presque des journées entières en prière, sans jamais rien perdre de sa sérénité et de sa joie habituelles.

Aussi disait-on : « Ce n'est point un homme, c'est un ange »; ou encore : « Il a habituellement une face de Paradis. » D'autres lui trouvaient de la ressemblance avec l'*Ecce Homo*.

Plusieurs peintres essayèrent de reproduire ses traits pour représenter Jésus-Christ dans leurs tableaux (1). And. Bley, peintre lyonnais, obtint du saint Pauvre qu'il posât dans son atelier. A la fin de la séance, Benoît considéra un instant le travail de l'artiste en souriant, et il dit : « *Allons, que ce soit pour la gloire de Dieu* (2) *!* »

(1) Parmi les peintres qui ont fait le portrait du Saint, on cite A. Bley, Cavallucci, Mar. Caricchia, Butonni, Gagliardi, etc.

(2) Bley écrivait à son frère en 1783 : « En l'année 1777, lorsque je méditais le grand tableau de la vocation de saint Pierre, que tu dois avoir vu, je rencontrai dans une rue de Rome un jeune homme, mis en mendiant, qui portait une petite barbe rousse... Pensant que sa tête pourrait bien me servir pour celle du Christ, je lui demandai s'il voulait venir chez moi pour se faire peindre. Il me refusa tout net. Mais, ayant compris qu'il n'était pas italien, je lui dis : Seriez-vous français ? Il me répondit qu'il l'était. En ce cas, lui répliquai-je, ne refusez pas de rendre ce service à un compatriote. J'ai à représenter la figure du Sauveur ; je suis extrêmement embarrassé à trouver des modèles qui puissent me convenir, vous pourriez me servir ; faites-moi le plaisir de

On ne saurait dire combien d'âmes furent consolées et raffermies dans le bien en contemplant ce Pauvre volontaire, complètement détaché du monde et vivant de l'amour de Jésus-Christ.

Art 2. — Huitième pèlerinage à Lorette. — L'hospice évangélique à Rome.

Les premiers jours d'avril 1779, Benoît-Joseph accomplissait son huitième pèlerinage à Lorette. En arrivant au sanctuaire, il voit l'abbé Verdelli encore occupé à prendre soin des lampes, et il est le premier à lui adresser la parole : « *Et le couvent !* » lui dit-il. « Il est survenu des difficultés qui m'ont forcé de rester », répond le sacristain. « *Restez, Dieu vous veut encore ici quelque temps* », ajoute Benoît.

Depuis 1776, il allait chaque soir passer la nuit dans un four, une étable ou une grange, selon le conseil de l'abbé Valéri. Un jour, ayant rencontré du monde dans toutes les fermes du voisinage, il dut se retirer jusque vers la mer pour trouver un endroit solitaire.

---

venir. Mes raisons et le patriotisme le touchèrent. Il me le promit, à condition que j'aurais bientôt fait... Il vint, se posa comme une statue, et, à la fin de la séance, **il ne voulut pas d'argent**. Cette étude étant achevée après trois ou quatre heures de travail, il la considéra un instant en souriant et dit : *Allons, que ce soit pour la gloire de Dieu !* » P. Desnoyers.

Il arriva le lendemain à la *Santa-Casa* un peu tard, très fatigué et couvert de boue, parce qu'il avait plu beaucoup. L'abbé Valéri, apprenant ce qu'il avait souffert, lui offrit un abri. « *Oh !* dit le Saint, *ce sera une grande charité de votre part, pourvu qu'il n'y ait point de femme et que j'y sois seul.* » Il le conduisit dans une ferme appartenant à la *Santa-Casa* du côté de la mer ; ils s'agenouillèrent, en passant, à l'endroit où s'était d'abord posée la sainte maison de Nazareth. Le lendemain Benoît alla prier aux pieds du crucifix de Sirolo, que l'abbé Valéri lui avait fait connaître la veille.

En quittant Lorette, il visita pour la troisième fois les sanctuaires de l'Alverne.

De retour à Rome, au mois de juin, une infirmité grave le força d'accepter l'offre que lui fit un pauvre qui le connaissait. Théodose Grimaldi, gardien de l'*Hospice évangélique*, près de Saint-Martin-aux-Monts, d'entrer à l'hospice. Théodose le présenta à l'administrateur, l'abbé Mancini, qui fut heureux de l'admettre. En moins d'un mois, l'enflure considérable des jambes disparut.

Aussitôt qu'il put marcher, le Saint dit à M. Mancini : « *Vous le voyez, Monsieur, je puis maintenant aller à la porte des couvents recevoir ma nourriture ; celle que votre charité me donnerait ici manquerait à un autre pauvre. Mais* comment vous remercierai-je? C'est à vous que je dois ma guérison; car sans vous je serais mort de cette enflure.

— C'est Dieu qu'il vous faut remercier, c'est à lui que vous devez votre guérison. Pensez à moi dans vos prières.

— *Comment pourrais-je vous oublier?* » reprit le Saint.

Satisfait de l'ordre et de la régularité qui régnaient dans l'hospice et sentant que l'état de sa santé ne lui permettait plus de coucher en plein air, il pria l'administrateur de l'admettre pour la nuit avec les douze pauvres qui y venaient tous les soirs. M. Mancini fit exception pour lui, en considération de sa sainteté, et il consentit à le loger toutes les nuits.

Il observait exactement le règlement. Le matin, il assistait à la prière en commun, puis il sortait de l'hospice pour aller dans quelque église où il continuait à prier, à genoux, jusqu'à midi. Il allait alors recevoir la soupe à la porte de quelque couvent, et, l'après-midi, il se rendait aux prières des Quarante-Heures. Le soir, s'il arrivait avant l'ouverture de la porte, il entrait à Notre-Dame-des-Monts pour assister à la récitation des Litanies de la Sainte-Vierge, ou bien il priait à genoux derrière une colonne de la façade de l'hôtel voisin de l'hospice. Pendant la nuit on l'entendait souvent répéter : « *Miserere mei,*

Deus, miserere mei ; » ou bien « : *Oh! bon Dieu! Oh! bon Dieu!* »

Quoiqu'il demeurât à Rome plus longtemps, il était un peu moins assidu aux exercices du Colisée, parce que ses autres dévotions s'étaient multipliées et que son amour pour la solitude l'en éloignait. Il allait très souvent à la *Scala-Santa*, surtout au milieu de la journée, au moment de la plus forte chaleur, pour s'y trouver seul; il employait au moins deux heures à en gravir les degrés, tant il aimait à méditer la passion du Sauveur.

On était si habitué à le voir à l'église de Notre-Dame-des-Monts, que lorsqu'il restait quelque temps sans venir, les fidèles souffraient de son absence. L'estime pour le *saint Pauvre évangélique* s'accroissait d'année en année. Zaccarelli, le voyant passer devant sa maison, dit à un ami qui se trouvait avec lui sur le seuil de sa porte : « Tenez, voyez passer un saint. »

— « Il en a bien l'air », répliqua celui-ci.

Dès qu'une personne lui manifestait l'estime qu'elle avait pour lui, Benoît s'éloignait d'elle et il évitait désormais sa rencontre. Aussi s'efforçait-on avec soin de ne point lui témoigner le cas que l'on faisait de lui, et, quand on avait lieu de craindre qu'il se fût aperçu qu'on admirait sa sainteté, on lui donnait souvent le change. Un jour à la porte de l'église, l'apercevant dans la foule. Zaccarelli se met à le suivre, l'appelle par son nom, et lui fait l'aumône. Benoit lui dit un peu sévèrement : « *Vous êtes trop bon de venir derrière moi, et de m'appeler pour me donner l'aumône.* » Voyant que sa démarche pouvait être pour le Saint un motif de fuir désormais sa rencontre, Zaccarelli reprit avec indifférence : « Je le fais, parce que vous êtes pauvre, et que je vous considère comme tel. »

Lui offrait-on une pièce de monnaie en argent, il la refusait ; ou, si on le forçait à l'accepter, il la distribuait aussitôt aux pauvres, ou bien il la mettait dans le tronc d'une église. Un jour, ne pouvant refuser un chapeau qu'il trouvait trop bon pour lui, il y fit plusieurs déchirures pour le rendre ridicule et s'attirer les huées. Plusieurs fois on lui offrit de subvenir à tous ses besoins de chaque jour. Il préféra toujours son genre de vie : « *Oh! la Providence de Dieu ne manque jamais* », disait-il.

A la Sainte-Table et pendant qu'il priait, Benoît avait une physionomie toute céleste. « Tout faisait connaître, dit quelqu'un, que ses pensées étaient dirigées, non vers les choses de la terre, mais vers celles du Ciel. Il suffisait de le voir pour être persuadé que toutes ses affections étaient pour un autre monde. Plus d'une fois il sortit de Notre-Dame-des-Monts au moment où je me trouvais à la porte, distribuant l'aumône aux pauvres. C'était une occasion d'en prendre sa part : jamais il n'en a profité. Il saluait et passait, et je ne savais qu'en penser. »

Aux heures où l'église de la Minerve était solitaire, on le voyait souvent à la chapelle du Rosaire, plongé dans la contemplation et les bras en croix. « Il suffit de le voir, disait-on, pour être touché de componction ; c'est le type de la mortification et de l'humilité. » Il allait à Sainte-Marie *in Via lata* assister aux vêpres du chapitre, qu'il suivait sur son bréviaire. Avant et après les vêpres, on le trouvait auprès de l'autel du Saint-Sacrement, quelquefois les bras en croix, le regard dirigé vers le tabernacle et poussant de tels soupirs qu'ils excitaient à la ferveur ceux qui en étaient témoins. Il continuait à assister souvent aux pieux exercices de la petite chapelle du *Salvatorello,* à côté de Saint-Louis des Français.

Art. 3. — Monte-Lupone.

Benoît fit son neuvième pèlerinage à Lorette en mars 1780. M. Mancini l'avait prié de se détourner un peu de sa route pour remettre une lettre à l'abbesse du monastère des Clarisses de Monte-Lupone. Il y arriva le Jeudi-Saint, le 23 mars.

Comme il était dit dans la lettre : « Je vous envoie le saint Pauvre qui passe sa vie en oraison », l'abbesse, heureuse de voir un Saint, ne put s'empêcher d'en parler à ses religieuses qui voulurent aussi le voir. Elles avaient été touchées de son recueillement, le matin, en accompagnant le Saint-Sacrement au tombeau.

En le voyant si mal vêtu, une religieuse ne put s'empêcher de s'écrier : « Pauvre malheureux ! » Benoît, qui demeurait silencieux en leur présence, dit alors : « *Malheureux ceux qui sont en enfer et qui ont perdu Dieu pour l'éternité !* » On lui offrit à dîner; il mangea peu. Comme on le pressait de prendre quelque chose de plus : « *Aujourd'hui la divine Providence m'a pourvu du nécessaire,* reprit-il. *Je n'ai plus besoin de rien. Réservez cela pour d'autres pauvres.* » On voulait qu'il emportât sa nourriture pour le lendemain : « *Demain,* ajouta-t-il, *c'est le vendredi-saint. En souvenir de la passion de Jésus-Christ, on ne mange qu'un peu de pain et l'on ne boit qu'un peu d'eau, comme le savent bien des religieuses.* »

Dans ses conversations avec l'abbesse Eléonore Mazza, le Saint dit : « *La France est menacée de grands malheurs; mais, pour la consolation des fidèles, il se fera beaucoup de miracles dans le monde, et ces miracles seront suivis de conversions.* » Dieu lui avait-il montré les innombrables miracles dus à sa propre intercession, aussitôt après sa mort ?...

A toutes les questions qu'on lui fit sur l'abbé Mancini, il ne répondit que ces paroles : « *Il aime Dieu.* » Il se hâta de partir et ne revint plus dans une maison où l'on avait fait cas de lui.

A Lorette, où il fit cette année un long séjour, il allait, la nuit, comme l'année précédente, à la ferme de la *Santa-Casa*. Mais lorsqu'il s'aperçut de l'éloge qu'on y faisait de lui (1), il ne voulut plus y retourner.

L'abbé Valéri lui trouva un logement chez les époux Gaudence et Barbe Sori, qui furent heureux de recevoir le saint Pèlerin. On lui prépara une chambre isolée où l'on mit un vieux lit et les plus mauvais meubles que l'on pût trouver. En arrivant chez les Sori, il salua, disant : « *Loués soient Jésus et Marie !* » et, se tournant vers Barbe, il ajouta : « *Vous voulez donc me faire la charité de me donner un lieu pour dormir.* » On le conduisit dans la chambre que l'on avait préparée. En y entrant, il dit : « *A quoi bon tant d'aisances? Elles ne conviennent pas aux pauvres. Il doit leur suffire d'être à couvert la nuit et d'avoir quelques pieds de terre pour s'y étendre. De lit, il n'en faut pas. J'aimerais mieux être dans quelque niche plus bas, s'il y en a dessous...* » Il n'accepta qu'un petit réduit obscur au-dessous de la boutique (2). On le conduisit à la cuisine

---

(1) On l'appelait généralement à Lorette : le petit Saint... le Saint français.

(2) On voit encore aujourd'hui cette petite pièce, telle qu'elle était lorsque le Saint y logea. Elle est au-dessous de la bou-

pour le souper. « *Oh! dit-il, c'est trop de charité! N'était-ce pas assez de me donner le logement?... Vous voulez encore me donner à manger.* » On le décida à souper; mais il ne voulut manger que des restes : « *C'est ce que doivent manger les pauvres* », disait-il.

Il ne faisait qu'un seul repas, le soir, en sortant de la *Santa-Casa*, où il passait toute la journée jusqu'à la fermeture des portes. Il n'entrait dans la maison de ses hôtes et n'en sortait que lorsqu'on venait lui ouvrir et, pour prendre son repas, il attendait qu'on le prévînt. « Il semblait, dit le maître de la maison, vouloir dépendre de moi pour ses sorties, et de ma femme pour ses repas. »

On lui offrit du linge et des habits; il ne voulut accepter que ce qui lui était absolument nécessaire, et encore fallait-il que chaque objet fût déjà hors d'usage. Un jour il accepta un gilet qui n'était pas bien usé; il le cacha avec soin sous sa vieille redingote, et il dit en riant : « *Il ne faut pas qu'un pauvre fasse montre de ses beaux habits.* »

Il demeura deux mois à Lorette, et vingt-deux jours dans la famille Sori. Au départ, on ne put lui faire accepter un peu d'argent pour acheter

---

tique la plus proche de la place de la basilique, à droite, en arrivant. Elle n'a qu'un peu de jour par une petite ouverture, sur la rue, à côté de la porte d'entrée de la boutique.

du vin pendant le voyage. « *Les pauvres*, dit-il, *ne portent pas d'argent avec eux. L'eau des fossés leur suffit pour se désaltérer. Si j'ai bu un peu de vin chez vous, c'était pour vous obéir ; mais je ne bois jamais que de l'eau.* » Gaudence l'accompagna jusque près de Montreale, et il lui dit qu'il l'attendait l'année suivante, et qu'il voulût bien lui écrire d'avance. « *Il n'est pas nécessaire que j'écrive ; si Dieu le veut, nous nous reverrons* », dit Benoît en le remerciant.

De retour à Rome, en juin 1780, il se rendit chez l'abbé Mancini pour le prier de le recevoir de nouveau à l'hospice évangélique et pour lui rendre compte de sa visite aux Clarisses de Monte-Lupone. Il n'apportait pas de réponse, parce qu'il avait quitté le monastère précipitamment et qu'il n'y avait pas passé en revenant. « *Elles se sont moquées de moi*, dit-il, *en se recommandant à mes prières, comme si j'étais quelque chose de bon, tandis que je ne suis qu'un vil pécheur.* »

Benoît recommença sa vie de prière et de charité. Les lundis et les jeudis, il assistait, vers midi, à la bénédiction du Saint-Sacrement à l'église des Douze-Apôtres, desservie par les Mineurs conventuels. Comme le sacristain lui disait qu'on pouvait bien servir Dieu tout en prenant soin de soi, de sa santé et de son extérieur en particulier, il répondit : « *Cela ne sert de rien.* » Il finit cependant par accepter de lui la redingote gris-bleu qu'il porta jusqu'à sa mort : mais il refusa tout autre secours.

Il priait souvent à *Saint-Ignace*, surtout les après-midi ; sa place habituelle était du côté de l'épître, près de la balustrade. Avant de sortir, il faisait une station à la chapelle du Crucifix, où était un tableau du Sacré-Cœur, puis à celles de l'Annonciation et de Saint-Joseph.

Un jour qu'il était en contemplation devant le tableau du maître-autel de cette église, où Notre-Seigneur est représenté la croix sur les épaules et la présentant à saint Ignace, on l'entendait répéter : « *Ah ! Seigneur, cette croix n'est pas bien sur vos épaules ; mettez-la sur les miennes. C'est à moi, pécheur, qu'il convient de la porter.* » Et encore : « *O mon Jésus ! cette croix n'est pas faite pour lui, qui est un saint. Donnez-la moi, à moi qui suis un pécheur.* »

A l'*Ara-Cœli*, il faisait le chemin de la croix ; en voyant sa contenance, sa pâleur et sa physionomie, on eût dit Jésus-Christ au Calvaire. A *Sainte-Praxède*, il vénérait fréquemment la colonne de la flagellation, et il communiait ensuite à la chapelle du Saint-Sacrement.

On ne pouvait comprendre comment, dans son état de faiblesse extrême, il lui était possible de faire toutes ces stations et de se tenir si longtemps à genoux dans une posture inexplicable.

Cet homme de prière ressemblait à une statue, ou plutôt à un ange, à un chérubin. On était étonné de le rencontrer dans tant d'églises le même jour (1). Il fréquentait les basiliques (Saint-Pierre, Saint-Jean-de-Latran, Sainte-Marie-Majeure, Sainte-Croix-de-Jérusalem, etc.), Saint-Côme, Sainte-Croix-des-Lucquois, l'Eglise du Nom-de-Marie sur la place Trajane, Notre-Dame-des-Miracles sur la place du Peuple, Saint-Vincent-et-Saint-Anastase, près de la fontaine Trévi, où était son confesseur, les églises où se faisaient les stations pendant l'Avent et le Carême, toutes celles où avait lieu l'exposition des Quarante-Heures.

Il aimait à suivre le Saint-Sacrement dans les rues, quand on le portait en viatique aux malades.

Sa charité le rendait ingénieux. Il était attentif à venir en aide à tous. Visitant un jour la *Scala-Santa*, il vit une veuve grandement affligée, par suite des extrémités auxquelles elle se trouvait

---

(1) Plusieurs personnes, en le voyant dans divers endroits à des intervalles fort rapprochés, ne pouvaient s'expliquer la rapidité avec laquelle Benoît se transportait d'une église où elles venaient de le laisser, dans une autre où elles le trouvaient arrivé avant elles, quoiqu'elles y fussent venues par le plus court chemin et sans s'arrêter, et qu'elles l'eussent vu marcher péniblement dans les rues. Le saint Pauvre était-il déjà doué de l'agilité des Bienheureux, de même que, comme on l'a constaté plusieurs fois, il eut le privilège d'être en deux endroits à la fois ?

réduite. Lui ayant demandé la cause de son affliction, il la consola par de bonnes paroles, et il lui suggéra l'idée de présenter une pétition à l'aumônier apostolique; il s'offrit à lui en faire le modèle. Cette femme ayant accepté, ils entrèrent dans la petite église de Saint-Grégoire-et-Sainte-Marie-Impératrice, et il écrivit la demande sur un prie-Dieu, qui se trouvait à l'entrée. Elle en fit faire la copie qu'elle envoya à son adresse et garda l'original comme une relique.

Une personne tourmentée dans son âme par de grandes inquiétudes provenant de fortes tentations, qui ne lui laissaient pas un moment de repos, ni le jour ni la nuit, rencontra le Saint et lui fit part de sa peine : « *Vous êtes tourmentée, mon enfant ; votre âme est inquiète à cause des tentations que vous avez. Vos craintes d'y consentir sont excessives et vous importunent fort. Ayez cependant bon courage et ne craignez pas. Dieu n'abandonne point ceux qui espèrent en lui, et il ne permet pas que ceux qui s'appuient sur lui tombent... Allez à tel confesseur et vous verrez qu'il vous rendra le courage sans que vous ayez besoin de vous préoccuper encore.* » Il en arriva ainsi.

Une autre fois, il voit venir à lui un autre pauvre, au moment où il allait manger. Il prend à peine quelques bouchées et il lui donne tout ce qu'il a pour son dîner. Comme le pauvre ne veut point accepter ce qu'il croit nécessaire à

Benoît : « *Prenez toujours*, lui dit celui-ci, *j'ai suffisamment dîné.* »

Si quelque pauvre lui offrait une aumône : « *Vous êtes pauvre, vous aussi*, disait-il. *Ne vous privez pas de cet argent.* »

Une personne s'excusait en donnant au saint Pauvre des morceaux de pain dur : « *Il n'importe,* dit-il, *c'est ce qu'il me faut.* » Quand quelqu'un, après lui avoir fait une aumône, l'engage à prier pour lui : « *J'y suis bien obligé* », dit-il avec humilité et reconnaissance. Pris de la fièvre pendant l'été de 1780, on l'invite à se faire soigner : « *Oh! cela ne vaut pas la peine* », répond-il. Il guérit sans soins : « *Vous voyez bien que la bonté divine a pourvu à ma guérison* », dit-il.

Pendant le mois d'octobre, le jour de l'exposition des Quarante-Heures à Sainte-Martine, il passa de longues heures en adoration devant le Saint-Sacrement près de la balustrade, du côté de l'évangile. Un prêtre le vit à diverses heures de la journée dans la même position ; il lui semblait voir un chérubin absorbé dans la contemplation de son Dieu : « Oh ! s'écria-t-il, si cet homme était prêtre, il suffirait à lui seul pour faire toutes les heures d'adoration ! » Et, rentrant en lui-même : « Quelle honte, pensait-il, pour tant de chrétiens et pour nous autres prêtres, qui passons avec peine une heure devant le Roi des rois ; tandis que voilà un pauvre mal nourri, mal vêtu, épuisé de mortifications, qui s'y tient plusieurs heures de suite, à genoux sur le pavé, sans même changer d'attitude! »

La veille de la fête de la Présentation, le 20 novembre, Benoît alla dans l'église de Notre-Dame-de-*Monticelli*, où avait lieu l'exposition des Quarante-Heures. Il se confessa au P. Perfetti, qui le trouva « brûlant du saint amour de Jésus et d'une tendresse inouïe envers Marie. »

Le Saint priait posément et pour une fin bien déterminée. Un jour, l'abbé Mancini lui proposait de faire à son intention, pendant une heure, certaines prières, durant les fêtes de Noël, à Sainte-Marie-Majeure, au pied de la crèche du Sauveur. Benoît craignant de se charger d'une obligation mal définie et dont l'accomplissement lui causerait des inquiétudes, n'était point empressé à accueillir sa demande.

« *J'irai*, dit-il, *si vous me le commandez.*

— Non, lui dit son bienfaiteur; je ne veux le devoir qu'à votre charité.

— *J'irai donc*, répliqua-t-il; *veuillez me montrer les prières que je devrai réciter.* »

Après les avoir vues, il ajoute :

« *Une heure ne suffit pas; il ne faut pas estropier la prière; j'emploierai en outre quelque temps à méditer la Passion, si vous le voulez bien.*

— Assurément, je vous le permets, dit l'abbé Mancini.

— *Eh bien*, reprit Benoît, *si vous vous en contentez j'y mettrai deux heures, chaque jour, pendant les douze jours.* »

Ce trait nous révèle la manière de prier du saint Pèlerin en même temps que sa grande délicatesse de conscience, qui le portait à refuser toute obligation qu'il n'était pas bien sûr de remplir fidèlement.

Il avait, dans la physionomie et dans les manières, une distinction telle qu'on le prit, en diverses circonstances, pour un Père jésuite, qui s'était fait pauvre volontaire de Jésus-Christ depuis la suppression de la Compagnie. Quelques personnes, par respect, ne l'appelaient que « le monsieur » ou « le gentilhomme français. »

Un jour, après l'exercice de la bonne mort au *Gesù*, une pieuse dame l'aborde, voulant lui offrir de vieux habits. Avant qu'elle ait ouvert la bouche, Benoît, devinant son intention, lui dit :

« *Je vous remercie de votre charitable intention. Je n'ai besoin de rien dans ce moment. Voyez : un compatriote, logé à Saint-Louis, m'a donné ce qui m'était nécessaire. Faites cette charité à un autre.* »

Il fuyait les louanges, mais il écoutait avec plaisir les leçons. En sortant de Saint-Sylvestre-aux-Monts, le jour des Quarante-Heures, un ecclésiastique lui offre une aumône et lui dit :

« Vous êtes pauvre, prenez cette pièce de monnaie, et disposez-en comme vous voudrez ; mais continuez à chercher le royaume de Dieu, le reste ne vous manquera pas. » Le Saint l'écouta avec respect et dit : « *Je vous remercie, vous m'avez parlé en véritable prêtre.* » Ce prêtre était l'abbé Joseph Devès, recteur de l'église de Saint-Jacques-des-Espagnols (1), sur la place Navone. Il avait été frappé de la sainteté de Benoît qu'il remarquait parmi les pauvres, à la porte de son église. Il l'invita à prier pour la prospérité religieuse de l'Espagne. Benoît aimait à s'entretenir, dans la suite, avec ce digne prêtre qui lui avait dit un jour : « O Benoît ! Cherchez avant tout le royaume de Dieu et sa justice ; le reste vous sera donné par surcroît. »

En sortant de l'église des Douze-Apôtres, après la bénédiction du Saint-Sacrement, quelqu'un lui voit donner, à une pauvre femme, l'aumône qu'il vient de recevoir, et, dans son admiration, il dit à ses amis : « Voyez cet homme qui a tout l'air d'un mendiant ; je désirerais que mon âme fût placée dans le ciel à ses pieds. » Il suivit, dans cette même église, les exercices du Carême. Il était d'une si grande faiblesse que,

---

(1) Aujourd'hui cette église appartient aux missionnaires de Notre-Dame du Sacré-Cœur d'Issoudun. On y vénère un portrait du Saint, que l'on dit avoir été peint, de son vivant, par le P. Raphaël, capucin, pendant que Benoît se tenait à la porte de l'église parmi les pauvres.

pendant le sermon, contrairement à ses habitudes, il était obligé de s'asseoir.

Avec la permission de M. Mancini, permission qu'il demandait toujours en quittant l'hospice évangélique, Benoît partit pour Lorette, pendant le Carême de l'année 1781. A cause de son état de faiblesse, on lui proposa un compagnon; mais il voulut aller seul « *pour n'être pas troublé dans sa prière.* » Il resta longtemps en route par suite des pluies et de sa difficulté à marcher.

Gaudence Sori le rencontra dans la rue, au moment où il arrivait, après l'octave de Pâques, vers la fin d'avril.

« Pourquoi ne venez-vous pas à la maison ? lui dit-il.

— *D'abord à la Madone,* répond le Pèlerin; *puis après j'irai chez vous.* »

Il demeure toute la journée dans la basilique et vient le soir chez les époux Sori.

« *Vous voulez donc bien me faire la charité encore cette année? Mais je pourrais vous incommoder* », dit-il.

« Non, reprit Barbe; vous nous faites bien plaisir. Allez dans votre chambre sans cérémonie, déposez votre paquet, et venez vite prendre votre souper qui est tout prêt. »

Pour lui faire accepter les vêtements dont il avait un besoin extrême, il fallait faire appel à la vertu d'obéissance. Pour l'obliger à manger, on lui rappelait la parole de Jésus-Christ : « Mangez ce qui vous est servi. » L'abbé Valéri lui recommandait de se confier à ses hôtes pour le vêtement et la nourriture.

Barbe voulut, un jour, voir ce que renfermait le paquet de Benoît; elle n'y trouva que des chemises usées, un bréviaire, des livres de piété et une boîte en fer-blanc renfermant des billets de confession et divers papiers.

On se plaignait devant lui des scandales causés par certaines personnes sur les promenades publiques, et on lui demandait ce qu'il en pensait. « *Pour moi, je n'y vais pas et je n'ai pas l'occasion d'être scandalisé* », répondit-il.

Un soir, il faisait déjà nuit, et Barbe, occupée par des acheteurs, n'avait point fait rentrer Benoît. Elle regarde dans la rue, et elle le voit appuyé contre un mur, immobile, la tête penchée et les bras croisés sur la poitrine selon son habitude. « Pourquoi n'entrez-vous pas ? lui dit-elle. — *Je ne suis pas pressé*, répond-il en entrant ; *il faut laisser servir les acheteurs. Je puis attendre.* » Barbe se plaignait un jour de ses peines : « *Notre consolation,* dit-il, *n'est pas dans ce monde, qui est une vallée de larmes; mais elle sera grande au delà du tombeau.* »

-Il était à Lorette depuis quinze jours, lorsqu'il annonça son départ à l'abbé Valéri. Celui-ci, après lui avoir donné, comme à l'ordinaire, de la poussière de la *Santa Casa*, des médailles, un morceau du voile de la Sainte-Vierge, lui offrit de l'argent. « *Qu'en ferais-je ?* » fut la réponse de l'admirable Pauvre de Jésus-Christ. — « Vous vous servirez de ces quelques baïoques pour prendre, en route, quelque chose dans les auberges. — *Je ne vais point dans les auberges,* reprend-il; *on y blasphème le Saint Nom de Dieu.* » L'abbé lui demanda de penser à lui dans toutes ses prières. Le Saint réfléchit, leva les yeux au ciel et dit : « *Ce serait une trop grande charge; je prierai pour vous quand je m'en souviendrai.* » Le soir, il annonça son départ pour le lendemain à la famille Sori, qui fit de vains efforts pour le retenir plus longtemps.

Barbe voulait lui donner un habit. « *Je vous suis obligé,* dit Benoît ; *je n'en ai pas besoin. Donnez-le à un autre pauvre.* »

On se recommanda à ses prières et il répondit comme à l'ordinaire : « *J'y suis obligé.* »

Pendant son séjour, la vente augmentait considérablement : « Il semblait, disait Barbe, que la divine Providence faisait pleuvoir sur notre maison, pendant que le Serviteur de Dieu l'habitait. »

Le lendemain, il pria toute la matinée dans la *Santa-Casa*, fit à midi ses adieux à Gaudence, qu'il trouva seul à la maison, et partit à jeun, ne voulant rien accepter qu'un bâton un peu plus fort que le sien.

Art. 4. — Benoît à l'hospice évangélique.

A son retour à Rome, Benoît rentra à l'hospice évangélique, où il faisait l'admiration des pauvres aussi bien que des administrateurs par son humilité, sa modestie, sa patience à supporter les grossièretés, les mépris et les injures, sa sagesse et sa piété.

Il paraissait heureux de subir les humiliations; mais lorsque l'honneur de Dieu ou de l'Eglise étaient en jeu, il ne pouvait s'empêcher de manifester son mécontentement, sans jamais s'écarter de la prudence et de la charité.

Il entend quelqu'un dire qu'il est permis de mentir légèrement pour s'excuser: Benoît l'arrête par ces paroles : « *Le mensonge, même le plus léger, n'est jamais permis, quand même il s'agirait de sauver le monde entier; car l'offense de Dieu est un plus grand mal que la perte de l'univers.* » Une autre fois, une personne faisait dire qu'elle était absente : « *Vous oubliez donc, dit-il, qu'il n'est jamais permis de mentir, et que l'on doit dire la vérité, quoi qu'il puisse en arriver.* »

Un jour, un pauvre rentre ivre. Un autre dit : « Il vaut mieux qu'il soit ivre que malade. — *Est-ce que vous êtes fou?* lui dit Benoît. *Ne savez-vous pas que l'ivresse est un péché, et non la maladie?* »

Entendant dire que les pauvres enduraient

assez de peines et de privations pour être dispensés du jeûne et de l'abstinence : « *Ah !* répliqua-t-il, *les pauvres ont besoin comme les autres de mortifier et de dompter la chair.* » Etait-il témoin de querelles, de médisances, de mauvais propos, etc., il en interrompait les auteurs, disant : « *Eh ! pensons à la Passion de Notre-Seigneur Jésus-Christ.* »

On parlait des tremblements de terre qui désolaient la Sicile et la partie méridionale de l'Italie; quelqu'un disait : « Remercions Dieu d'être à Rome; la Ville sainte nous préservera d'une telle calamité. » Et Benoît reprit : « *Nous ne devons pas nous flatter d'être épargnés par le fléau, quoique nous soyons à Rome. Si nous continuons à offenser Dieu, le séjour de Rome ne nous sauvera pas… Il me semble que, malgré la crainte de ce châtiment, on ne se conduit pas mieux et l'on ne cesse pas de pécher.* »

Sa charité ne connaissait plus de bornes, et, fallût-il se priver du nécessaire, il ne négligeait rien pour venir en aide à ses compagnons, en toutes circonstances. On admirait sa douceur, son égalité d'humeur et sa docilité à obéir à ceux qui avaient le droit de lui commander : à son directeur, à son confesseur, à ses supérieurs, etc. Il édifiait par sa piété et en particulier par sa dévotion envers Jésus eucharistique et son immaculée Mère, Marie.

Il a mis parfaitement en pratique la parole de saint Jérôme(1) : « Vous aimez Marie : honorez-la et imitez-la. » Il a aimé Jésus et Marie de tout son cœur, et il s'est efforcé d'imiter leur vie cachée et méprisée.

Pendant les prières à la Reine du ciel, son ton de voix s'animait, il semblait sortir de lui-même, son regard se portait d'une manière ineffable sur l'image de cette Vierge bénie, son cou s'allongeait extraordinairement ; les autres pauvres se disaient entre eux : « Tiens, regarde ! voilà Benoît qui va entrer en extase. » C'est lui qui introduisit la coutume de se saluer à l'hospice, en disant : « *Loués soient Jésus et Marie ! — Qu'ils soient loués à jamais.* »

On terminait les prières par l'oraison jaculatoire : « *Loué et remercié soit à jamais le très saint et très divin Sacrement de l'autel !* » que devaient répéter les assistants. Parfois Benoît, en l'entendant réciter, levait les yeux au ciel, se croisait les bras sur la poitrine, puis baissait la tête et l'appuyait contre une crédence ; mais il ne pouvait répondre, tant était grande sa ferveur pour la divine Eucharistie. Il n'était alors plus maître de ses sens ni de sa voix.

Son recueillement était continuel. Aussi se

---

(1) Dilectissimi, Mariam colite quam amatis : sed tunc vere amatis, quando imitari volueritis quam amatis. (Saint Jérôme. Serm. de l'Assomption.)

disait-on : « Il nous suffirait d'avoir dans l'église le recueillement et la dévotion que Benoît conserve dans la rue. » Non content de passer toute la journée en prières, la nuit il ne prenait presque point de repos ; il priait encore quand tout le monde était déjà au lit ; on l'entendait souvent prononcer des oraisons jaculatoires, surtout : « *Oh ! bon Dieu ! Oh ! bon Dieu !* » De grand matin on le trouvait levé et priant.

L'église de Notre-Dame-des-Monts était, comme toujours, le lieu que Benoît fréquentait le plus. Il allait souvent, aussi, à l'église des Saints-Apôtres, où il aimait à prier devant l'autel de Saint-François. On le voyait, en outre, aux exercices des Quarante-Heures, et à la bénédiction du Saint-Sacrement dans diverses églises : à *Ara-Cœli* les lundis vers midi, et à Saint-Côme les mardis, etc.

Les enfants du boucher Zaccarelli n'étaient pas moins admirateurs du Saint que leur père et leur mère. Ils aimaient à le contempler lorsqu'il priait. Ils le virent souvent mettre son offrande dans le tronc de l'église, et ils en furent fort édifiés. Ils se recommandaient à lui intérieurement, pensant que, comme les Saints du paradis, il ne pouvait ignorer leur désir.

Un jour, Benoît revenait fatigué, vers midi, de Sainte-Marie-au-Transtévère ; Zaccarelli le voit passer devant sa boutique et l'invite à entrer pour se reposer et manger un peu. « *Moi je mange dans la rue* », répond-il. D'autres fois on l'invite à dîner ; il se contente de faire son serrement d'épaules en signe de refus, ou de répondre : « *Quel dîner ? Quel dîner ? Je dîne dans la rue.* »

Il édifiait singulièrement par sa douceur et sa charité à réprimer le mal. En sortant de Sainte-Marie-Majeure, en compagnie de Paul Zaccarelli, il entend une petite fille qui chantait des chansons légères. Il pousse aussitôt un cri pour lui imposer silence, et il dit avec tristesse à son compagnon : « *Vous entendez ce que chante cette enfant, et elle ne sait peut-être pas son* PATER ! » Il fait des reproches à l'enfant et il lui dit plusieurs fois : « *Savez-vous le Pater noster ?* » Celle-ci décontenancée ne répond rien, et Benoît ajoute : « *Si vous ne savez pas le Pater, il faut l'apprendre ; et si vous le savez, il faut le réciter, plutôt que d'offenser Dieu.* »

Le monde a cru que Benoît était un ignorant, incapable d'aider les autres de ses conseils.

Il a peu parlé, en effet ; mais, en peu de mots, il a parlé assez et il l'a fait en véritable apôtre. Doué de lumières surnaturelles et de la pénétration des cœurs, il a su employer ce don céleste au profit des âmes, bien que de la manière la plus discrète, en prévenant en secret de leur mauvais état intérieur les pécheurs qu'il rencontrait dans les rues, et en consolant les affligés.

Se trouvant un jour en présence d'un libertin effronté, il lui dit avec bonté : « *Mon cher enfant, vous êtes dans la disgrâce de Dieu, hâtez-vous de faire une bonne confession, car la mort vous poursuit.* » Le jeune étourdi, loin de profiter de l'avertissement, se moqua du Saint et mourut peu de temps après dans son péché. Une autre fois, il aborde quelqu'un en lui disant : « *Mon frère, chassez cette pensée ; c'est une tentation du démon.* » L'avis fut écouté, et la paix fut rendue à une famille divisée.

Lorsque quelqu'un l'injuriait, il ralentissait le pas pour savourer l'insulte. Passant sur une place de Rome, il vit des jeunes gens oisifs qui se livraient à des jeux indécents. « *Mes enfants,* leur dit-il, *ce n'est pas pour cette fin que Dieu vous a créés et qu'il vous conserve sur la terre.* » Aussitôt ils l'insultent et le poursuivent à coups de pierres. Quelqu'un voulant le défendre, il lui dit avec douceur : « *Laissez-les faire : si vous me connaissiez, vous vous joindriez à eux ; et vous en feriez encore plus qu'ils n'en font.* »

On eût dit qu'il faisait ses délices de passer aux yeux de la multitude pour un vagabond, un paresseux, un original et un homme méprisable. Ceux qui étaient témoins d'une si haute vertu disaient : « Voilà une vertu vraiment évangélique. » On pensait que cet homme extraordinaire était un pieux personnage, qui se cachait sous les haillons de la misère pour rester inconnu aux hommes et pour ne s'occuper que des choses de Dieu.

Malgré sa faiblesse, il reste à genoux à la même place pendant des heures entières. En présence du Saint-Sacrement, il a son livre devant lui; mais à peine y jette-t-il les yeux, que subitement ils se relèvent pour se diriger vers l'Hostie sainte. On comprend que le Seigneur l'attire continuellement à lui, en voyant sa tête, son corps et ses yeux se porter vers le Saint-Sacrement. Sa figure quelquefois s'illumine d'une clarté soudaine; on le trouve la tête haute, le cou allongé, les yeux attachés au ciel, comme dans une contemplation céleste.

Il fut plusieurs fois environné d'une lumière céleste, signe de l'ardente charité qui l'unissait à celui qui est la lumière du monde, l'objet de l'amour et les délices du juste durant sa vie passagère ici-bas, et éternellement dans le ciel (1). Ces clartés extérieures étaient quelquefois telles que ceux qui en furent témoins s'écrièrent : « Voyez cet homme qui brûle... »

Un certain nombre de personnes de toutes conditions cherchaient à le rencontrer, surtout dans les églises où se faisait l'exposition des Quarante-

---

(1) Tanto in Deum æstuabat amore, ut cum divinus ignis sese diutius continere intus non posset, foras erumperet, ejusque vultum irradiare visus sit. (Breviar. rom.)

Heures, où il allait si assidûment qu'on l'appelait *le pauvre des Quarante-Heures.*

Les autres pauvres l'estimaient à cause de ses grandes vertus. « C'est une bonne âme, disait l'un. — C'est un grand saint, disait un autre, il passe ses soirées là où se fait l'exposition, et les matinées à la madone des Monts. — C'est un rude chrétien, disait un troisième ; il dort sur un peu de paille, sous une arche du Colisée. — Non, reprenait un autre, depuis quelque temps il est admis à l'hospice Mancini, à Saint-Martin-aux-Monts, où il est un sujet d'admiration. »

Comme toujours, il ne s'inquiète nullement du lendemain et il se remet complètement entre les mains de la divine Providence. Il accepte, sans la regarder, une pièce d'argent ; mais aussitôt qu'il l'a vue, il la rend au donateur, s'il le peut ; ou autrement, il la distribue de suite aux pauvres.

Un jour, quelqu'un lui donne une baïoque. Voyant que Benoît la remet de suite à un autre pauvre, il prend cet acte pour un acte de mépris, et il l'accable d'injures. Le Saint reste calme et supporte tout avec une patience admirable.

Au contraire une autre personne, admirant sa charité, dit en pareille circonstance : « Voyez ce pauvre. Il n'a rien, et il donne aux autres pauvres. Ce doit être un grand homme de bien. »

Un ecclésiastique lui met dans la main une

petite pièce d'argent, valant cinq baïoques. Il s'en aperçoit et la rend, en disant : « *C'est trop ; il me suffit d'une baïoque, si vous voulez me la donner pour l'amour de Dieu. Le reste peut servir à d'autres pauvres ; vous le leur distribuerez.* » On lui offre une pension mensuelle : « *Je vous remercie*, dit Benoît ; *je n'en ai pas besoin.* »

Quelqu'un lui demande pourquoi il ne se sert pas des souliers qu'il lui a donnés. « *Oh ! ceux-ci sont bien suffisants* », dit Benoît en montrant ses mauvaises chaussures.

Maria Cervosi, femme d'un doreur de la place de Venise, avait l'habitude de donner à Benoît quelques morceaux de pain, lorsqu'il passait devant sa maison. Comme il lui paraissait beaucoup plus nécessiteux qu'un autre pauvre, auquel elle faisait aussi l'aumône, elle eut l'idée de lui réserver encore ce qu'elle donnait habituellement à ce dernier. Lorsque le Saint revint, elle le lui offrit ; mais il la remercia, disant : « *Je ne prends pas cette aumône, parce que je sais que, en me la donnant, vous l'enlevez à un autre pauvre.* » Il disparut et il ne revint plus, pas même pour recevoir l'aumône qu'on avait coutume de lui faire.

Une sainte femme, désireuse de donner à manger tous les samedis à celui qu'elle appelait « saint Alexis », le rencontre un soir, en sortant de Sainte-Agathe-des-Goths. A la proposition qui lui est faite, il répond : « *J'irai, j'irai.* » Mais elle ne le voyait point venir. Un jour, pendant les Quarante-Heures, elle l'aperçoit près de Sainte-Pudentienne, contre un mur, se chauffant au soleil, et elle lui fait la même invitation. Benoît répond qu'il ne connaît pas son habitation. Elle le conduit et lui fait accepter une aumône. Le samedi suivant, il fut fidèle à sa promesse ; il mangea la soupe, refusa du vin et consentit, non sans peine, à emporter le reste du petit pain et quelques baïoques. Comme on le pressait de revenir le samedi suivant, il dit qu'il allait partir pour Lorette. « Vous prierez pour nous », lui dit-on ; il répondit, à son ordinaire : « *J'y suis obligé.* » En sortant il donna tout ce qu'il avait reçu, et il ne revint plus.

A une grande dame qui se recommande à ses prières, il répond humblement : « *Prions l'un pour l'autre.* »

L'un des fils de Zaccarelli, tourmenté par les fièvres périodiques, désirait voir le saint Pauvre. Celui-ci vint et il ne fit que lui dire : « *Il faut savoir souffrir.* » On lui demanda s'il était allé voir le départ du Pape ; c'était le 25 février, jour où Sa Sainteté Pie VI partait pour Vienne, en Autriche. « *A quoi sert de le voir ?* répondit-il. *Il vaut mieux prier pour lui.* » Comme on lui demandait s'il reviendrait à Rome, après son voyage de Lorette, il dit : « *Qui sait ? si Dieu le veut.* »

Pendant les plus grands froids de cet hiver (1782), il allait sans souliers, sans bas, sans chapeau, et à peine vêtu. Il refusa les vêtements que lui offrirent plusieurs personnes. Avant de partir il avait absolument besoin de souliers. On lui en offrit au Gesù ; mais, les trouvant trop neufs, il les refusa et ne revint point. Zaccarelli lui en présenta plusieurs paires. Il prit la plus mauvaise ; et, comme il avait un chapeau de paille complètement hors d'usage, on le força de recevoir un vieux chapeau de feutre couvert en toile cirée. Il le mit sur sa tête et dit en souriant : « *Voyez donc : ne vous parais-je pas maintenant un gentilhomme ?* » Son ami lui offrait un peu d'argent, en lui disant : « Priez pour moi dans la *Santa-Casa.* » Il le refusa, et dit : « *Je prierai, mais je n'ai pas besoin d'argent.* » On lui fit cependant accepter quelques baïoques par obéissance. Comme on lui disait : « Vous êtes heureux d'aller visiter ces saints lieux », il répartit en levant les yeux au ciel : « *Heureux moi ! Dites plutôt : Heureux ceux qui font la volonté de Dieu.* »

Art. 5 — Dernier voyage à Lorette.

Selon sa pieuse coutume, il veut entreprendre son pèlerinage annuel à Lorette ; il en demande la permission au P. Gabrini, son directeur, et à M. Mancini, l'administrateur de l'hospice évangélique. Qui n'admirerait une si parfaite obéissance !

Il quitta Rome le 6 mars, traversa les Apennins par le froid le plus rigoureux, en marchant dans la neige, à moitié vêtu et exténué par toutes sortes de privations. Il s'arrêta, au commencement de la Semaine-Sainte, à Tolentino, où se faisait l'exposition des Quarante-Heures.

En arrivant au terme de son voyage dans l'après-midi, le jeudi-saint, 28 mars, il alla droit chez les Sori. « *Je suis venu tout droit chez vous, dit-il, comme je vous l'ai promis l'an dernier; mais je crains toujours de vous incommoder, j'ai été un peu retardé, parce que, pris par les neiges, je me suis égaré dans les montagnes.* » On le presse de manger et de se reposer un peu auprès du feu. « *Oh! je vous remercie, dit-il, je n'ai besoin de rien; seulement, si vous le permettez, je déposerai mon fardeau, puis j'irai saluer la Madone, et je reviendrai ce soir.* »

Selon sa coutume, il ne quittait la *Santa-Casa* qu'à la fermeture des portes. On lui offrit un plat un peu recherché : « *Ce n'est pas un mets de pauvre*, dit-il; *c'est trop précieux et trop délicat.* »

Les enfants, en rentrant, voulurent le voir. « Oh! dit-il, *quelle curiosité! Que veulent-ils voir? Ils verront un loup.* » Lorsqu'ils furent auprès de lui, il leur sourit gracieusement et leur parla avec affection.

On remarqua, comme à Rome, qu'il donnait maintenant plus de temps à la contemplation et moins à la lecture.

Barbe Sori le pressait, le soir du vendredi-saint, de prendre la soupe et les petits poissons qu'elle lui avait préparés. « *Oh ! dit-il, est-ce une soirée à souper ? Oh ! Jésus-Christ a tant souffert pour nous à pareil jour… Il n'a eu que du fiel et du vinaigre pour nourriture !… et vous voulez que je mange !* — Si nous ne mangeons pas, reprit Barbe, nous ne pourrons même pas prier. » Il demanda des herbes crues, un peu de pain et de l'eau. Il les prit en disant : « *Voilà bien le repas qui convient à un pauvre, le vendredi-saint.* » Barbe ayant dit ensuite : « Oh ! Jésus a tant souffert, et moi je ne puis rien supporter. Aussi j'ai bien peur de n'être point sauvée… », Benoît ajouta : « *Vous, vous !… Et moi donc, j'ai peur aussi.* » Qui ne tremblerait en pensant qu'un aussi saint pénitent a pu être effrayé à la pensée de l'autre vie !

Il se confessa, le samedi-saint, au P. Almérici, qui comprit, à la suite de plusieurs conférences qu'il eut avec lui, combien grandes étaient son humilité et son abnégation. La vie de ce Pèlerin était une oraison continuelle, et il ne perdait jamais de vue la présence de Dieu ; ses confesseurs ont déclaré qu'il avait conservé l'innocence baptismale. Il se disait cependant l'homme le plus vil et le plus abominable qui vécût sur la terre, à cause de la multitude de ses infidélités à la grâce de Dieu, et il se regardait comme indigne de se nourrir souvent de l'Eucharistie. Par humilité, quand il parlait du plus auguste des mystères, Benoît s'interrompait souvent pour dire que sans doute il proférait des sottises, parce qu'il n'était qu'un ignorant.

Malgré ses mortifications continuelles, il souffrait souvent des tentations du démon et de la concupiscence ; mais, avec l'aide de Dieu, il n'avait jamais consenti à aucune. Il méditait continuellement la Passion du Sauveur, et en particulier le couronnement d'épines. Cette méditation le portait à la contemplation du mystère de la très sainte Trinité et augmentait son désir d'expiation en vue de la gloire de Dieu et du salut des âmes.

C'était la première fois que le P. Almérici conversait avec le saint Pauvre. Il le questionna sur sa manière de prier oralement et mentalement. Il n'obtenait que de courtes réponses. Benoît lui dit qu'il ne faisait que des prières vocales de peu de durée, et de longues oraisons, surtout sur la Passion et sur la Sainte-Trinité. Le Père constata qu'il avait le don de la contemplation et que ses contemplations ressemblaient à celles de sainte Thérèse. Son extérieur semblait dire : « Je suis attaché à la croix avec Jésus-Christ, *Christo confixus sum cruci.* »

Il dit à son confesseur que c'était son onzième pèlerinage à Lorette et il eut avec lui le colloque suivant :

« Vous viendrez donc encore l'année prochaine ?

— *Non, mon Père.*

— Et pourquoi ?

— *Je dois aller dans ma patrie.*

— En quittant Rome pour retourner dans votre patrie, vous reviendrez sans doute ?

— *Non, mon Père, je dois aller dans ma patrie.*

— Vous renoncez à Lorette ?

— *Mon Père, je dois aller dans ma patrie.* »

Lorsqu'il eut appris la mort de son pénitent, le P. Alméricí comprit qu'il s'agissait de la patrie céleste, et que celui qu'il regardait comme un grand Saint lui avait fait une prophétie. Pendant les quelques jours qu'il demeura encore à Lorette, il évitait le P. Alméricí, comme depuis longtemps le P. Temple, à cause de l'estime qu'il lui avait témoignée.

Le jour de Pâques, il ne voulut faire, selon son habitude, qu'un seul repas, le soir; mais pour répondre aux pressantes sollicitations de la famille Sori, il consentit à goûter de tout ce qui lui fut offert, et il prit même un peu de l'agneau pascal.

Il n'y avait pas huit jours qu'il était à Lorette, lorsque, le mercredi de Pâques, il annonça son départ pour le lendemain. Barbe l'engageait à rester plus longtemps. Il lui dit : « *C'est assez de huit jours pour cette fois... Vous ne savez pas, j'ai besoin de partir ; il faut que je m'en aille.* » Barbe ajouta : « Vous ne manquerez pas de revenir l'année prochaine. » Le Saint répondit en souriant : « *Si je ne reviens pas, nous nous verrons en paradis.* » Il fit la même réponse, le lendemain, à Gaudence, auquel il demanda un crucifix pour remplacer le sien qui s'était brisé. En recevant ce crucifix, il remercia Gaudence en termes très affectueux, contrairement à sa manière habituelle qui consistait en une simple parole ou un signe.

Ce même jour, 4 avril, il reçut de l'abbé Verdelli les petits présents du départ : de petits sachets de poussière de la *Santa-Casa*, un morceau du voile de la Madone et un peu de cire des cierges brûlant devant elle. L'abbé lui souhaita un bon voyage et lui dit :

« Au revoir, l'année prochaine! »

Benoît répondit :

« *Je ne le crois pas.*

— Comment, vous ne reviendrez pas! répliqua l'abbé Verdelli. Est-ce que nous ne nous reverrons plus ? »

Benoît dit :

« *Si Dieu le veut, nous nous reverrons en Paradis.* »

Il pria toute la matinée à l'église, et à midi il

alla avec l'abbé Valéri chez ses hôtes, pour les remercier une dernière fois. L'abbé lui demanda, comme tous les autres :

« Viendrez-vous l'année prochaine? »

Il répondit :

« *Ce sera difficile; mais si je ne reviens pas, nous nous reverrons en Paradis.* »

En apprenant sa mort l'année suivante, on comprit que ces paroles avaient été inspirées à Benoît par la connaissance de sa fin prochaine.

Il ne voulut pas que l'abbé Valéri l'accompagnât jusqu'à Montreale : « *Que penserait-on ici de vous*, lui dit-il, *si l'on voyait un prêtre accompagner un misérable de mon espèce?* » Il passa par Montecchio pour remettre aux Clarisses une lettre de M. Mancini. Plus tard, les religieuses lui firent demander une communion à leur intention, et il répondit : « *Mes communions ne peuvent pas leur servir. Du reste, je ne veux pas m'embarrasser avec les religieuses.* »

Art. 6. — Dernière année de Benoît à Rome.

Benoît était de retour à Rome à la fin d'avril. Le P. Gabrini, voyant que son pénitent « croissait immensément en perfection », lui ordonna, en vertu de la sainte obéissance, de se choisir pour confesseur un prêtre n'ayant pas charge d'âmes et capable de lui donner plus de temps qu'il ne pouvait le faire lui-même.

Pendant le mois de mai, il s'adressa à l'abbé Carezani, supérieur des Missions *imperiali*, qui confessait à Sainte-Praxède. La première confession du Saint donna au missionnaire la certitude qu'il n'avait jamais commis aucun péché mortel et qu'il était exempt de toute faute vénielle volontaire. Il se disait en lui-même : « Quel ange ! Dieu lui a conservé l'innocence baptismale. » Il le trouva pénétré de la grandeur de Dieu, connaissant d'une manière admirable ses attributs et confondu par la pensée continuelle de son propre néant qui le portait à se croire et à se dire un misérable pécheur, un indigne et un ingrat.

Quand Benoît revint, il trouva le confessionnal de l'abbé Carezani si encombré, qu'il fut obligé de chercher un confesseur ailleurs. Il choisit l'abbé Marconi, à Saint-Ignace ; c'est à lui qu'il s'adressa jusqu'à sa mort.

La dévotion au Sacré-Cœur de Jésus fut toujours une des dévotions de ce parfait adorateur de la Victime-Eucharistique. Chaque soir, avant de prendre son repos, il se consacrait à ce divin cœur, en disant : « *Je veux, de tout mon cœur, reposer dans votre sainte grâce. Ce cœur que vous m'avez donné, où puis-je mieux le placer que dans le vôtre ? C'est là que je le dépose, ô mon doux Jésus ! C'est là que je veux habiter et que je vais prendre mon repos.* »

Le 1er juin, il assistait à la fête du Sacré-Cœur,

célébrée dans l'église de Saint-Théodore, au pied du Palatin, près du Forum, par la pieuse confrérie établie par saint Léonard de Port-Maurice. Tandis qu'il contemplait l'image du Cœur de Jésus, représenté sur le tableau de l'autel, il tomba presque inanimé, au milieu de l'office. Il revint à lui peu de temps après, et, s'appuyant sur la balustrade, il continua son oraison.

Il faisait ses dévotions en se dérobant le plus possible aux regards de ceux qui le connaissaient, au point que l'abbé Mancini en vint à douter s'il remplissait son devoir pascal et pria le curé de la paroisse de l'hospice (Saint-Sylvestre-et-Saint-Martin-aux-Monts) de s'en assurer ; ce que celui-ci n'eut pas de peine à établir.

Depuis plusieurs années il souffrait de deux excroissances aux genoux ; elles grossirent tellement qu'il craignit de ne pouvoir bientôt plus s'agenouiller. On lui dit que pour guérir il fallait garder le lit. Il préféra souffrir et continuer ses dévotions. M. Mancini lui ayant fait observer que, puisque son mal venait de ce qu'il restait trop longtemps à genoux, il devrait se tenir debout ou assis pendant ses prières. Benoît lui dit : « *Assis, j'aurai de la peine à m'y décider; mais je profiterai de votre conseil en restant plus longtemps debout.* »

Il continua, selon son habitude, à aller à Notre-Dame-des-Monts. Il s'asseyait quelquefois pendant quelques instants sur un banc, lorsqu'il était trop fatigué pour se tenir à genoux ou debout; mais il ne parla plus de ses tumeurs, qui étaient considérables lorsqu'il mourut.

« L'âme délicate de Benoît-Joseph, remplie de grâces et de vertus, à cause de son ardente charité envers Dieu et le prochain, était brisée de douleur à la vue des offenses que les péchés du monde faisaient à Dieu. Il gémissait surtout des maux causés par l'hérésie, l'incrédulité, le luxe, les scandales, les profanations des églises et les violations des jeûnes commandés par l'Église, spécialement du jeûne du Carême. Il voyait Dieu justement indigné contre nous, à cause de ces péchés; il pensait à la multitude des âmes qui se perdent éternellement. C'est pour cela qu'il s'offrit tant de fois lui-même en sacrifice et qu'il se fit réellement victime de propitiation, afin d'apaiser la colère divine par ses abaissements volontaires. Ce fut, en un mot, le motif de ses pénibles pèlerinages à un nombre si considérable de sanctuaires et de ses mortifications inouïes (1). »

Plusieurs personnes, le voyant s'affaiblir tous les jours, lui offrirent d'aller demeurer chez elles. Son amour de la pauvreté absolue, son abandon

---

(1) Ragguaglio della vita, etc.., ou *Vie du serviteur de Dieu, Benoît-Joseph Labre*, écrite par son confesseur (l'abbé Marconi), édition italienne de 1783, in-8º, p. 255.

à la Providence, et son désir de l'isolement et de la solitude le portèrent à refuser constamment. Cependant il ne refusa pas toujours de s'asseoir à leur table.

C'est en juin 1782 que Benoît choisit l'abbé Marconi pour son confesseur, dans la chapelle de Saint-Joseph, à Saint-Ignace. Sa première confession fut une confession générale ; il avait fait la dernière au sanctuaire du Mont-Alverne, neuf ans auparavant. Il lui parut tout à fait versé dans la connaissance de la loi de Dieu ; il donnait tous les détails de chaque vertu jusqu'à la plus haute perfection. Il n'avait jamais manqué à aucune de ses obligations, pas même à celles qu'il s'était lui-même imposées ; et cependant il s'accusait et il fondait en larmes, comme s'il eût été le plus grand pécheur. Cette confession générale lui procura une grande tranquillité de conscience. Depuis ce jour, il alla ordinairement, tous les huit jours, se confesser à Saint-Ignace.

Il avait renoncé à recevoir la soupe à la porte des couvents, pour n'être plus témoin des disputes, des rixes et des paroles inconvenantes ; son confesseur l'obligea à y retourner. La rigueur avec laquelle il accomplissait un grand nombre de vœux, par lesquels il s'était lié volontairement, relativement à l'abstinence et à la prière, nuisait à sa santé ; l'abbé Marconi le força à se modérer. Voyant combien sa science religieuse est profonde, il lui demande s'il a étudié la théologie : « *Non, mon père*, répond le Saint; *je ne suis qu'un ignorant.* »

Il continua pendant plusieurs mois à aller régulièrement se confesser tous les huit jours. Il se mettait à genoux contre un pilier, à l'écart, pour n'incommoder personne, et il n'entrait au confessionnal qu'après tout le monde, à moins que son confesseur ne l'obligeât, par signe, à prendre son tour.

Comme il s'affaiblissait sensiblement, l'abbé Marconi lui ordonna de ne point faire l'aumône sans sa permission et de se réserver quelque chose pour le cas de maladie. Benoît lui demanda alors la permission de recueillir la somme nécessaire pour acheter un bréviaire, le sien étant hors d'usage; mais il mourut avant d'avoir pu se le procurer.

Il n'était pas rare que Benoît reçût des grâces extraordinaires et des lumières surnaturelles; souvent il pénétrait les pensées les plus secrètes. Au mois de septembre, il vint, tout triste, dire à son confesseur qu'il avait vu ce qui arriverait après sa mort autour de son misérable corps et à son tombeau (1) : la foule qui y accourait…; les

---

(1) Benoît dit à son confesseur, en pleurant : « *Hélas ! mon père, j'ai pensé que j'étais mort ; qu'on m'avait enterré à Sainte-Marie-des-Monts, du côté de l'épître; qu'il y avait autour de mon vil corps et de mon tombeau une quan-*

honneurs qu'on lui rendait...; les irrévérences envers le Saint-Sacrement et envers le saint lieu...; les profanations... L'abbé Marconi eut de la peine à le tranquilliser.

« Dès le premier jour où Benoît me manifesta son intérieur, dit l'abbé Marconi (1), je conçus pour lui une estime particulière. Il me vint en pensée de lui donner un livre de spiritualité, intitulé : *Le guide du pénitent au tribunal de la pénitence et à la Sainte-Table eucharistique*, que j'avais publié quelques années auparavant. Mais, faisant réflexion que ce livre était pour les commençants plutôt que pour les âmes avancées en perfection, comme l'était Benoît, je me déterminai à ne pas le lui donner. Sans lui en avoir parlé, un jour, en m'abordant, il me dit que *j'avais eu d'abord la pensée de lui faire présent d'un livre spirituel, et qu'ensuite je m'étais déterminé à agir autrement*. Comme je n'avais manifesté à personne mon intention, je fus surpris que mon pénitent lût dans mon intérieur, et le rouge me monta au visage. Je fis semblant de ne pas comprendre.

« Depuis lors, ce Pauvre grandissait dans mon

---

tité prodigieuse de monde, faisant grand bruit, et se pressant pour le vénérer. Jésus-Christ m'a dit : Je te cède ma place ; je m'en vais... »

(1) Ragguaglio della vita del servo di Dio Benedetto Giuseppe Labre, francese, scritto dal suo medesimo confessore. — In-8°, Roma 1783, pages 235 et suiv.

estime, surtout à cause de son grand détachement, au milieu de si grands besoins ; ce qui est contraire aux habitudes des pauvres. Comme il ne me demandait jamais rien, il me vint en pensée que, quoiqu'il soit bon qu'un confesseur ne donne rien à ses pénitents, je pourrais sans danger lui donner quelque chose, puisqu'il était si modeste et si attentif à ne penser qu'à sa sanctification. Mais à cause du danger de l'intérêt, pour un pénitent quelque bon qu'il soit, je pensai ensuite qu'il valait mieux ne pas déroger à la règle commune. Quelques jours plus tard, Benoît vint me trouver, et la première chose qu'il fit fut de me dire clairement ce que j'avais pensé : « *que j'avais été sur le point de lui faire l'aumône et que j'avais ensuite résolu de ne pas la faire.* » Ma pensée n'ayant été révélée à personne, je la croyais connue de Dieu seul et de moi. Quel ne fut pas mon étonnement ! Je dissimulai encore et je dis que j'étais au confessionnal pour faire seulement l'aumône spirituelle ; car il ne convenait pas que le père spirituel s'occupât alors des choses temporelles. Il se retira en arrière, fit une inclination de tête en signe d'assentiment ; et, craignant sans doute que je l'eusse soupçonné de vouloir me demander quelque chose, il me dit, comme pour écarter de moi cette pensée : « *Oui, mon père je vous remercie. Ne me faites pas l'aumône, je ne la veux pas, je ne prendrai rien.* »

En novembre, un ecclésiastique le conduit chez lui pour prendre quelques vieux vêtements. Le Saint les examine, accepte ce qui lui convient, et rend le reste en disant : « *Ceci n'est pas pour moi; c'est encore bon à vendre, ou bien vous pouvez le donner à un autre pauvre qui en ait un plus grand besoin.* » A cette même époque, le P. Perfetti le vit à Notre-Dame-de-Monticelli, le jour des Quarante-Heures, en adoration dès le matin, puis à la table de communion, et le soir dans la chapelle de la Sainte Vierge; il en fut fort édifié. « C'est une grande âme ornée de grandes vertus », disait un autre ecclésiastique après l'avoir bien considéré dans les églises et ailleurs.

Souvent on lui donnait des marques de vénération à cause de sa sainteté. Benoît s'en plaignait avec larmes à son confesseur, l'abbé Marconi, disant : « *On se trompe. On a de moi une trop bonne opinion, que je suis loin de mériter...* »

Dans les rues on tâchait de le rencontrer, pour avoir des morceaux de ses vêtements. Un jour il allait de Sainte-Marie-Majeure au Quirinal; des femmes le suivaient. S'en apercevant, il se retourne et dit à un prêtre qui passait : « *Que me veulent ces femmes ?* » Le prêtre les vit couper adroitement des morceaux de l'habit du Saint. Une pareille scène se renouvela bien d'autres fois.

Benoît eut toujours une grande dévotion à Marie. Il lui consacra, d'une manière spéciale, tous les instants de l'année 1783, après avoir entendu, le 1ᵉʳ janvier, le P. Marconi, au commencement de la mission mensuelle dans l'église de Saint-Louis-des-Français, recommander la pratique de consacrer une année entière à cette auguste Reine du ciel et de la terre, et engager à choisir celle qui commençait et qui serait certainement pour plusieurs la dernière.

Il continuait sa vie mortifiée. Souvent, au sortir de la Minerve, il allait boire un peu d'eau à la fontaine de la cour. On le vit un jour, dans cette même cour, s'agenouiller auprès d'un tas de fumier, après avoir bu, et manger des restes de soupe gâtée, que le cuisinier venait d'y jeter. Cet acte, à l'heure même où l'on distribue la soupe aux pauvres, à la porte des monastères, montre l'héroïsme de la mortification du Saint.

En février, il parut enveloppé d'une vive lumière de la tête aux pieds, au sortir de l'église des Saints-Apôtres ; la lumière était plus vive autour de la tête. Il communia à Saint-Côme le jour de la Purification ; le prêtre célébrant croyait voir un chérubin terrestre dans ce pauvre, les larmes dans les yeux, et brûlant de l'amour de Jésus-Christ, comme un habitant du ciel. L'abbé Mancini disait souvent : « Oh! pour celui-là, c'est un grand Saint, et, si nous vivons quand il mourra. nous verrons des prodiges étonnants. »

L'abbé Marconi était fort occupé aux missions urbaines; il resta quelque temps sans voir son saint pénitent, qui se confessait au prêtre sacristain de Saint-Ignace, quand il ne trouvait pas son confesseur ordinaire. Il le vit sans force et s'appuyant sur un bâton, à la mission urbaine de Notre-Dame-de-Consolation, en février.

Le Saint maigrissait et s'affaiblissait graduellement. « Voilà, disait-on, où l'ont réduit ses austérités; il mourra martyr de la pénitence. » Cependant il ne se plaignait point et ne parla jamais de sa santé. Il ne vint pas même à la pensée de son directeur de lui dire de se modérer et de se soigner.

Le dernier jour du carnaval, le P. Perfetti, le trouvant à Sainte-Marie-Majeure devant le Saint-Sacrement, ne pouvait se lasser de contempler *le séraphin* qu'il avait près de lui. Il le voyait lire et méditer alternativement, lever de temps en temps les yeux vers le Saint-Sacrement, et faire des inclinations de tête ou d'autres signes de révérence avec un naturel et une piété admirables.

Au commencement du Carême il fut pris d'une toux opiniâtre; il ne continuait pas moins tous ses exercices de dévotion et ses austérités. Il se préparait à la mort d'une manière encore plus particulière par de nouvelles privations et des actes héroïques de mortification. Après midi. on le voyait souvent, auprès de Notre-Dame-des-Monts, qu'il ne quittait guère, mangeant des écorces d'orange et d'autres débris qu'il avait ramassés dans les rues. Il refusait, comme toujours, toute ressource fixe. On lui offre de lui faire donner de la soupe tous les jours ; il n'accepte point, disant : « *Il y en a de plus besogneux que moi.* »

Bientôt il fait pitié à voir, il a le visage cadavéreux, les membres languissants, les yeux enfoncés, la démarche vacillante ; il est plus mort que vivant. A l'hospice, on l'exhorte à se reposer et à s'asseoir pendant la prière ; il se refuse ce soulagement. On le dissuade de sortir et on lui dit : « Vous voulez donc mourir dans la rue ! » Il se contente de répondre : « *Eh! que m'importe!* »

Il se traîne avec peine ; souvent il est obligé de s'arrêter et de s'asseoir ; il n'en continue pas moins à aller où sa piété le porte. Le 2 mars, comme tous les premiers dimanches de chaque mois, il va à la Trinité-des-Pèlerins, où le Saint-Sacrement est exposé. Le 9 mars, premier dimanche de Carême, il passe de longues heures à genoux dans Sainte-Praxède, à la chapelle du Crucifix, les mains croisées sur la poitrine, les yeux fixés sur le Christ. Une personne qui le vit, dit qu'elle crut voir Jésus-Christ, prosterné au jardin des Oliviers.

On le retrouve sur l'un des paliers de l'escalier de l'église de la Conception-aux-Monts, en contemplation devant un crucifix peint sur la muraille ; aux chapelles au-dessus de la prison Mamertine, adorant le saint Crucifix ou saluant Notre-Dame-des-Sept-Douleurs ; à l'église Saint-Cyr, le soir, debout et les bras en croix devant l'autel du Saint-Sacrement ; à la bénédiction à Sainte-Agathe-des-Goths, le vendredi soir ; à la *Scala-Santa*, méditant durant de longues heures la douloureuse passion du divin Sauveur, vers le milieu du jour.

La contemplation est maintenant sa principale occupation ; les prières vocales, les lectures et la récitation du bréviaire lui prennent désormais beaucoup moins de temps. « Sa belle âme ne tient plus à son corps que par un faible lien qui ne peut tarder à se rompre. » On entend souvent dire : « Si nous lui survivons, nous verrons de grandes choses après sa mort. »

Parmi ses dévotions, celle à son patron, saint Joseph, eut toujours une part privilégiée. On le trouvait souvent dans la chapelle de Saint-Joseph des Menuisiers, au pied du Capitole. Le 19 mars, il passait une bonne partie de la journée auprès de l'autel qui lui est dédié, dans l'église Saint-Ignace. Il y pria cette année, comme à l'ordinaire.

quoiqu'il fût exténué, semblable à un squelette, et se traînant à grand'peine, à l'aide d'un bâton. Le 25 mars, il fit la communion, dans la même église, à la chapelle de l'Annonciation. L'air de béatitude que respirait son visage frappa tellement le prêtre célébrant que, revenu à la sacristie, il ne put s'empêcher de s'écrier : « Oh! je viens de communier un saint. »

Les vendredis de ce Carême, il communia plusieurs fois à la chapelle du Crucifix, dans la même église. Un prêtre français qui lui donna la sainte communion, croyait voir l'*Ecce Homo*, tant sa physionomie rappelait les traits divins. « J'observai sur son visage, dit-il, un je ne sais quoi de céleste qui m'attendrit, et qui me préoccupa jusqu'à la fin de la messe. Je ne pouvais m'ôter cette image de devant les yeux. » Il demanda quel était ce pauvre si dévot. « C'est une chose rare en ce monde qu'un homme pareil ! » dit quelqu'un. Personne ne connaissait ni son nom ni sa condition ; on put seulement lui dire que c'était un pénitent de l'abbé Marconi.

Le 3 avril, il est aux Quarante-Heures à Saint-Eusèbe, la tête appuyée contre le mur, ne pouvant plus la soutenir, tant est grande la faiblesse de son corps, si décharné qu'on ne peut douter de sa fin prochaine. Quelqu'un lui dit : « Bienheureux vous, Benoît ! » Il se hâta de reprendre: « *Bienheureux, quoi ?... Bienheureux qui fait la volonté de Dieu!* » Le même jour, on le voit à l'église des Douze-Apôtres dans une agitation spasmodique...

On le rencontre à la sainte table plus souvent que de coutume. Le dimanche de la Passion, 6 avril, il communie à l'autel de Saint-Stanislas, dans l'église de Saint-André, au Quirinal. Le 11 avril, vendredi de la semaine de la passion, il communie à l'autel du Crucifix, dans l'église de Saint-Ignace, après s'être confessé, tout en larmes, pour la dernière fois, au P. Marconi, qui, à cause de ses nombreuses occupations pendant la Semaine-Sainte, lui dit de ne revenir qu'après Pâques.

Dans ses dernières confessions il avait raconté à son confesseur ce que Dieu lui avait révélé touchant les malheurs qui menaçaient le monde, et la France (1) en particulier. Il lui avait dit : « *Je vois le monde tout en feu, des désordres considérables, de grands carnages et des massacres. La religion et les personnes consacrées à Dieu sont surtout en butte à la fureur des méchants.* »

Il regardait ses visions comme des tentations, dont il s'accusait. Il terminait toujours en disant *que la pénitence seule pouvait désarmer la colère*

(1) Quand la révolution éclata en France, beaucoup de personnes pieuses récitaient souvent la prière : « O Bienheureux Benoît-Joseph, vous qui étiez Français, priez Dieu pour votre patrie, afin qu'il mette un terme à ses désordres ! »

de Dieu. Aussi, pour détourner la colère de Dieu, allumée par la dépravation des mœurs, fit-on des missions extraordinaires aussitôt après la mort du Saint. On excitait le peuple à la pénitence, pour être préservé des fléaux dont on était menacé.

« Puisse-t-il en advenir des prophéties du serviteur de Dieu, écrivait l'abbé Marconi à l'abbé Psalmon, supérieur du séminaire de Laon, comme de celles de Jonas, qui n'ont plus eu d'effet, grâce à la conversion des Ninivites. » (1)

Le soir, il est à Saint-François-de-Paule, pour les Quarante-Heures. Le samedi, 12 avril, il assiste dans la même église à la messe chantée. Il paraît plus exténué que jamais. En sortant, il

(1) L'abbé Marconi dit dans sa déposition de 1795 : « Benoît m'a parlé des visions qu'il avait ; mais toujours il s'en accusait comme de tentations. Il m'a exposé qu'*il voyait en feu tantôt un lieu, tantôt un autre, de ceux où il avait passé dans ses voyages en France...* J'ai compris ensuite qu'il ne prévoyait que trop l'horrible bouleversement que nous déplorons en ce moment... Comme la proposition était fort obscure et qu'elle aurait pu être prise en mauvaise part dans le public, je crus inutile et imprudent de la rapporter dans mon premier examen, en 1783. Mais maintenant j'ai cru de mon devoir de tout raconter, parce que la prédiction s'est vérifiée dans le royaume de France, où il s'est commis des profanations telles qu'on peut regarder comme accompli, dans le sens même littéral, ce que le Vénérable m'avait présenté tant de fois sous le nom d'immondices... Je puis me tromper, mais je ne doute nullement que la proposition de Benoît, si souvent répétée avec grande effusion de larmes, ne doive être prise pour une *prophétie*, et, après tant de grâces, de dons et de miracles, connus et opérés après sa mort, il n'est personne qui ne fasse grand cas de ses prédictions. »

peut à peine se soutenir, en s'appuyant sur un bâton ; il est comme un cadavre ambulant. Une personne s'approche et lui dit : « Vous êtes bien mal, mon brave. — *La volonté de Dieu soit faite !* » répond-il. Elle ajoute qu'il doit prendre soin de lui ; il incline la tête, comme pour marquer son indifférence.

Benoît pressentait sa mort prochaine : il en parlait quelquefois, mais sans se troubler. Si on lui conseillait de se soigner et de ne pas s'exposer à tomber mort dans la rue, il disait : « *Eh ! que m'importe !* » On l'entendait souvent s'écrier : « *Appelez-moi, mon Jésus, afin que je vous voie !* »

Son ami Zitli le rencontre et lui demande des nouvelles de sa santé. Il baisse la tête plus qu'à l'ordinaire, et dit : « *Priez pour moi, il se peut que nous ne nous revoyions plus.* » Ce qui arriva.

Benoît était un vrai squelette ; il lui restait à peine assez de souffle pour parler et l'on ne comprenait point comment il pouvait prier de longues heures à genoux à Notre-Dame-des-Monts et partout où le portaient ses habitudes. Le dimanche des Rameaux, 13 avril, il s'adresse au P. Gabrini dans l'église de Saint-Vincent-et-Saint-Anastase, puis il va faire sa communion pascale à Sainte-Marie-Majeure. Après son action de grâces, en allant à Sainte-Praxède où avait lieu l'adoration perpétuelle, il entre chez un grainetier, et il achète une mesure de vinaigre. Comme il se dispose à le boire, le marchand lui dit : « Que faites-vous? que faites-vous? cela vous fera mal. » Il répond : « *Jésus-Christ en a bien bu avant de mourir* ». et il l'avale d'un trait.

A Sainte-Praxède, il assiste, à genoux, à la sainte messe, après laquelle il s'appuie contre une colonne jusqu'au moment où le Saint-Sacrement va passer auprès de lui. Alors, il s'agenouille de nouveau, tend involontairement les bras et pousse un cri sourd qui étonne les assistants.

Dans l'après-midi, une personne le voit, marchant en plein soleil, sur le chemin de Sainte-Croix-de-Jérusalem. Elle l'aborde et lui dit : « Benoît-Joseph, vous êtes mal; vous vous en allez. » Il lève la tête, croise les bras et répond : « *Ce que veut le bon Dieu.* »

Le 14 avril, il est de grand matin à Notre-Dame-des-Monts, où, ne pouvant rester à genoux sans éprouver des faiblesses, il est souvent forcé de s'asseoir. Il fut même obligé de sortir, se sentant défaillir. On l'engage à entrer dans un hôpital, où on l'accompagnera. Benoît remercie, et, après avoir prié encore quelque temps dans l'église, il se rend à Saint-Ignace pour communier, suivant la recommandation du P. Gabrini. Le soir, il va prier dans l'église de la Minerve et dans celle des Douze-Apôtres. Quand il rentre à l'hospice, l'abbé Mancini lui conseille encore de suspendre ses dévotions et de se reposer. Il ne peut se résoudre à interrompre les exercices de la Semaine-Sainte.

Le 15 avril, en sortant de l'hospice évangélique, il eut une première défaillance. Malgré sa faiblesse extrême, il se traîna vers l'église Sainte-Praxède, où l'on terminait les Quarante-Heures. Près de l'église, il achète de nouveau du vinaigre, et, le buvant, il dit : « *Il y a quelqu'un qui en a bu avant moi et qui, dans cette semaine, a souffert plus que moi, pour l'amour des hommes.* » Il passe la matinée devant le Saint-Sacrement, à l'église de Sainte-Praxède, auprès de la chapelle de la Sainte-Colonne.

Le soir, il resta longtemps dans l'église de Notre-Dame-des-Monts, puis il alla assister à la bénédiction à Notre-Dame-de-Lorette, sur la place Trajane. Il eut plusieurs syncopes dans la journée ; on le vit près de l'église du Pascolo, étendu par terre, et l'on craignit qu'il mourût.

En rentrant à l'hospice, il demanda, contre son habitude, à aller se reposer. Il s'assit sur son lit, la tête appuyée contre le mur ; et, comme à son ordinaire, il se coucha après tous les autres, lorsque toutes les lumières furent éteintes.

Ce qui augmentait considérablement ses souffrances, c'était la multitude d'insectes dont étaient remplis ses misérables haillons qu'il ne quittait jamais, ni le jour ni la nuit. Il endurait un martyre continuel; et quoiqu'il pût le faire cesser en se débarrassant de ces hôtes désagréables, il voulut en souffrir toute sa vie par amour pour Jésus crucifié. C'était son cilice, *cilice vivant*, qui lui faisait endurer une bien plus grande pénitence que le plus rude cilice, comme dit Alegiani, son premier historien.

La nécessité du salut, l'UNIQUE NÉCESSAIRE ; le renoncement au monde et à ses avantages; l'abandon volontaire et intrépide de tout ce qu'on y possède de plus cher, pour être un vrai disciple de Jésus-Christ ; l'obligation de porter sa croix tous les jours de sa vie et de crucifier sa chair avec ses vices, pour se revêtir de Jésus crucifié ; le grand besoin d'expiation continuelle à cause des péchés du monde: toutes ces leçons furent toujours le fond des pensées de Benoît et le dirigèrent sans cesse dans la voie admirable de pénitence et de mortification qu'il n'a cessé de suivre toute sa vie, sans se laisser rebuter par les obstacles qu'il rencontrait presque à chaque pas. Il a eu cette volonté inébranlable qui, avec la grâce de Dieu, fait les Saints.

Art. 7. — Mort de Benoît.

Le mercredi-saint, il paraissait sur le point d'expirer; on voulait le retenir à l'hospice. Il arriva péniblement, appuyé sur son bâton, à Notre-Dame-des-Monts, où il entendit deux messes; et il resta quelque temps en oraison au pied du Saint-Sacrement. On ne s'expliquait que par un secours spécial de la puissance divine, qu'il se tînt encore debout.

Vers neuf heures, il se sent défaillir; il sort, la pâleur de la mort sur le visage, et il tombe sur les marches de l'escalier. On veut le porter à l'hôpital; il remercie, et demande seulement un peu d'eau fraîche, qu'on lui apporte. Il l'offre pieusement à Dieu, en boit, et rend grâces, en levant les yeux au ciel, comme s'il eût reçu le plus grand soulagement du monde. L'abbé Mancini ne peut le déterminer à se laisser transporter à l'hospice; il veut rester près de l'église.

Plusieurs personnes lui offrent leur habitation; il refuse encore.

Zaccarelli lui demande s'il veut venir dans sa maison (1), peu éloignée de Notre-Dame-des-Monts. « Benoît, vous êtes mal, lui dit-il; il faut vous soigner. Voulez-vous venir dans ma maison? »

(1) Dans la rue appelée *Via dei serpenti*, n° 3.

Benoît lève les yeux sur son ami, et il lui dit : « *Dans votre maison ? Oui, je le veux bien.* » Il ne peut se traîner. On le porte dans la deuxième chambre de la demeure de Zaccarelli. Il voudrait qu'on le déposât par terre, mais on le met tout vêtu sur le lit, et l'on étend sur lui une couverture. Il était un peu plus de dix heures.

Croyant à une faiblesse ordinaire, on lui donne de la nourriture qui, au lieu de le fortifier, contribue à le fatiguer davantage, à cause de son épuisement. On veut le forcer à prendre du biscuit trempé dans le vin : il ne peut l'avaler.

Le P. Piccili vint vers onze heures :

— « Mon cher Benoît, lui dit-il, voulez-vous quelque chose ? »

Le Saint répondit avec calme :

— « *Rien, rien...*

— Combien y a-t-il de temps que vous avez communié ?

— *Peu, peu.*

— N'avez-vous rien qui vous inquiète ?

— *Grâces à Dieu, rien...* »

Bientôt Zaccarelli demande au mourant s'il veut dormir ; celui-ci entr'ouvre les yeux et dit : « *Oui.* »

Ce fut sa dernière parole, il semblait assoupi ; mais il avait perdu tout à fait connaissance.

Vers midi, le vicaire de Saint-Sauveur lui administra l'Extrême-Onction. Les Pères de la

Pénitence de Jésus de Nazareth, de l'église Sainte-Agathe-des-Tisserands, l'assistèrent jusqu'à la fin. Le supérieur, apprenant qu'il s'agissait du *saint Pauvre*, commença lui-même l'assistance. En entrant, il appelle le malade; mais il n'obtient pas de réponse. Il lui présente plusieurs fois le crucifix à baiser, et il le voit chaque fois entr'ouvrir les paupières et regarder amoureusement Jésus crucifié.

Depuis deux heures, Benoît ne rouvrit plus les yeux et ne donna pas d'autres signes de vie que quelques accès d'une faible toux, quelques sourds gémissements et de courts tremblements, soulevant ses avant-bras par intervalles. Dans cette espèce de léthargie, il ne cessa d'avoir constamment les bras en croix sur sa poitrine, comme dans toutes ses prières.

« Depuis qu'il tomba en syncope sur les degrés de Notre-Dame-des-Monts, dit le P. Gabrini, Benoît ne recouvra plus l'entière possession de ses sens, ni une connaissance suffisante pour distinguer le danger où il était d'une mort prochaine. » Par suite de cet état de torpeur, il ne put recevoir le saint viatique.

Il semblait dormir d'un sommeil paisible; il n'eut ni oppression, ni contorsions, ni mouvement violent. La placidité du moribond avait un tout autre caractère que celle d'une léthargie ordinaire: tous y reconnurent quelque chose de singulier, qui n'était que le reflet de la paix intérieure. Les pulsations du cœur faiblissaient de plus en plus. A la nuit on récita les prières des agonisants et les litanies de la Sainte-Vierge. La maison de Zaccarelli était pleine de gens qui voulaient voir mourir un Saint.

A huit heures du soir, au moment où l'on disait : *Sainte Marie, priez pour lui*, son visage devint blanc comme le lait, et il expira doucement, sans la moindre agonie.

« On ne vit aucun changement sur la personne du moribond dans ses derniers instants, dit un des assistants. Il conserva toujours la même tranquillité extérieure ; il n'y eut ni râle ni oppression, et nous ne nous aperçûmes de sa mort qu'à la cessation de la respiration et à la blancheur de sa figure. »

Zaccarelli le revêtit des insignes de la confrérie des Pénitents blancs de Notre-Dame-des-Neiges, dont on le fit membre, et il l'exposa sur le lit, où il venait de mourir. Le calme de son visage était l'indice du calme avec lequel il était sorti de ce monde.

Mort, il semblait vivre encore, comme vivant il passait pour mort.

CHAPITRE III

DÉVOTION AU SAINT ET PROCÈS DE CANONISATION

> Dieu relève le pauvre de la poussière et l'indigent de son fumier, pour le faire asseoir parmi les princes de son peuple.
> (Ps. CXII, 6, 7.)
> Vous sauverez la race des humbles, et vous humilierez l'œil des superbes. (II Rois, XXII, 28.)

Dieu est admirable dans ses saints. Il les envoie au monde, chacun en son temps, comme des modèles et des remèdes aux maux dont la société est le plus travaillée. Leur vie est quelquefois méconnue, mais ils ne tardent pas à devenir, après leur mort, l'objet de l'admiration des fidèles. Saint Benoît-Joseph Labre ne fut connu que d'un petit nombre, tant qu'il vécut, mais, après sa mort, sa sainteté brilla aussitôt d'un vif éclat aux yeux de tous, et l'Église fut bientôt saisie de sa cause de canonisation.

Art. 1. — Concours extraordinaire et funérailles.

Au moment où Benoît rendait le dernier soupir, à l'âge de trente-cinq ans et vingt et un jours, le 16 avril 1783, au commencement de la nuit du mercredi-saint, toutes les cloches de Rome sonnaient. Elles conviaient les fidèles à la récitation de trois *Salve Regina* pour les besoins de l'Eglise.

Au même instant, des troupes d'enfants parcouraient la ville en criant : « Le Saint est mort! le Saint est mort! » Tout le monde s'enquérait du *nouvel Alexis*.

Le lendemain, dès le matin, on se porte en foule à la maison de l'heureux boucher Zaccarelli; chacun veut voir le *pauvret de Notre-Dame-des-Monts*. Le mouvement fut si prompt et l'affluence si considérable que, vers le milieu du jour, pour maintenir l'ordre, on se vit obligé de mettre des sentinelles à la porte de la maison et dans la chambre où était exposé le corps du Saint.

Les pauvres, les riches, les nobles, les prêtres, les soldats, les artisans, en un mot, des gens de toutes les classes de la société accouraient en foule. On s'estimait heureux de pouvoir contempler ce pauvre que le monde méprisait et insultait durant sa vie, et que tous maintenant vénéraient comme un Bienheureux. Dieu se plaît à glorifier ainsi ses fidèles serviteurs.

Le cadavre n'était point froid et les chairs conservaient leur élasticité ; la flexibilité des membres étonnait. « Que vous êtes heureux! » disait-on à Zaccarelli.

On ne pouvait se lasser de voir le Saint; on baisait ses mains et ses pieds avec respect. Les personnes du monde qui n'auraient pas osé le toucher durant sa vie, à cause de sa malpropreté, étaient heureuses de le considérer et de le vénérer. On faisait toucher à son corps des objets de piété et on aurait voulu emporter quelque parcelle de ce qui lui avait appartenu; mais heureusement Zaccarelli avait mis en lieu sûr ses haillons et ses objets de piété.

L'un disait : « Il est mort comme un ange »: un autre : « N'avais-je pas raison de dire que les cloches sonneraient à la mort du nouvel Alexis? »

On ne saurait dire les impressions d'attendrissement, de componction et de dévotion que l'on éprouvait au contact de ce corps saint. On voulait toucher les mains, les pieds et même les tumeurs des genoux.

On obtint de faire l'inhumation dans l'église de Notre-Dame-des-Monts. Le curé de Saint-Sauveur-aux-Monts, l'abbé Rovira-Bonnet, aurait désiré enterrer son saint compatriote dans son église. Mais il convenait que Benoît reposât dans l'église où il était resté si longtemps en prière pendant sa vie. « La bonne Vierge l'a voulu près d'elle », disait-on en apprenant cette résolution.

Un peu avant le coucher du soleil, selon la coutume, on porta le corps, le visage découvert, à Notre-Dame-des-Monts. La foule était immense. Il fallut employer la garde pour ouvrir un passage au convoi, composé de pénitents blancs, des moines de Saint-Martin et d'un nombreux clergé. Le cortège funèbre ressemblait à un triomphe bien plus qu'à des funérailles. On n'avait rien vu de semblable à Rome depuis saint Philippe de Néri. On faisait à l'envi l'éloge du saint Pauvre. On entendait de toutes parts : « Oh! qu'il est beau! Oh! qu'il est beau!... Heureux le saint Pauvre! » On vantait ses oraisons continuelles dans toutes les églises de la Ville éternelle et particulièrement à Notre-Dame-des-Monts, son héroïque pauvreté volontaire, son amour pour la vie cachée, sa dévotion envers le Saint-Sacrement et la Madone..... « Oh! le Bienheureux! s'écriait-on. Voilà un homme vraiment saint!... Oh! vraiment, c'est Benoît; il est mort un grand homme! » Et les enfants criaient toujours en masse et comme mus par une force surnaturelle : « Le Saint est mort! le Saint est mort! »

A la voix des enfants s'unit bientôt celle de tout le peuple de Rome. Quoique les souvenirs du B. Crispin de Viterbe et de saint Léonard de Port-Maurice fussent encore récents, personne ne se rappelait avoir vu dans la ville de Rome une commotion aussi extraordinaire et aussi universelle que celle qui se produisit à la mort de ce pauvre volontaire.

Admirons ici la main de Dieu qui se plaît à humilier l'orgueil des mondains et à exalter les humbles, à abaisser ceux qui s'élèvent et à glorifier ceux qui s'humilient devant sa souveraine grandeur et se confient à sa toute-puissante bonté.

Pour ne point interrompre les offices de la Semaine-Sainte, on plaça d'abord le corps dans l'oratoire contigu à la sacristie. On s'aperçut, en le transportant, qu'une sueur abondante coulait du front et du visage et baignait les cheveux et la barbe, comme si c'eût été un corps vivant ; ce phénomène se renouvela plusieurs fois. Un essai de saignée prouva que le sang n'était pas entièrement figé.

Le vendredi-saint, le public arrive en foule, dès l'ouverture de l'église, et on l'introduit par bandes dans l'oratoire pour vénérer le corps du défunt, qui répand une odeur suave.

L'abbé Marconi apprit le nom de Benoît par le billet de M. Mancini, lui annonçant la mort de son pénitent. Il vint aussitôt, malgré ses nombreuses occupations, s'agenouiller auprès de celui qu'il estimait un grand Saint, et il lui baisa la main avec vénération. Il ne le trouva nullement changé ; sa physionomie lui parut telle qu'il l'avait toujours vue.

On dut surseoir à la sépulture, à cause du concours des fidèles qui ne cessait point. Le vendredi-saint, on mit le corps dans la nef de l'église et on l'entoura d'une enceinte que gardèrent les gardes corses, en même temps qu'ils dirigeaient le mouvement de la multitude. On ne pouvait se rassasier de contempler et de louer celui qui, pendant sa vie, avait été un objet de mépris pour un grand nombre. On en vint, malgré toute la vigilance des gardes, à couper des morceaux du sac de pénitent dont il était revêtu et même à lui arracher les cheveux et la barbe, pour satisfaire sa piété ; on se disputait les fleurs qui avaient touché le corps vénéré.

Un prélat, apprenant la mort du saint Pauvre, dit : « Qui aurait cru qu'un mendiant si sordide et en guenilles fût si agréable à Dieu, et mît en mouvement toute la ville de Rome? Mais Dieu est juste et ne juge pas selon les apparences ; allons, nous aussi, payer notre tribut d'hommages à celui dont il était l'ami. »

Les pauvres de l'hospice évangélique passèrent de longues heures auprès du corps de leur compagnon et ami ; ils furent témoins de la piété et de la vénération de la foule. On leur demandait des détails sur sa vie. Ils entendirent un prêtre s'écrier : « Oh ! que je voudrais connaître la vie de ce bienheureux ! Sa figure annonce un vrai pénitent. » Parmi tout le peuple de Rome il ne s'est trouvé personne qui ait eu à lui reprocher quelque défaut. Le soir, avant l'office des ténèbres, on transporta le corps dans une petite salle attenant au chœur, où l'on eut encore bien de la peine à empêcher le tumulte.

Les princes, les princesses et les prélats s'empressèrent d'aller vénérer le Saint; ils admirèrent l'intégrité de la langue, la sueur du visage, l'élasticité des chairs et la flexibilité des membres, et ils lui baisèrent respectueusement les mains, les pieds, le front et les tumeurs des genoux.

Un grand concours eut lieu aussi à l'hospice évangélique; l'abbé Mancini fut obligé d'enfermer tout ce qui avait appartenu au défunt, et même son lit.

On ne parlait partout dans Rome que des grandes vertus du Français BENOÎT-JOSEPH LABRE dont le nom, ignoré durant sa vie, était connu de tous vingt-quatre heures après sa mort. On disait de tous côtés : « Heureux Benoît! il est en Paradis! il est parmi les Saints! »

Il eut éminemment tous les caractères des vrais enfants de Dieu, énumérés par saint Grégoire : « Soupirer après la céleste patrie, mortifier ses sens, renoncer à la gloire de ce monde, ne point désirer la possession des biens terrestres, se dévouer à son prochain, et lui dispenser ce que l'on possède. » (1)

---

(1) Interroget se unusquisque, si verba Dei in aure cordis percipit; et intelliget unde sit. Cœlestem patriam desiderare Veritas jubet, carnis desideria conteri, mundi gloriam declinare, aliena non appetere, propria largiri. (Saint Grégoire, Hom. 18 in Evang.)

Le samedi-saint, la foule grossit encore. En prévision du concours, avant l'ouverture des portes, on avait placé le corps sur un brancard dans un corridor, le long de l'église. Les gardes faisaient circuler la foule qui entrait par l'église, traversait le corridor et sortait par une porte donnant sur la rue. L'affluence fut considérable dès le matin, avant l'ouverture des portes de Notre-Dame-des-Monts, et la procession continuelle durant toute la journée. Ainsi s'accomplissait la prédiction du Saint, qui avait vu une foule immense envahir l'église Notre-Dame-des-Monts pour vénérer sa dépouille mortelle.

On remarquait toujours que le cadavre n'avait ni la raideur, ni le froid de la mort; les tumeurs étaient molles, et de sa bouche il ne sortait aucune mauvaise odeur. Pendant la journée, une personne malade depuis plusieurs années fut subitement guérie au moment où elle baisait la main du Saint. « C'est un grand serviteur de Dieu; c'est une grande âme; c'est un grand Saint », s'écrie le P. Piccili, témoin du prodige.

Bientôt la nouvelle est répandue dans Rome; on s'empresse, de toutes parts, d'accourir à Notre-Dame-des-Monts. Hommes, femmes, bourgeois, artisans, pauvres, prêtres, religieux, princes et prélats sont confondus pêle-mêle et n'ont qu'une pensée : arriver auprès du brancard et contempler le saint Pénitent, dont Dieu se plaît à glorifier les vertus.

Ce n'est qu'à une heure avancée de la nuit que l'on peut fermer l'église et creuser la fosse pour le lendemain.

Au commencement de la Semaine-Sainte, les époux Sori, qui n'avaient pas compris le sens prophétique des dernières paroles de Benoît, l'année précédente, se disposaient à le recevoir. Le mercredi-saint, ils se disaient qu'il ne devait pas tarder d'arriver à Lorette, pour faire son pèlerinage annuel, lorsque leur plus jeune fils, Joseph, âgé de moins de six ans, leur dit avec assurance : « Benoît ne viendra pas ; il se meurt. » On lui demande comment il le sait : « Mon cœur me le dit », répond-il. Le jeudi-saint, comme ils disaient : « Il est arrivé à cette heure, l'année dernière ; il ne doit pas tarder à venir », l'enfant reprit : « Benoît ne vient pas. Benoît est allé en paradis. » Quand le courrier apporta à Lorette, le samedi-saint, au matin, la nouvelle de la mort du Saint, Barbe dit à son fils : « Benoît vient », et l'enfant répondit de nouveau avec assurance : « Il ne vient pas ; je vous dis qu'il est allé en paradis. »

C'est par de tels prodiges que Dieu se plaît à glorifier la sainteté de ses fidèles serviteurs (1).

(1) Ex ore infantium perfecisti laudem. (Ps. VIII, 3.)

L'abbé Valéri, en apprenant que Benoît était mort et que sa mort faisait grand bruit, à cause des miracles qu'il opérait, comprit les dernières paroles que lui avait adressées l'année précédente le saint Pèlerin, et il dit : « Ah ! pour celui-là, je l'avais bien prévu ! »

Le matin du jour de Pâques, l'affluence fut telle, à Notre-Dame-des-Monts, que les soldats ne pouvaient maintenir l'ordre. On n'avait jamais vu un pareil concours. L'abbé Marconi dit : « Je puis attester que je n'ai jamais vu, je n'ai jamais entendu, je n'ai jamais lu rien qui en approche ; il est impossible d'en donner une idée juste, et quelque terme que l'on emploie pour l'exprimer et qui paraîtrait exagéré, ne serait pas même suffisant. » On savait que c'était le dernier jour de l'exposition du corps, et tout le monde voulait le voir. Les alentours de Rome s'y portèrent en masse, au point d'être littéralement dépeuplés.

Beaucoup ne purent arriver jusqu'au brancard. Quoique le corps eût été placé de nouveau dans le couloir, pour faciliter la circulation, les sentinelles avaient de la peine à contenir la foule et à mettre un peu d'ordre dans le mouvement. Il fut impossible de célébrer les offices dans l'église, et on dut se contenter de dire des messes privées dans l'oratoire que des sentinelles, mises aux portes de la sacristie, préservèrent de l'envahissement de la multitude. Le P. Gabrini, un grand nombre de prélats et des personnages de haute distinction pénétrèrent par l'intérieur du couvent. On constata plusieurs miracles dans la chambre où était mort le Saint.

Bientôt on transporta le corps dans l'église et on entendait la foule s'écrier : « Voici le Saint ! le voilà ! Nous voulons au moins le voir ! » On montait partout où on pouvait être à portée de le voir. Une personne présente rapporte que : « quand le corps fut reporté dans l'église, l'enthousiasme et l'explosion de joie des assistants furent tels, qu'il n'y a pas de terme pour en exprimer l'intensité. »

Les soldats étaient nombreux, mais ne suffisaient pas. Il leur fallut employer la bastonnade, et encore ceux qui la recevaient, criaient : « Frappez, frappez, pourvu que j'aie la consolation de voir le corps saint. » Quelques-uns ajoutaient : « Mort ou vif, je veux y arriver. » Un nouveau miracle vint encore exciter l'enthousiasme. Aussitôt des acclamations éclatèrent de toutes parts.

Tels avaient méprisé le Saint de son vivant à cause de sa tenue et de sa manière de vivre, qui, en voyant ce concours auprès de son cadavre, et en apprenant les miracles opérés, ne purent s'empêcher de reconnaître que celui qu'ils avaient regardé comme un insensé était vraiment un homme de Dieu, UN ÉLU.

Enfin, le corps fut de nouveau transporté, pour la reconnaissance juridique, au fond de la sacristie, dans l'oratoire, où l'on empêcha la foule de pénétrer. Après un examen minutieux, on constata qu'il ne répandait aucune odeur fétide, et qu'il n'avait aucun signe d'altération, quoique l'on fût à la fin du quatrième jour après la mort ; il avait conservé parfaitement sa flexibilité et son élasticité. Les professeurs Marconi et du Pino rédigèrent une notice abrégée de la vie du Saint. On la renferma dans un tube de plomb que l'on plaça auprès du corps.

Pendant la nuit du saint jour de Pâques, le 20 avril 1783, on déposa le cercueil dans le caveau préparé dans l'église, du côté de l'épître, au pied de l'image miraculeuse de la Madone, à l'endroit même où le Saint priait.

L'emplacement en est aujourd'hui signalé par une dalle de marbre, sur laquelle on lit l'inscription suivante :

Hic jacuit annis LXXVII
Corpus B. Benedicti Josephi Labre.

Ici reposa 77 ans
le corps du B. Benoît-Joseph Labre.

Art. 2. — Dieu manifeste la sainteté de Benoît par des signes extraordinaires.

Le concours immense qui s'était produit autour de la dépouille mortelle du *saint Pauvre*, depuis le jour de sa mort jusqu'à celui de sa sépulture, se continua dans l'église Notre-Dame-des-Monts, où était son tombeau. Il fut tel qu'on ne put célébrer aucun office pendant la semaine après Pâques. Les gardes ne parvenaient pas à empêcher le tumulte. On fut obligé de transporter le Saint-Sacrement dans le petit oratoire attenant à la sacristie. Comme le Saint l'avait prédit, il se commit des irrévérences et des désordres. Il fut impossible de faire l'exposition des Quarante-Heures, le vendredi 25 avril. Des étrangers venus de très loin grossissaient la foule. On se vit forcé de fermer les portes pendant quelques jours. La foule continua à venir prier autour de l'église, qui fut rouverte le 1ᵉʳ mai. Les Quarante-Heures eurent lieu le 4 juin. Les sentinelles veillèrent jusqu'après la fête de saint Pierre.

Le TOMBEAU du Saint ne cessa pas dans la suite d'être visité par des personnes de tout rang. Les fidèles y venaient de tous les pays. On y éprouvait un sentiment intérieur tout particulier; il s'y fit beaucoup de miracles. L'abbé Mancini, qui le visita souvent, dit : « Ce tombeau est un véritable sanctuaire des plus vénérables et des plus vénérés, et j'entends une multitude de personnes affirmer que, en le visitant, elles éprouvent la même chose que moi. »

L'habitation de Zaccarelli fut aussi assaillie par une foule de gens, qui vinrent prier dans la chambre où le Saint était mort.

On allait s'agenouiller dans tous les lieux où Benoît avait coutume de prier, en France comme en Italie. A Rome, on visitait spécialement l'hospice évangélique, les niches et les grottes du Colisée et de Saint-Sébastien sur le Mont Palatin, où le Saint passait les nuits; les églises Notre-Dame-des-Monts, Sainte-Marie de la Minerve, les basiliques, les Douze-Apôtres, Saint-Vincent-et-Saint-Anastase, Sainte-Praxède, Saint-Martin-aux-Monts, etc. On aimait à prier partout où on avait vu le Saint habituellement à genoux.

A Lorette, les pèlerins se portaient en foule à tous les endroits où Benoît s'était arrêté pendant ses nombreux pèlerinages à la sainte maison de Nazareth; la petite chambre qu'il avait occupée chez les Sori était particulièrement l'objet de leur respect et de leur vénération. On se rendait à Fabriano chez les Fiordi, chez M. le curé Paggetti et à l'hospice. Au monastère de Monte-Lupone on conservait précieusement le plat dans lequel on lui avait servi la soupe et la cuiller avec laquelle il l'avait mangée...

Dans le pays natal de Benoît, à AMETTES, le concours fut très considérable. La maison paternelle, le cimetière et l'église étaient envahis par une foule avide de satisfaire sa dévotion envers celui que Dieu honorait par un grand nombre de miracles. A ERIN et à CONTEVILLE, la cure, l'église et l'école étaient encombrées de visiteurs désireux d'apprendre ce qui concernait l'homme extraordinaire dont tout le monde parlait. L'affluence n'était pas moins nombreuse chez les CHARTREUX, chez les TRAPPISTES, etc.; en un mot dans tous les lieux où *le Pauvre de Jésus-Christ* avait passé.

Partout on recueillait précieusement tout ce qui lui avait appartenu, ce qu'il avait touché; ces objets répandaient souvent un odeur suave.

Un nombre très considérable de reliques et d'images du Saint furent distribuées, aussitôt après sa mort. Un mendiant, apercevant son portrait à l'étalage d'un marchand d'images, s'écriait: « Je le reconnais bien, combien de fois il m'a fait la charité ! » On se recommandait de toutes parts à son intercession.

Beaucoup d'âmes étaient amenées à la conversion ou portées à une plus grande perfection par suite de la dévotion particulière qu'elles avaient pour lui. Le P. Carézani disait : « Je conserve une affection et une dévotion particulières pour ce serviteur de Dieu, et, tous les jours, je me recommande à son intercession. J'ai toujours devant moi une de ses images sur ma table d'étude, et une autre à la tête de mon lit. J'ai tant de confiance dans ses mérites, que plus d'une fois j'ai eu recours à lui dans les affaires les plus scabreuses des missions, et *j'affirme que je m'en suis toujours bien trouvé.* »

La renommée de sainteté de Benoît se répandit si promptement, jusqu'en des lieux fort éloignés, que quelqu'un disait : « Je ne sache pas que pareille chose soit arrivée à aucun serviteur de Dieu, et, pour moi, c'est le plus grand de ses prodiges. » Le P. Desnoyers dit que « sa popularité a égalé celle de quelque célébrité que ce soit, et dans quelque ordre que ce soit. »

Dieu confirma par de nombreux miracles la sainteté de son serviteur. On en constata neuf avant l'inhumation et cinq le lendemain de la sépulture ; avant la fin de l'année, on en avait constaté plus de cent.

Dans le 1er volume des actes de la canonisation, imprimé à Rome en 1787, la longue relation de 168 miracles est terminée par ces remarquables paroles : « On est saisi d'admiration, en voyant tant de prodiges opérés par Dieu, pour glorifier son humble serviteur, en des lieux si divers et si distants les uns des autres, dans le très court espace de temps de trois ans environ. Mais combien plus grande est l'admiration, quand on considère que les miracles cités ici sont peu de chose en comparaison du nombre immense de ceux dont chaque jour la nouvelle nous arrive de toutes parts. Pour ne pas faire un récit interminable, nous avons seulement extrait ce petit nombre du catalogue complet que nous avons dressé pour l'auguste assemblée (1). »

Outre les lieux cités par l'abbé Marconi, on voit dans les actes : Amiens, Boubers, le château du Claus, Chartres, Paris, Saint-Germain-en-Laye, Tours, Charleville, etc., en France; le Portugal; Bibone en Sicile; Mentana dans les Sabines; Monticello di Balagna et Occhiatana en Corse; Edimbourg en Ecosse; etc., etc.

L'abbé Marconi écrivait le 23 septembre 1783 : « Il me serait difficile de compter seulement tous les miracles opérés depuis son heureux décès, tant à Rome et dans toute l'Italie que dans toutes les autres parties de l'Europe. Le recueil, que j'en ai remplit déjà un volumne considérable. »

« Le Saint est à peine mort, dit-il dans la *Relation de la vie du serviteur de Dieu* (2), et déjà on voit partout son image. Beaucoup de personnes doivent à son intercession des grâces insignes.

(1) Actes de la canonisation. Positio super dubio : *An sit signanda commissio introductionis causæ in casu et ad effectum de quo agitur?* Tom. I, Romæ, 1787, page 504.

(2) Ragguaglio della vita del servo di Dio Benedetto Giuseppe Labre, francese, scritto dal medesimo confessore. Roma, 1783, pag. 283, etc.

On les reçoit non seulement à son tombeau, mais chez soi à Rome et en bien des villes et des pays lointains. Les malades de toute espèce sont guéris : les aveugles, les sourds, les muets, ceux qui ont des maladies chroniques, les rachitiques, les paralytiques, etc. Les lieux où ont déjà été opérés les principaux prodiges sont : 1° en Italie : Rome, Urbino, Pérouse, Fermo, Macerata, Recanati, Lorette, Camerino, Cesena, Orvieto, Ancône, Foligno, Velletri, Rieti, Monte-Fiascone, Monte-Santo, Narni, Civita-Vecchia, Gubbio, Tolentino, Fabriano, Urbania, Montalboddo, Nettuno, Cascia, Caprarola, Nazzano au diocèse de Nepi, Massa-Lombarda au diocèse d'Imola, Stipes au diocèse de Rieti, Selci dans les Sabines, Monte-Lupone au diocèse de Lorette, Monte-Rotondo, Monte-Porzio, Monte-Lanico, terre près Rome, Vetralla au diocèse de Viterbe, Anguillara au diocèse de Sutri, Cisterna au diocèse de Velletri, Capo-di-Monte au diocèse de Monte-Fiascone; 2° en dehors des Etats de l'Eglise : à Gênes, à Malte, à Milan, à Bergame, à Naples, à Barra, à Capoue, à Aquila, à Civita di Penne, à Monte-Reale, à Amatrice, à Avezzano, à Vetralla, à Rocca di Botte, à le Sante-Marie, à Capistrello, à Arce, à Pereto, à Sperlonga, etc.; 3° En France : à Bollène dans le Comtat-Venaissin (diocèse de Saint-Paul-Trois-Châteaux), en plusieurs lieux de l'Artois, à Aix capitale de la Provence, à Lisle près d'Avignon, à Cavaillon, et en beaucoup d'autres lieux... »

L'examen attentif des miracles attribués à l'intercession de Benoît détermina la conversion d'un célèbre ministre protestant, Jean Thayer, de Boston. Son abjuration eut lieu à Rome, le 25 mai 1783. Il publia lui-même à Paris, en 1786, une relation détaillée de sa conversion, qui avait fait beaucoup de bruit. Il fut ordonné prêtre et devint missionnaire dans l'Amérique, sa patrie, où il opéra un grand nombre de conversions.

« Je n'ai pu, dit l'abbé Mancini, trouver personne qui doutât de la sainteté de Benoît, et qui ait vu en lui un seul défaut. Ses miracles sont si connus et si manifestes qu'il y a de l'effronterie à les attaquer. »

Art. 3. — Procès de béatification et de canonisation.

En présence de manifestations aussi extraordinaires, on commença de suite les informations premières dans tous les lieux où l'on avait vu le saint Pèlerin : à Amettes, à Boulogne, à Rome, à Lorette, à Sept-Fonts, à Turin, etc.

« Il y a plus de quatre mois que Benoît est mort, écrivait en août 1783 l'abbé Marconi (1), et dans Rome on ne parle que de lui. Il en a été ainsi depuis

---

(1) Ragguaglio della vita,... etc., p. 273, etc...

sa mort jusqu'à ce jour. Il est devenu l'objet des communes pensées et des discours non seulement du peuple, mais encore des savants. Il n'y a en cela aucun esprit de parti, puisqu'il était un étranger, un pauvre, la plupart du temps seul. Sa réputation reste la même qu'au premier jour. » Et il ajoutait : « On commença le procès au mois de mai, et on le continue toujours avec succès ; ce qui nous fait espérer qu'un jour il plaira au Seigneur d'élever, même sur cette terre, son humble serviteur aux honneurs des Saints, par l'intermédiaire de son oracle infaillible, la sainte Eglise. »

Tandis que les procès ordinaires, qui précèdent l'introduction de la cause de béatification, se poursuivaient, il s'éleva une grande opposition. Les diplomates, et en particulier les diplomates français, voyant dans toutes les affaires du moment la main des jésuites supprimés depuis peu, mirent une espèce d'acharnement à déjouer l'intrigue supposée. Leurs recherches et leurs correspondances mensongères ne servirent qu'à faire briller d'un plus vif éclat les vertus admirables de celui qu'ils appelaient dédaigneusement *le mendiant français*, et à constater jusqu'à quel point la passion aveugle même les hommes que l'on serait en droit de regarder comme des personnes sérieuses et incapables de se laisser séduire par l'esprit de parti. L'Eglise, dans sa sagesse, laissa, comme de coutume, se produire toutes les oppositions, et elle continua, avec son calme habituel, l'étude complète de tout ce qui était de quelque intérêt.

Cependant des miracles sans nombre continuaient à s'opérer, par l'intercession du Saint, dans presque toutes les contrées de l'Europe : l'Italie, la France, la Belgique, l'Allemagne, l'Espagne, etc. Aussi lisons-nous dans la déposition de l'abbé Marconi : « Après que le serviteur de Dieu eut été inhumé, je puis assurer que les miracles et grâces furent innombrables, non seulement à Rome, mais encore dans les pays étrangers et parmi des nations diverses. »

En 1784, l'abbé Dinouart, qui lui devait sa guérison, écrivait : « Jamais le nom du vénérable serviteur du bon Père céleste ne s'effacera de mon cœur et de ma mémoire; ses vertus me seront toujours présentes. Daigne le Seigneur nous faire la grâce d'imiter ce Juste, qui était un homme tout intérieur. »

Les procès informatifs terminés, tant en France qu'en Italie, on commença ceux dans lesquels intervient l'autorité apostolique. Pour répondre aux suppliques envoyées au Saint-Siège de toutes parts (1), le Pape Pie VI dispensa des délais nécessaires et autorisa promptement l'intro-

---

(1) Elles sont consignées dans le premier volume des *Actes de la canonisation*, p. 504, num. 35.

duction de la cause en seconde instance devant la Congrégation des Rites.

Le décret du 31 mars 1792 détermina l'ouverture des procès dits apostoliques, et dès lors le serviteur de Dieu était déclaré *vénérable*. Par rescrit du même jour on commence la procédure sur les vertus, et les miracles en particulier, au lieu de s'occuper d'abord de la déclaration de non-culte, comme cela se fait ordinairement. La promulgation du décret de non-culte a lieu le 30 juillet 1793, et, le 19 février 1794, le Pape sanctionne la sentence favorable de la Sacrée Congrégation. relative aux vertus et aux miracles.

Les procès apostoliques spéciaux ne peuvent se faire en France (à Boulogne et à Autun), à cause de la Révolution ; on s'occupe de ceux de Lorette et des autres lieux d'Italie. A Rome, le 8 juillet 1796, on ouvre le tombeau et on reconnaît le corps, le cardinal de la Somaglia présidant.

Les offrandes pour couvrir les frais de la béatification affluent de toutes parts. Les travaux sont considérables et nécessitent de grandes dépenses. Le procès-verbal de l'enquête apostolique contient à lui seul 3979 pages grand in-4°. Il y eut en tout 363 séances jusqu'à la fin de la vérification de la copie du procès-verbal, consignée aux archives du vicariat à Rome. L'Eglise procède lentement, et toutes ses décisions sont précédées d'un examen sérieux et long.

L'exil de Sa Sainteté Pie VI, en juin 1798, causa un arrêt forcé jusqu'en juillet 1800, époque où son successeur Pie VII entra à Rome.

De 1808 à 1814, autre interruption occasionnée par de nouvelles difficultés suscitées au Saint-Siège.

Puis, le 17 mars 1817, la cause fut reprise et, par une dispense du Pape, on put commencer, le 23 novembre 1819, la discussion de l'héroïcité des vertus, d'après la double information ordinaire et apostolique, avant que les cinquante années, ordinairement requises, fussent écoulées depuis la mort du vénérable.

Divers motifs, entre autres le travail considérable des avocats de la cause, ralentirent la marche de l'affaire, qui fut continuée lentement jusqu'en 1842. Le 22 mai de cette année, le pape Grégoire XVI promulgua le décret touchant l'héroïcité des vertus.

Un grand pas était fait pour la béatification du vénérable serviteur de Dieu. Il ne restait plus qu'à constater au moins deux miracles. Sept ans après le décret relatif aux vertus héroïques, le R. P. François Virili, postulateur de la cause, fit proposer les trois suivants à l'examen de la Sacrée Congrégation des Rites.

1er *miracle*. — La guérison instantanée et complète de Marie-Rose de Luca, du village de Mazzano, par l'application d'une image du serviteur de Dieu, après l'avoir invoqué. La maladie était une phtisie pulmonaire, parfaitement caractérisée et déclarée grave et incurable.

2º *miracle*. — La guérison instantanée et complète de Thérèse Tartufoli, de Civita-Nova, par l'application d'une image du serviteur de Dieu sur sa gorge, le siège d'un ulcère grave, invétéré, sinueux, fistuleux et calleux, qui avait résisté à tout remède.

3º *miracle*. — La guérison instantanée et complète de la sœur Angèle-Josèphe Marini, du monastère de Sainte-Claire de Macerata-Feltria, après avoir invoqué le serviteur de Dieu et appliqué son image sur le siège de son mal. La maladie était une obstruction invétérée, squirreuse ou pierreuse de la rate, accompagnée de maladies diverses et de très graves symptômes; elle avait résisté à tout traitement. La religieuse eut confiance au saint Pèlerin, auquel elle avait autrefois, étant enfant, fait l'aumône d'un pain, lorsqu'il passait à Saint-Léon, son pays natal.

Après un long et minutieux examen, qui ne dura pas moins de dix ans, et dont le résumé des débats est contenu dans un gros volume grand in-4 de près de 500 pages, le pape Pie IX décrétait, le 2 juin 1859, *la certitude des trois miracles, le 1ᵉʳ et le 3ᵉ du second ordre, et le 2ᵉ du troisième ordre*. Puis, le 15 août 1859, il décidait que, les vertus et les miracles étant reconnus, *on pouvait procéder sûrement à la béatification du* Vénérable serviteur de Dieu, Benoit-Joseph Labre. Enfin, par le bref du 20 septembre de la même année, il lui décernait le titre de *Bienheureux*.

Les fêtes solennelles de la béatification furent célébrées à Rome le 20 mai 1860, et la publication du décret, en forme de bref, fut faite dans la basilique de Saint-Pierre, magnifiquement décorée pour la circonstance.

Rendant compte de ces fêtes à ses diocésains, Mgr Parisis, évêque d'Arras, disait : « Nos impressions ont toutes été celles de l'admiration, de l'édification et de la joie en Notre-Seigneur Jésus-Christ.

« D'abord, rien dans nos longs et nombreux souvenirs n'égale la splendeur qui avait été répandue jusqu'aux voûtes de l'immense basilique de Saint-Pierre pour environner l'image de notre Bienheureux. A Rome même, où l'on a le secret et l'habitude de ces saintes magnificences, on ne se rappelle pas avoir rien vu d'aussi merveilleux. C'était justice, au reste, et parfaitement conforme à l'Evangile. Ne fallait-il pas que celui qui avait été le plus humble fût le plus honoré. (Luc.. xviii, 14.)

« Aussi, quel spectacle que ces quatre mille cierges, dessinant dans l'ombre, au milieu des plus somptueux ornements, de longs rubans de lumières et de vastes guirlandes de feu! Puis, quand après la lecture du bref pontifical, proclamant la béatification, le moment fut venu de baisser le voile, et qu'au chant du *Te Deum*, au son de toutes les cloches, aux détonations majestueuses du fort Saint-Ange, ce Pauvre de Jésus-Christ, couvert de ses haillons bénis, apparut bien haut dans une gloire flamboyante ; et quand cette immense multitude où se trouvaient, avec tous les rangs du peuple, toutes les sommités de l'Eglise et de l'Etat, tomba soudain, par un mouvement unanime, prosternée devant la représentation de cet homme de rien, tant méprisé pendant sa vie, et devant un léger débris de ce corps si misérable et si maltraité jadis; en ce moment une joie ineffable inonda notre âme, des larmes abondantes s'échappèrent de nos yeux, un frissonnement inconnu circula dans tout notre être, nous sentions que Dieu seul régnait alors, comme il régnera seul au dernier jour : *Exaltabitur Dominus solus in die illa* (Is., II, 11); et il nous semblait que toutes ces cloches, que tout ce canon, que toutes ces voix répétaient à la terre et au ciel le nom de l'Archange : *Quis ut Deus?* qui est semblable à Dieu? car le Seigneur a vraiment tiré l'indigent de la poussière et le pauvre de l'opprobre, pour le placer parmi les principautés et le faire asseoir sur un trône de gloire. (I Reg., II, 8.)

« Au reste, il faut bien le dire, et il est aussi doux qu'utile de le proclamer, ce sentiment était universel à Rome, parce qu'après saint Philippe de Néri et saint Louis de Gonzague, Benoît Labre est le Saint le plus populaire et le mieux compris. »

La journée se termina par de magnifiques illuminations.

A Arras, un triduum eut lieu avec une grande solennité dans la cathédrale, les 15, 16, 17 juillet de la même année. Une foule immense prit part à toutes les cérémonies avec un recueillement remarquable et alla vénérer la relique insigne rapportée de Rome par Mgr Parisis : *le crâne du Bienheureux*. Vingt-cinq évêques (1) et un nombre considérable de prêtres, en habit de chœur, contribuèrent, par leur présence, à l'éclat des cérémonies et à la pompe imposante de la procession, qui parcourut les rues de la ville, superbement ornée de festons, d'oriflammes aux couleurs variées, d'arcs de triomphe, etc..., dans l'ordre le plus parfait et en chantant les louanges de Dieu et du Bienheureux. Au milieu de ces

---

(1) Son Emin. le Cardinal-Archevêque de Besançon ; NN. SS. les Archevêques de Cambrai, de Rouen, de Sens, de Santiago, de Tyr (*in partibus*) ; les évêques d'Arras, de Beauvais, de Metz, de Laval, de Gand, de Bruges, de Liège, de Saint-Dié, de Poitiers, d'Angoulême, de Chartres, de Quimper, de Langres, du Mans, de Nimes, de Saint-Claude, d'Amiens, de Clifton (Angleterre), de Brisbane (Australie).

manifestations de la foi, les premiers orateurs sacrés de l'époque déployèrent toutes les ressources de l'éloquence chrétienne.

Le premier jour du triduum, Mgr de Bonnechose, archevêque de Rouen et aujourd'hui cardinal, fit un bel éloge de *la sainteté* et montra ce qu'il y avait de touchant et d'instructif dans la solennité du moment, dans le contraste étonnant des abaissements du Bienheureux, de ses grandeurs et de sa gloire. Le second jour, Mgr Plantier, évêque de Nîmes, dit, dans son beau langage, et avec la véhémence et la chaleur qui lui étaient propres, combien noble et glorieux est l'héroïque *détachement de soi-même*, personnifié dans le Bienheureux que Dieu se plaisait à glorifier aux yeux d'un siècle perverti par l'amour du luxe et des vanités mondaines. Le troisième jour, la foule pressée qui remplissait la cathédrale était sous le charme de la puissante et magistrale parole de l'évêque de Poitiers, Mgr. Pie, depuis cardinal, donnant, dans un panégyrique admirable, le tableau saisissant de la *vie du pauvre Pèlerin* et montrant comment et pourquoi Dieu exaltait ainsi *la pauvreté* dans un temps où dominaient l'amour du bien-être et la soif de l'or.

Après ces fêtes, Mgr Parisis s'écriait : « Quel éclat saisissant ! quelle puissance morale ! quelle incomparable majesté que ces vingt-trois évêques, marchant l'un après l'autre, entourés de leurs assistants et portant les insignes de leur dignité !... Vous prierez Dieu de les récompenser du bonheur qu'ils sont venus nous apporter.

« Pour nous, ce bonheur a été tel, que nous ne saurions l'exprimer, et que notre vie entière sera trop courte pour en rendre toutes nos actions de grâces à l'auteur de tout bien (1). »

A Amettes, il se fit un grand concours le jour de la fête, célébrée le 19 juillet, après une retraite de deux jours.

Le R. P. Virili, de la congrégation du Précieux-Sang, postulateur de la cause, le R. P. Desnoyers, de la même congrégation, auteur d'une grande *Vie du Bienheureux*, et l'avocat François Mercurelli y assistèrent. Le P. Desnoyers prêcha le panégyrique.

Chaque année, à pareille époque, les fidèles viennent de tous les côtés dans ce petit village, où l'on se plaît à visiter, avec dévotion, l'humble maison dans laquelle naquit le saint Pèlerin, et l'église où il reçut le baptême et où il édifia par son assiduité aux offices et aux instructions et par son angélique piété.

Des miracles éclatants vinrent bientôt signaler de nouveau la puissance du Bienheureux, et montrer à notre siècle, si oublieux de ses desti-

(1) Lettre pastorale du 19 juillet 1860, p. 5.

nées éternelles et si avide des biens terrestres, comment Dieu estime la pauvreté volontaire et combien il honore ceux qui la pratiquent.

Il s'en opéra un grand nombre dans le pays natal du Saint (1), et en divers autres lieux; il serait trop long de les énumérer ici.

Nous ne citerons que les suivants :

1° Le jour même de la béatification, pendant la cérémonie célébrée, en grande solennité, dans la basilique de Saint-Pierre, magnifiquement ornée pour la circonstance; au moment où le voile couvrant l'image du Bienheureux venait de tomber, une femme âgée de quarante-quatre ans, Thérèse Massetti, malade depuis quatre ans d'un cancer au sein, déclaré incurable, fut guérie instantanément et complètement, en fixant l'image bénie et en se recommandant au Saint.

« Le Bienheureux met à faire des prodiges la *furia francese* (la précipitation française) », s'écria le R. P. F. Virili, lorsqu'on lui en donna la nouvelle.

2° A Monte-Falco, une religieuse du monastère du Divin-Amour, Marie-Louise de l'Immaculée-Conception, malade gravement d'un cancer à l'estomac, jugé incurable, se recommanda au Saint, le 24 octobre 1860. Benoît lui apparut, environné d'une lumière resplendissante ; il lui fit

---

(1) Voir les registres paroissiaux d'Amettes, etc.

le signe de la croix sur le front, sur l'estomac et sur le ventre, et elle fut à l'instant parfaitement guérie.

3° En 1867, le curé d'Athies, aux environs de Laon, dans le diocèse de Soissons, rencontra un jour, en visitant sa paroisse, une pauvre mère toute en larmes, parce que son enfant, atteint depuis trois ans d'une carie des os à la jambe, était déclaré incurable par les médecins. Un seul remède restait : l'amputation. « Ni mon enfant ni moi, dit cette mère au curé, ne pourrons jamais consentir à cette extrême nécessité. » Le curé lui conseilla de faire une neuvaine en l'honneur de saint Benoît Labre, et il lui remit, en même temps, une médaille et une relique du Saint. La neuvaine n'était pas encore achevée qu'une énorme esquille sortit de la plaie, qui, le lendemain, se trouva cicatrisée. Aujourd'hui le miraculé est un homme fort et robuste.

4° Quelques années après la béatification, un révolutionnaire incrédule et abonné au mauvais journal *La Capitale*, avait lu, dans cette feuille, les injures ordurières adressées au Bienheureux à l'occasion du décret relatif aux deux miracles approuvés pour la canonisation. Un de ses fils, abandonné des médecins, était sur le point de mourir, lorsqu'un prêtre de Sainte-Marie-Majeure, ami de la famille, vint le voir. « Je donnerais tout ce que j'ai, lui dit-il, pour sauver mon enfant.

— Mais il faut vous adresser à Dieu, à la sainte Vierge, aux Saints du paradis.

— Je ne crois à rien, moi, vous le savez. Cependant j'ai lu dans *la Capitale* qu'on attribue des miracles à ce *pouilleux* de Labre. Pourriez-vous me procurer une relique de ce Saint? Qui sait!...

— Vous allez être servi tout de suite. »

Le prêtre sort en hâte et revient bientôt avec une relique du bienheureux Labre, que l'incrédule applique lui-même sur la poitrine de son fils. Qu'on juge de sa stupeur : le jeune moribond ouvre à l'instant les yeux et se jette hors du lit en criant : « Je suis guéri! »

Dieu montrait sa volonté par ces signes multipliés. Il avait envoyé le saint Pénitent dans la seconde moitié du dernier siècle pour combattre, par ses admirables exemples, l'impiété qui envahissait la France, se déchaînait contre Jésus-Christ et son Eglise et préparait les horreurs sanglantes de 1793. C'est à la veille de cette époque lamentable que le glorieux Pauvre jetait dans la balance de la divine justice son expiation et ses prières.

Or, à l'heure présente, comme aux jours du Saint, Jésus-Christ, vivant dans l'Eglise, son corps mystique est encore devenu l'objet des insultes de ses ennemis triomphants. Il est abreuvé des outrages qu'on lui jette sans cesse au visage, en accablant d'injures son vicaire, ses pasteurs, ses prêtres, ses religieux, ses fidèles eux-mêmes. On le dépouille, on le frappe en le traitant d'ennemi, en ne reconnaissant plus son autorité que par des politesses dérisoires, semblables au salut des juifs : *Ave, rex judæorum*. On se prépare à l'attacher à la croix ; on voudrait le sceller au tombeau, comme s'il ne devait pas toujours en sortir glorieux et vainqueur.

C'est le moment que choisit la Providence pour donner une des plus grandes preuves de sa toute-puissante miséricorde et de la vitalité de l'Eglise par la glorification des Saints.

Aussi, le couronnement de la sainteté du Bienheureux ne s'est pas fait attendre longtemps.

Le 16 mars 1861, à la demande du postulateur, le R. P. François Virili, et après les instances de l'avocat François Mercurelli, un décret de la Sacrée Congrégation des Rites répondait affirmativement à la question : « Faut-il reprendre la cause ? » Sa Sainteté Pie IX ratifiait cette décision le 11 avril de la même année.

En conséquence, les procès apostoliques, relatifs aux deux premiers miracles que nous avons rapportés, s'instruisaient avec un grand soin à Rome et à Monte-Falco. C'est seulement six années après, que, à la suite d'un minutieux examen, la Sacrée Congrégation des Rites constatait la validité de ces procès par son décret du

31 août 1867, confirmé par le Souverain-Pontife le 5 septembre de la même année.

Une première discussion, fort longue et approfondie des deux miracles, eut alors lieu, en 1869, dans la Sacrée Congrégation. Ils furent ensuite soumis à l'examen du Sacré-Collège, d'abord dans une séance antépréparatoire, le 24 mai 1870; puis, après une deuxième discussion à la Congrégation, dans la séance préparatoire du 23 avril 1872 ; et enfin, après la troisième discussion entre les avocats de la cause devant la Congrégation, dans la séance générale tenue, comme les deux précédentes, au Vatican, le 19 novembre 1872. Les membres du Sacré-Collège donnèrent alors chacun leur avis, et le Saint-Père, avant de se prononcer, voulut que l'on priât encore pour implorer les lumières du Saint-Esprit.

Enfin, le 29 décembre 1872, le chef de l'Eglise, après avoir offert la sainte victime dans sa chapelle privée du Vatican, proclama *la certitude des deux miracles du second degré*, proposés pour la canonisation du bienheureux serviteur de Dieu, BENOIT-JOSEPH LABRE, et il terminait en disant :

« Les vertus du bienheureux Labre sont merveilleuses au delà de toute expression. Nous devons les imiter dans la mesure de nos forces. Plus les temps sont tristes, plus il est nécessaire de les pratiquer.

« Le nouvel élu voudra sans doute faire luire un rayon d'espoir sur la France, sa patrie. Espérons que sa puissante prière obtiendra à ce pays la paix, la prospérité et la gloire qui lui ont été enlevées, mais qui n'en demeurent pas moins son légitime apanage. »

En voyant notre pays debout, malgré tous les éléments de dissolution mis en œuvre par les ennemis de Dieu pour le perdre, nous devons reconnaître que les Saints nous obtiennent le salut, et nous écrier avec le Prophète : *Misericordiæ Domini, quia non sumus consumpti.* C'est à la miséricorde du Seigneur que nous devons de n'être point anéantis (1).

Il ne restait plus qu'à déclarer si l'on pouvait procéder à la cérémonie, et à en fixer le jour.

La demande en fut faite au Sacré-Collège, réuni au Vatican le 14 janvier 1873, et la réponse unanime des cardinaux fut affirmative. Sa Sainteté Pie IX décrétait, le 9 février de cette même année *« qu'il pouvait être procédé sûrement à la canonisation solennelle. »*

Cependant, à cause des difficultés du moment, le Pape, captif au Vatican, laissait indéterminée l'époque de la solennité.

Le lundi, 7 juillet 1873, on faisait un grand pèlerinage à Amettes et un salut solennel était célébré, en l'honneur du Bienheureux, dans

(1) Lament. de Jérémie, III, 22.

toutes les églises du diocèse d'Arras, pour remercier Dieu du décret pontifical. « Les consolations ineffables que nous a procurées cette éclatante manifestation, disait, peu après, Mgr Lequette, ont fait de ce jour un des plus beaux de notre épiscopat. » Mgr Duquesnay, évêque de Limoges et aujourd'hui archevêque de Cambrai, qui avait rehaussé de sa présence l'éclat de cette fête mémorable, écrivait : « La journée du 7 juillet 1873 à Amettes est, pour le beau diocèse d'Arras, une date de gloire et d'allégresse qui rappelle les 15, 16 et 17 juillet 1860. »

Mgr l'évêque d'Arras avait assisté, à Rome, à la promulgation du *décret de la future canonisation*, le 9 février 1873, et il disait dans sa lettre pastorale du 16 juin de la même année, en annonçant le grand pèlerinage du 7 juillet au pays natal du Saint : « Espérons que l'intercession de notre Bienheureux, unie à tant d'autres que réclame en ce moment la piété des fidèles, ne sera pas inefficace pour le triomphe du Saint-Siège et le salut de la France. Attendons avec confiance ce jour où la basilique vaticane, rendue à la splendeur de ses solennités, célébrera avec toutes les magnificences qu'elle comporte celle de la canonisation réservée à l'illustre enfant d'Amettes. »

Adorons les desseins de la Providence qui en a disposé autrement...

Dieu voulait que, après de longues années d'attente et de supplications, le successeur de l'immortel Pie IX, Sa Sainteté Léon XIII, glorieusement régnant, fixât, durant sa douloureuse captivité au Vatican, l'époque de la grande fête qui termine *la cause à jamais célèbre du Saint de Rome*.

Le 8 décembre de l'année 1881, la capitale du monde chrétien a vu les splendides cérémonies qui devaient mettre le dernier fleuron à la couronne de sainteté tressée depuis tant d'années pour *l'humble enfant d'Amettes*.

En avril 1880, le Saint-Père faisait connaître à Mgr l'évêque d'Arras qu'il avait l'intention de procéder à la solennité de la canonisation dans le courant de l'année 1881, et qu'une commission spéciale avait été nommée pour examiner la question d'organisation, sous la présidence de Son Eminence le cardinal Bartolini.

Ce projet devint bientôt une résolution. Le 26 mai 1881, Mgr Lequette annonçait à son diocèse que le 8 décembre de l'année courante était le jour fixé par Sa Sainteté Léon XIII pour la canonisation du bienheureux Benoît-Joseph Labre. « Pénétré lui-même, disait-il, d'une dévotion particulière envers le bienheureux Benoît-Joseph, comme il l'a témoigné dans les diverses audiences dont il a daigné nous honorer, Léon XIII a pris aussi à cœur la grande cause de sa canonisation.

Malgré les pénibles et toujours bien graves circonstances où se trouve l'Eglise, bien qu'il reste confiné, comme son auguste prédécesseur, dans le palais du Vatican, il n'a pas voulu que ce grand acte fût plus longtemps différé. Nous avons la joie de vous annoncer qu'il a fixé pour son accomplissement le 8 décembre de cette année, en la fête de l'Immaculée-Conception de la très sainte Vierge. Quel jour pouvait être mieux choisi ? N'était-il pas convenable qu'une solennité bien chère à Marie mît son reflet sur la glorification d'un Saint qui lui fut si dévoué, et qui, chaque année, pendant son séjour à Rome, allait répandre son cœur dans le sanctuaire de Lorette (1) ? »

Art. 4. — Fête de la Canonisation.

La canonisation des saints est l'une des plus imposantes et des plus émouvantes cérémonies. La sainte Eglise y déploie toutes les pompes extérieures du culte pour honorer du plus beau triomphe de fidèles imitateurs du Sauveur Jésus. L'assistance est toujours fort nombreuse. Aussi la grande basilique de Saint-Pierre a-t-elle été choisie pour être le lieu ordinaire où se célèbre cette cérémonie.

(1) Lettre pastorale du 26 mai 1881, n° 174, p. 5.

A cause des entraves mises actuellement à la liberté de l'Eglise, on ne pouvait admettre tout le monde indistinctement à prendre part à la solennité. La commission dut donc chercher d'abord un local privé pour remplacer la Basilique, ouverte au public. On pensa à la vaste salle située dans le Vatican, au-dessus du portique de Saint-Pierre, et à côté de la chapelle Pauline. M. le commandeur Fr. Fontana, architecte des sacrés palais, fut chargé de la transformer en chapelle et de la décorer.

Pendant qu'on faisait les préparatifs, on s'occupait de la question de la canonisation dans les consistoires du 20 juin (1) et du 11 septembre ; on décidait, dans le consistoire secret du 31 octobre, que, aux bienheureux Jean-Baptiste de Rossi et Benoît-Joseph Labre, on joindrait le bienheureux Laurent de Brindes et la bienheureuse Claire de Monte-Falco.

Des ressources considérables étaient nécessaires. Il s'agissait de couvrir les frais de la canonisation de quatre nouveaux Saints. Celui qui, durant sa vie, malgré sa pauvreté extrême, venait

---

(1) Dans le consistoire tenu le 20 juin 1881, Sa Sainteté Léon XIII a ordonné au cardinal Bartolini de faire des rapports sur les vertus et les miracles des bienheureux de Rossi et Labre.

Le Sacré-Collège des cardinaux, répondant à la demande du Pape, a consenti à la canonisation.

Le Pape a remercié le Sacré-Collège de son sentiment unanime.

en aide aux autres pauvres, devait encore fournir, pour la plus grande part, aux besoins du quadruple triomphe. Mgr Virili faisait plusieurs appels qui furent entendus. Les diocèses d'Arras et de Cambrai se distinguèrent, comme toujours, entre tous, par leur générosité. M. L. Aubineau s'occupait activement à stimuler le zèle des lecteurs de l'*Univers*. Le *Monde* ouvrait une souscription ; un grand nombre de Semaines religieuses suivaient son exemple. Nous contribuâmes pour notre modeste part à ce mouvement. L'Œuvre de Saint-Paul nous prêta généreusement son concours ; depuis lors elle a pris saint Benoît-Joseph Labre pour un de ses patrons. Celui qui ne fit jamais que du bien à ceux qui le reçurent sous leur toit rendra au centuple tout ce qui a été fait pour sa gloire (1).

Après un second consistoire préparatoire et semi-public tenu le 21 novembre, un premier consistoire public avait lieu, dans la salle royale du Vatican, le 25 du même mois. Les cardinaux, les archevêques et les évêques présents à Rome y assistaient. Le doyen du col-

---

(1) Mgr Virili demande aujourd'hui encore des aumônes pour acheter la maison Zaccarelli, où mourut le saint Pauvre, afin de la transformer en hôpital pour les pauvres. La souscription du journal *Le Monde* reste ouverte dans ce but. On peut aussi envoyer les offrandes à l'évêché d'Arras, ou à M. le Directeur du journal *L'Univers*, ou encore directement à Rome. *via dei Cruciferi*, 20, à Mgr Virili, auquel revient l'honneur de l'initiative du projet.

lège des avocats consistoriaux, M. le commandeur Jean-Baptiste de Dominicis-Tosti, plaida dans un élégant discours latin la cause des quatre bienheureux ; le secrétaire des brefs aux princes, Mgr Mercurelli, répondit en latin, au nom de Sa Sainteté.

En vertu d'un *invito sacro* de Son Eminence Monaco la Valletta, Cardinal-Vicaire, des prières publiques furent faites dans toutes les églises de Rome, comme préparation à la canonisation, l'un des actes les plus solennels du pontificat romain. Pendant la neuvaine préparatoire à la fête de l'Immaculée-Conception, on devait exposer le Saint-Sacrement, en forme de Quarante-Heures : à *Saint-Jean de Latran*, du 27 novembre au 29 ; à *Saint-Pierre*, du 29 novembre au 1er décembre ; à *Sainte-Marie-Majeure*, du 1er décembre au 3 ; et faire, le deuxième dimanche de l'Avent, une procession à l'intérieur de toutes les églises, avec chant des litanies des Saints. Le Cardinal-Vicaire faisait en ces termes l'éloge de notre Saint : « Le bienheureux BENOIT-JOSEPH LABRE, unissant la générosité de cœur, qui est le propre de la France catholique, sa patrie, à la piété de Rome, ce centre de l'Eglise catholique, se fit *Pauvre volontaire*, par amour de Jésus-Christ, et fut réservé par la divine Providence comme l'exemple du plus parfait détachement du monde, de la plus austère mortification des sens, en ces temps de si grande vanité et d'intempérance dans les excès du luxe. »

Le 2 décembre, le dernier consistoire public se tenait au Vatican. Tous les cardinaux, les archevêques et les évêques, présents à Rome, y furent encore invités. Après les prières d'usage, le Saint-Père rappela sommairement, dans une courte allocution, les actes des Bienheureux, et il manifesta que, avant d'en venir à une décision aussi solennelle et aussi grave, il voulait entendre le vote librement exprimé des pasteurs de l'Eglise de Dieu, qui étaient présents. L'auguste assemblée décida, à l'unanimité des suffrages, qu'il serait procédé à la canonisation solennelle au jour fixé.

Le 7 décembre, à la tombée de la nuit, les Romains illuminèrent leurs maisons, pour honorer la Madone et les Saints. Comme préparation à la solennité du lendemain, les pèlerins du diocèse d'Arras, ayant à leur tête le R. P. Rendu, curé d'Amettes, passèrent la nuit en adoration devant le Saint-Sacrement dans l'église de Sainte-Marie-des-Monts, où l'on avait vu saint Benoît-Joseph Labre durant de longues heures pendant sa vie.

Le jeudi, 8 décembre, la journée s'annonçait magnifique. De bonne heure, la place de Saint-Pierre était envahie par les voitures et les piétons. Les pèlerins français s'y trouvaient en grand nombre. La foule fut bientôt immense.

Rome avait pris un peu de ce grand air de fête que lui donnaient autrefois les grandes solennités chrétiennes.

Aussitôt qu'il fut possible d'avoir accès dans la salle de la canonisation, le flot humain se mit en mouvement dans le grand escalier du Vatican, et bientôt il dut s'arrêter. La partie réservée au public était entièrement occupée. Un grand nombre de personnes munies de cartes d'entrée se virent forcées, à leur grand regret, de rester sur la place ou dans la basilique vaticane pour attendre la fin de la cérémonie et en apprendre les détails de la bouche de ceux qui avaient été assez heureux pour pénétrer dans l'enceinte, beaucoup trop étroite, hélas ! pour une si sublime manifestation de la foi catholique. Dans la journée, on entendait de tous les côtés des plaintes sur l'étroitesse du local.

Ce n'est plus Saint-Pierre avec son étendue figurant la terre entière, ses coupoles si vastes et si élevées représentant le ciel, ses décorations à nulles autres pareilles : et tout cela, un jour de canonisation, brillant d'un éclat qui semble réservé à la Jérusalem céleste.

Cependant, le côté matériel est aussi bien que le permettent les circonstances actuelles. L'édifice est décoré avec goût, et il est parfaitement illuminé par des milliers de cierges, formant un large cordon de plusieurs rangs de lumières superposés tout autour, à la hauteur de la corniche. Aux deux tiers de la salle, au milieu, l'autel est surmonté d'un gracieux baldaquin supporté à chacun des quatre angles par un ange debout. Au fond, au-dessus du trône pontifical, on lit l'inscription suivante en gros caractères, sur fond d'or :

Ubi Petrus, ibi Ecclesia ; où est Pierre, là est l'Eglise.

Des tribunes réservées à des invités spéciaux, au corps diplomatique, à la noblesse romaine, aux quatre postulations, ont été habilement ménagées de chaque côté de la salle, dans les embrasures des grandes fenêtres. L'or resplendit partout. Des guirlandes de fleurs variées, des festons gracieusement entrelacés, et douze étendards, sur lesquels sont représentés en peinture les principaux miracles des quatre Saints, complètent très heureusement l'ornementation. Le tout se distingue par une parfaite harmonie des couleurs, des proportions et des lignes.

Au-dessus de la grande porte, on lit cette inscription :

LEO. XIII. PONTIFEX. MAXIMUS
AUSPICE. DEI. GENITRICE. IMMACULATA
BEATIS. CŒLITIBUS
JOANNI. BAPT. DE. ROSSI. SAC.
LAURENTIO. A. BRUNDUSIO
EX. ORD. FRANCISCAN. CAPULATOR.
BENEDICTO. JOSEPHO. LABRE
CLARÆ. A. CRUCE. VIRG. AUGUSTINIANÆ
SOLLEMNES. SANCTORUM. HONORES
DECERNIT

et au-dessous des bannières de saint Benoît-Joseph Labre :

1°

S. Benedictus. Jos. Labre. cœlestium. immixtus. choro. Mariæ. Aloisiæ. ab. Imm. Concept. Virgini. Salesianæ. diro. stomachi. ulcere. laboranti. invocatus. adest. bona. spe. erectam. surgere. incolumem. ac. vigentem. jubet.

2°

Theresia. Massetti. ea. ipsa. die. qua. Benedicto. Jos. Labre. in. Basil. Vaticana. cœlestes. honores. decernebantur. piæ. celebritati. supplex. intererat. protinus. ex. scirrhomate. in. cancrum. degenerante. convalescens. propitiam. cœlitis. B. novensilis. opem. prima. omnium. experta. est.

Après avoir considéré à loisir tous les détails de la salle, on trouvait l'attente encore fort longue. Les regards se portaient instinctivement vers la porte. Neuf heures avaient sonné. On voit enfin apparaître la procession. Après l'imposant défilé de la cour pontificale, des évêques, des archevêques, des cardinaux, un saisissement général parcourt l'assemblée, lorsque paraît le Saint-Père. Il fait son entrée, porté sur la *Sedia gestatoria* et ayant sur sa tête la tiare ; au même instant les chantres entonnent le motet : *Tu es Petrus...*

Toute l'attention se porte sur l'auguste Pontife, le Père commun des fidèles, le Docteur des nations, le Pasteur suprême des rois et des peuples, le Pape-Roi, le Vicaire de Jésus-Christ, le Vice-Dieu, comme l'appelait saint Benoît-Joseph Labre, qui eut toujours pour lui une véritable dévotion.

Le noble Captif bénit en toute liberté. Ses enfants s'inclinent avec respect, et admirent. Il bénit... Il bénit toujours... Comme tous les Papes, Léon XIII se venge des ennemis de son autorité souveraine en levant les yeux au ciel, en répandant ses bienfaits et en invoquant sur le monde l'intercession des amis de Dieu, la protection des Saints. Aux générations corrompues il montre le spectacle des vertus qui seules peuvent sauver les sociétés en péril. Il répond à la violence et aux insultes par la patience et par des bénédictions.

Quarante cardinaux, soixante-quatre archevêques, soixante-dix évêques composent en ce jour, avec la cour pontificale, le noble cortège de la plus haute majesté de ce monde.

Après les trois instances et les prières d'usage, le Pape, le Docteur des docteurs et le Chef suprême de l'Eglise, assis sur son trône et la mitre en tête, prononce à haute et intelligible voix le décret de canonisation dans la forme traditionnelle :

« *Ad honorem Sanctæ et individuæ Trinitatis, ad exaltationem Fidei Catholicæ, et Christianæ Religionis augmentum, auctoritate Domini Nostri Jesu Christi, Beatorum Apostolorum Petri et Pauli, ac Nostra ; matura deliberatione præhabita, et Divina ope sæpius implorata, ac de Venerabilium Fratrum Nostrorum Sanctæ Romanæ Ecclesiæ Cardinalium, Patriarcharum, Archiepiscoporum et Episcoporum in Urbe existentium consilio, Beatos:* **Joannem Baptistam de Rubeis, Laurentium a Brundusio, Benedictum Josephum Labre,** *Confessores, et* **Claram a Cruce Virginem,** *Sanctos esse decernimus, et definimus, ac Sanctorum Catalogo adscribimus:*

Statuentes ab Ecclesia Universali illorum memoriam quolibet anno, nempe **Joannis Baptistæ** *die vigesima tertia Maii.* **Laurentii** *septima Julii,* **Benedicti Josephi** *decima sexta Aprilis, inter Sanctos Confessores non Pontifices,* **Claræ** *die decima octava Augusti, inter Sanctas Virgines, pia devotione recoli debere. In nomine Patris* †, *et Filii* †, *et Spiritus* † *Sancti. Amen.*

« Pour l'honneur de la sainte et indivisible Trinité, pour l'exaltation de la foi catholique et pour l'accroissement de la religion chrétienne, par l'autorité de Notre-Seigneur Jésus-Christ, des bienheureux Apôtres Pierre et Paul et par la Nôtre, après mûre délibération, et après avoir souvent imploré le secours divin, d'après le conseil de nos vénérables frères les cardinaux de la sainte Eglise romaine, les patriarches, les archevêques et les évêques présents à Rome : Nous décrétons et nous définissons que les bienheureux *Jean-Baptiste de Rossi, Laurent de Brindes, Benoît-Joseph Labre,* confesseurs, et *Claire de la Croix,* vierge, sont saints et Nous les inscrivons au catalogue des Saints.

« Nous statuons, en outre, que leur mémoire doit être honorée chaque année avec une pieuse dévotion par l'Eglise universelle, savoir : parmi les saints confesseurs non pontifes, celle de *Jean-Baptiste* le 23 mai, celle de *Laurent* le 7 juillet, celle de *Benoît-Joseph* le 16 avril ; parmi les saintes vierges, celle de *Claire* le 18 août. Au nom du Père, et du Fils et du Saint-Esprit. Ainsi soit-il. »

En entendant prononcer les noms des Bienheureux dont la place dans l'Eglise est désormais au rang réservé pour les Saints, qui ne ressentit dans son âme une émotion douce et profonde, qu'aucune parole humaine ne saurait exprimer et que rien n'effacera jamais !

Pour nous, il nous sembla voir les haillons du pauvre Pèlerin resplendissants, dans la gloire qui ne doit point finir...

Au même instant, les trompettes d'argent firent entendre une mélodie toute céleste, comme pour annoncer au loin l'heureuse nouvelle; les cloches de Saint-Pierre sonnèrent à toute volée, et celles de toutes les églises ne tardèrent pas à se joindre à elles.

Alors le Saint-Père entonna le *Te Deum* d'action de grâces et il fut continué par les chantres.

Enfin, après le chant du verset et de l'oraison propre des Saints, la bénédiction apostolique termina la cérémonie de la canonisation.

La messe solennelle de l'Immaculée-Conception, avec l'oraison propre des nouveaux Saints, fut ensuite célébrée par le Souverain Pontife, qui lut une homélie en latin, après le chant de l'Evangile en latin et en grec.

Sa Sainteté rappela par des paroles de joie et de consolation l'heureuse circonstance de la fête de l'Immaculée-Conception. Elle exprima ensuite combien il était regrettable que les malheurs des temps eussent diminué la splendeur de la solennité, en empêchant de la célébrer dans la majestueuse basilique de Saint-Pierre. Après avoir remercié chaleureusement le ciel de lui avoir permis de décerner les honneurs de la sainteté à quatre héros de l'Eglise catholique, le Saint-Père fit leur éloge, en rappelant leurs vertus et leurs mérites, et il fit ressortir la gloire que l'Eglise tire de leur exaltation, elle qui a pu engendrer de tels fils. « L'Eglise militante a, dit-il, en eux de grands motifs d'espérance et de consolation, à cause de la puissante protection qu'elle est en droit d'en attendre. Toutes les classes de la société trouvent en eux des modèles de la vie chrétienne parfaite : les ecclésiastiques soit séculiers soit réguliers dans saint Jean de Rossi et saint Laurent de Brindes, les vierges consacrées à Dieu dans sainte Claire de Monte-Falco, les séculiers dans saint Benoît-Joseph Labre. » Il termina en implorant pour l'Eglise universelle les prières et l'intercession de Marie-Immaculée et des nouveaux Saints.

A l'offertoire eurent lieu les oblations des quatre postulations, consistant en cierges peints, avec portraits de chaque Saint, pains, vin et eau, deux tourterelles, deux colombes et quelques petits oiseaux.

Commencée vers neuf heures, l'émouvante et grandiose cérémonie se terminait seulement vers trois heures de l'après-midi.

La tenue grave et modeste du digne évêque d'Arras, Mgr Lequette, admis à assister le Pape, fut très remarquée. On était profondément édifié du recueillement et de la céleste piété de l'auguste pasteur suprême et de l'évêque.

En raison de la situation du Souverain-Pontife au Vatican, la canonisation solennelle n'a pu être faite avec toute la pompe usitée ; la foi et la piété des Romains et des étrangers y ont suppléé.

L'Eglise comptait quatre Saints de plus, la France un nouveau protecteur ; et, chose surprenante et admirable, ce protecteur était un homme qui, à l'exemple de Jésus-Christ, notre Sauveur, avait volontairement passé sa vie en ce monde parmi les plus délaissés, les plus méprisés, parmi les pauvres les plus humbles, sans asile et sans ressource aucune, dans un temps où l'orgueil et l'amour du plaisir pervertissaient les esprits et les cœurs.

Nous pouvons bien dire ici ce que disait Mgr Parisis des fêtes de la béatification : « C'est une consolation ineffable pour la foi que de telles solennités pour de telles vertus, en un siècle comme le nôtre. »

Au moment où, plus que jamais peut-être, les sectaires s'efforcent de décrier la pauvreté et l'état religieux, et de vanter les richesses, la gloire humaine et les plaisirs, l'Eglise rappelle au monde les grandeurs et les gloires qui attendent le pauvre et le religieux, lorsque, pendant leur vie austère et humiliée, ils ont renoncé à toutes les vanités de la terre et fidèlement imité Jésus-Christ. Un pauvre pèlerin, un humble prêtre, un religieux mendiant de l'ordre de Saint-François, une religieuse Augustinienne sont élevés sur les autels, pour être invoqués par les chrétiens, comme des patrons et des protecteurs de l'Eglise, dans ses nécessités, devenues si grandes.

Le jour même de la canonisation, on célébrait un *salut solennel* d'actions de grâces dans toutes les églises et chapelles du diocèse d'Arras ; une *chaire* était créée, par un généreux donateur, à la faculté de médecine de l'institut catholique de Lille, sous le vocable de saint Benoit-Joseph Labre.

A Rome, l'église de Notre-Dame-des-Monts (la *Madonna dei monti*), où le Saint a tant prié et où il a été enseveli, était toute resplendissante d'or et de soierie. Elle était constamment pleine de pieux visiteurs. La population de ce pauvre quartier était dans l'allégresse. On allait en foule s'agenouiller, dans ce béni sanctuaire, sur la dalle qui marque la place où le Saint priait et où il fut enseveli, ainsi qu'au pied de l'autel au-dessous duquel reposent ses restes vénérés, dans une belle statue en cire, à gauche, auprès du maître-autel.

Le lendemain de la canonisation, le pèlerinage français se transportait dans ce sanctuaire pour assister à une messe d'actions de grâces, offerte sur cet autel par Mgr l'évêque d'Arras (1). Le soir il assistait à un salut solennel, en l'honneur du Saint, dans l'église Saint-Louis des Français. M. l'abbé Puyol, le nouveau supérieur des chapelains, prononçait le panégyrique du Pauvre de Jésus-Christ.

Le 11 décembre, troisième dimanche de l'Avent, il y eut chapelle papale dans la salle de la canonisation. La messe fut célébrée en l'honneur des nouveaux Saints. L'assistance était aussi nombreuse que le permettait la grandeur de la salle. Comme au jour de la solennité de la canonisation, on ne pouvait entrer librement, il fallait être muni d'un billet spécial.

Le 12, le Souverain-Pontife recevait en audience les évêques. Il leur exprima ses craintes

---

(1) Mgr Lequette a fondé une messe quotidienne à perpétuité à cet autel, dans le but d'assurer, à Rome, près du tombeau de saint Benoît-Joseph Labre, la prière perpétuelle *pour les besoins de la France, et, en particulier, pour ceux du diocèse d'Arras*. Cette messe se célèbre à neuf heures les dimanches et les jours de fête, et à huit heures tous les autres jours.

et ses espérances. « Avec une audace et une licence plus effrénées peut-être qu'elles ne le furent jamais, dit-il, on combat maintenant contre l'Eglise du Christ et contre Dieu lui-même. Les feux d'une guerre sacrilège et détestable s'étendent partout, et leur plus grande violence est aujourd'hui dirigée contre le Siège apostolique. Mais, ce qui est intolérable, c'est qu'on attaque cette autorité divinement instituée, qui, au milieu des périls présents, serait le principal et le plus sûr espoir de salut...

« Nous avons la confiance que, dans cette grande confusion des choses et des temps, *les Saints auxquels nous venons de décerner, il y a quelques jours, les honneurs célestes, nous apporteront, ainsi qu'à l'Eglise entière, un appui très opportun.* »

Le 13, par une marque de bienveillance que nous ne saurions trop estimer, le noble, doux et vaillant Pontife, Sa Sainteté Léon XIII célébrait le Saint-Sacrifice dans la salle de la canonisation, en présence des pèlerins français et d'autres invités nombreux. Comme au jour de la canonisation, Mgr l'évêque d'Arras était admis à assister le Saint-Père à l'autel ; son visage était tout rayonnant de bonheur. Nous fûmes assez heureux pour trouver place auprès de l'autel, et nous ne pouvions nous lasser d'admirer la piété touchante et la gravité du Pape, en même temps que la profonde dévotion et la délicate modestie de Mgr Lequette; c'était pour nous comme une vision céleste, que nous n'oublierons jamais.

La messe terminée, les 700 pèlerins français furent admis au baisement du pied du Souverain-Pontife. Chacun d'eux exposa librement ses suppliques au Père commun des fidèles, qui écouta tout le monde avec une patience admirable et eut pour chaque pèlerin quelques paroles sympathiques. Cette audience générale ne se termina qu'à une heure, après des témoignages répétés de l'inépuisable bonté paternelle du Pape. Lorsqu'il sortit, porté sur la *sedia gestatoria,* il fut salué aux cris de: *Vive Léon XIII! Vive le Saint-Père!* répétés avec enthousiasme par cette foule vivement émue.

Avant de descendre pour la cérémonie, Sa Sainteté avait admis en audience particulière Mgr Lequette, évêque d'Arras, et le zélé postulateur de la cause de saint Benoît-Joseph Labre, Mgr Raphaël Virili, qui lui présentèrent le grand tableau du *Saint dans la gloire,* peint par le professeur romain Cochetti et encadré dans un très riche cadre, aux frais de la postulation. Plusieurs prêtres du diocèse d'Arras furent admis à cette audience.

Quelques académies de Rome donnèrent des séances littéraires et musicales en l'honneur des nouveaux Saints.

Le 15 décembre, à son retour en France, Mgr l'archevêque d'Auch (1) écrivait à ses diocésains une touchante lettre pastorale, dans laquelle il épanche son âme et dit, en termes magnifiques, quelle a été sa satisfaction en assistant à la canonisation d'un Saint français, qui fut « comme l'humilité et l'obéissance personnifiées », et dont la *physionomie si grave, si austère* était parfois *si douce* et *si prévenante* qu'elle lui conquit les *plus pures et les plus légitimes affections.*

Le 22 janvier dernier, dans la matinée, Mgr Mermillod consacrait un autel à saint Benoît-Joseph Labre, dans l'église du Sacré-Cœur, sur la place Navone ; Mgr l'évêque d'Arras avait voulu en fournir la première pierre. Dans une magnifique improvisation, l'éloquent exilé traçait, avec le portrait du nouveau Saint, le tableau des désordres du dix-huitième siècle, opposant la pauvreté et l'humilité de Benoît-Joseph aux sarcasmes de Voltaire et du grand Frédéric : « *Que reste-t-il de Frédéric et de Voltaire ? Un souvenir fâcheux dans l'histoire ; tandis que les générations viendront s'agenouiller au pied de cet autel et mendier les faveurs de ce mendiant glorifié.* » Le soir, après les Vêpres, Mgr Nicolas Marini, prélat participant de S. S.

---

(1) Mgr de Langalerie, lettre pastorale du 15 déc. 1881.

Léon XIII, prononçait en langue italienne, dans la même église, un brillant et substantiel panégyrique du Saint, « *du Saint le plus outragé* d'un côté, de l'autre *le plus vénéré de nos jours.* » Dans cette opposition de l'outrage et de la vénération se reflète l'image du siècle que nous voyons en proie à la fureur du luxe et de l'argent, et en même temps, dévoué à l'Eglise, à Rome, au Pape. Ce thème se prêtait merveilleusement au talent et à la piété de l'orateur, qui est un des plus populaires de Rome. On sentait, dans sa parole, la grande dévotion que lui et les siens ont toujours eue au Saint, si cher à tout cœur vraiment romain.

Au diocèse d'Aix, on célébrait, le 29 janvier, dans la ville archiépiscopale, une fête votive solennelle, en l'honneur de saint Benoît-Joseph Labre. Le 5 février, avait lieu, à Arles, une fête semblable, en même temps que l'inauguration du titre de basilique mineure, obtenu du Saint-Siège pour la remarquable église de Saint-Trophime.

A Nantes, un triduum solennel s'ouvrait, dans la même intention, à la chapelle de l'externat des Enfants-Nantais, le dimanche 12 février, pour se terminer le mardi soir. On se proposait d'honorer le nouveau Saint et de réparer les outrages que la presse impie n'a pas craint de faire à sa mémoire si pure. « Vous viendrez unir vos voix à notre voix, disait l'évêque de Nantes, Mgr Le Coq, en annonçant ces *grands et précieux exercices enrichis de nombreuses indulgences*, et, d'un concert unanime, nous chanterons avec allégresse le triomphe et la gloire de notre nouveau Saint.

« Triomphe admirable! Gloire immortelle! Le temps, qui finit par tout obscurcir, ne l'obscurcira jamais. Quand l'Eglise place une couronne sur le front de l'un de ses fils, elle le décore pour l'éternité. Qu'elles sont pâles et petites, en comparaison, ces distinctions humaines, qui, après avoir jeté un certain éclat, disparaissent et s'effacent si vite dans les ombres de l'indifférence et de l'oubli!

« En chantant la gloire, en vénérant les reliques, en contemplant l'image de saint Benoît-Joseph, vous vous souviendrez de ses héroïques vertus...

« Pèlerins du ciel, puissions-nous, comme les Saints, suivre courageusement, et sans jamais regarder en arrière, l'étroit sentier qui mène à la vie! Comme les Saints, aimons Dieu, gardons sa loi, sauvons notre âme. Tout est là. Le reste n'est rien (1). »

Dans le diocèse de Fréjus, M. le curé de la Gaude se propose de dédier sa nouvelle église paroissiale à saint Benoît-Joseph Labre.

(1) Lettre circul. du 2 février 1882.

Un pèlerinage populaire de pénitence aux Saints-Lieux s'organise, sous les auspices du saint Pèlerin et du Pénitent modèle du XVIIIe siècle; il s'annonce déjà fort nombreux. Cette croisade pacifique, entreprise sous la bannière de cet homme de prières et de sacrifice, nous présage des bénédictions spéciales du Seigneur.

Au diocèse d'Arras, à partir de Pâques jusqu'à l'Immaculée-Conception, des fêtes auront lieu, cette année, dans toutes les églises, en l'honneur de saint Benoît-Joseph Labre, à l'occasion de sa canonisation.

Dans les trois basiliques mineures : la cathédrale d'Arras, Notre-Dame de Boulogne et Notre-Dame de Saint-Omer, un **triduum solennel** sera célébré au nom de toutes les paroisses de ces villes.

Dans les autres églises, si la fête solennelle n'est que d'un jour, il y aura salut solennel avec prédication dans les deux jours qui la précéderont.

La messe et les vêpres seront du nouveau Saint pendant les trois jours (1). La statue du Saint sera exposée solennellement à la vénération des fidèles, et portée en procession après les vêpres.

Un **grand pèlerinage** sera fait à Amettes,

---

(1) Voir, à la fin de l'Appendice, l'office et la messe, nouvellement concédés.

le pays natal du Saint, dans le mois de juillet, à l'époque de la neuvaine annuelle (1).

La France entière partage cet élan merveilleux que suscite l'admirable Saint, la gloire de notre pays et notre espérance à cette heure douloureuse.

Ainsi l'acte solennel accompli au Vatican, le 8 décembre dernier, trouve un écho dans tous les cœurs chrétiens.

Par la confirmation publique que notre Saint-Père le Pape Léon XIII donnait, en ce jour, aux décrets publiés dans les consistoires du 20 juin et du 11 septembre de cette année 1881, le bienheureux Benoît-Joseph Labre était inscrit au catalogue des Saints honorés d'un culte public et il était admis par la canonisation aux gloires d'un triomphe auquel nul autre hommage ne saurait être comparé.

On pouvait bien dire de cette immortelle glorification du Pauvre volontaire de Jésus-Christ ce que nous lisons dans une brochure imprimée à Augsbourg en 1785, au sujet de ce qui se passa à sa mort : « L'événement merveilleux qui a eu lieu dans la personne d'un mendiant, au milieu de la capitale du monde chrétien, doit être considéré, sans contredit, dans les temps actuels,

---

(1) Mandement de Mgr l'évêque d'Arras, du 25 janvier 1882, n° 184, p. 31.

comme un véritable triomphe pour la religion catholique et la doctrine évangélique. »

Durant sa vie, il fut un homme de pénitence et de mortification, recherchant l'obscurité et ne se plaisant que dans les communications incessantes avec son Dieu. C'est pour cela que le Seigneur l'exalte et nous l'offre comme modèle. Son exemple doit être pour nous un nouvel aiguillon excitant notre zèle et animant notre courage, à une époque où le besoin d'expiation est si grand.

Cet exemple portera certainement ses fruits dans ce siècle livré tout entier à l'orgueil et à l'amour effréné des jouissances et des biens de la terre. Bienheureux les pauvres ! Bienheureux ceux qui pleurent ! Bienheureux ceux qui souffrent ! a dit le Sauveur des hommes. Fidèle aux enseignements de son divin Fondateur, l'Eglise, en proclamant la gloire de la pauvreté et de la pénitence, proteste contre les maximes funestes du monde corrompu et corrupteur. Certes, il n'a jamais été plus nécessaire de rappeler ces vertus chrétiennes, si oubliées et si méconnues de nos jours.

Comme le dit Mgr l'évêque d'Arras dans sa lettre pastorale du 26 mai 1881 : « N'oublions pas que si *le bienheureux enfant d'Amettes* est pour nous un puissant protecteur que nous devons invoquer avec une confiance pleinement justifiée par les prodiges attestant la puissance de son intercession, il est aussi un modèle offert à notre imitation..... Ah ! comme les leçons que présente son admirable vie sont bien appropriées aux besoins de notre siècle ! De toutes parts, quel entraînement vers les biens fragiles et périssables de ce monde ! Et voilà un Saint qui non seulement en a détaché son cœur, mais encore n'a connu que la pauvreté dans ce qu'elle a de plus abject. De toutes parts aussi, quel sensualisme, quelle recherche souvent effrénée de toutes les jouissances qui flattent le corps ! Et voilà un Saint qui, selon l'expression du grand Apôtre, n'a cessé de réduire son corps en servitude et de placer autour de ses membres la mortification de Jésus-Christ.

« De toutes parts, enfin, quel oubli du devoir si essentiel de la prière ! Que de nombreuses profanations du jour qui lui est plus spécialement consacré ! Et voilà un Saint dont la vie n'a cessé d'être embaumée des conversations les plus intimes avec Dieu ! Sans doute, nous ne prétendons pas que ces grandes leçons soient réalisées par tous avec cet éclat qui frappe d'admiration l'univers catholique. Dans la sainteté, comme dans le ciel, où Dieu la couronnera, il y a des degrés différents : *Mansiones multæ sunt*. Mais tous, nous devons retracer les vertus chrétiennes dans une mesure qui soit en rapport avec les grâces reçues de Dieu, dans la condition où sa Providence nous a placés. Puissions-nous donc travailler sans cesse, à l'exemple du bienheureux BENOIT-JOSEPH LABRE, à notre sanctification, et ne perdre jamais de vue l'œuvre capitale de notre salut éternel. »

S'adressant aux fidèles du diocèse d'Arras, ses diocésains, Mgr Parisis disait, en 1860 : « Il a plu à Dieu de susciter du milieu de vous un exemple vraiment merveilleux, qui semble avoir été donné tout exprès à ce siècle sensuel et terrestre, comme une éclatante lumière dans la nuit de son indifférence et comme une énergique protestation contre les abaissements de son matérialisme.....

« Pour l'enseignement et la condamnation de ce siècle, il fallait que tout ce qui est terrestre fût immolé dans Benoît Labre sans que rien échappât au sacrifice, et il fallait que cette sublime leçon fût donnée en public à ce monde trop distrait et trop léger pour apercevoir les mystérieuses austérités qui se pratiquent dans l'intérieur des cloîtres...

« Benoît Labre vivait tellement de cette vie de la foi (la vie surnaturelle) qu'il refusait à la vie des sens tout ce qu'il n'était pas formellement obligé dans sa conscience de leur accorder...

« Benoît pratiqua dans un degré suréminent la mortification et l'humilité, ces deux vertus les plus opposées aux deux plus grands désordres de nos jours, le matérialisme et l'orgueil, monstrueux assemblage de deux excès contraires, le matérialisme qui avilit l'homme jusqu'à la brute, l'orgueil qui prétend le mettre au-dessus de Dieu.

« Dans aucun siècle peut-être, les hommes ne portèrent plus haut qu'aujourd'hui les jactances et les prétentions de l'orgueil ; et voilà qu'en même temps ils se sont empreints du caractère de la bête dont les destinées toutes terrestres passent sans espérance et sans avenir du néant au néant : *Comparatus est jumentis insipientibus.* (Ps. XLVIII, 21.)

« Hélas ! souvent même dans les tendances de l'éducation publique ou privée tout est pour la terre, rien pour le ciel ; tout pour le corps, rien pour l'âme, sinon ce qui se rapporte au corps ; tout pour la jouissance, rien pour la vertu ; tout pour l'homme, rien pour Dieu. Nul ne peut le nier, voilà dans son ensemble le monde de nos jours.

« Eh bien, c'est à ce monde totalement oublieux du vrai bien, parce qu'il est captivé par les fascinations de la bagatelle, que le Seigneur-Dieu présente un modèle qui rappelle et rétablit la vérité des choses, en faisant précisément et rigoureusement tout le contraire. En lui, en Benoît Labre, rien, absolument rien pour le corps, rien pour la terre, rien pour la jouissance, rien pour le monde ; tout pour l'âme, pour la perfection intérieure, pour le ciel, pour Dieu...

« Humilions-nous d'être si loin de ce modèle, même en ce qu'il a d'accessible à notre faiblesse ; efforçons-nous de nous en rapprocher chaque jour par une pratique plus véritable de l'humilité, de la mortification des sens et de la vie intérieure ; enfin fixons souvent sur lui nos regards pour y puiser des lumières et des forces, car il est une des plus fidèles et des plus parfaites représentations du divin exemplaire dont il est dit : « *Aspicientes in auctorem fidei et consummatorem Jesum qui, proposito sibi gaudio, sustinuit crucem, confusione contempta, atque in dextera sedis Dei sedet.* (Hebr., XII, 2.) Ne perdons jamais de vue l'auteur et le consommateur de notre foi, Jésus-Christ, qui, pour arriver, comme homme, à la joie éternelle, a souffert la croix et bravé l'ignominie, et qui, en récompense de ses humiliations et de ses douleurs, est assis pour toujours à la droite du trône de Dieu (1). »

« Voilà, dit Mgr Freppel, voilà un homme qui, de son vivant, était confondu dans la foule, au dernier rang de la société, et, parce qu'il a pratiqué la vertu au degré de l'héroïsme, malgré l'obscurité, nous dirions presque l'ignominie de sa condition, il va recevoir, après sa mort, des honneurs inaccessibles à ceux qui ont paru avec le plus d'éclat sur la scène du monde. Son nom, célébré de bouche en bouche, ira là où n'arrivera

(1) Mandement du 25 janvier 1860, n° 99.

jamais le nom des plus grands génies, et leur louange pâlira auprès de la sienne. Est-il possible de donner au genre humain une plus haute idée de la vertu, c'est-à-dire de ce qui est le tout de l'homme (1) ? »

C'est ainsi que Dieu honore ceux qui le servent.

Il est bien vrai de dire avec Mgr Aniviti : « Benoît-Joseph Labre ne fut pas donné au monde comme un Saint à vertus privées, mais pour faire resplendir aux yeux de tous les vertus évangéliques, selon les besoins des temps présents. Il vécut parmi nos ancêtres et il a été exalté de nos jours, alors que son exemple est encore vivant dans le souvenir de tous, et que le besoin s'en fait plus sentir (2). »

La canonisation a placé sur les autels celui que, durant sa vie, on s'est plu à appeler : le bon pauvre, le pauvre dévot, le pauvre des Quarante-Heures, le saint pauvre, le solitaire au milieu du monde, l'anachorète des cités, le fidèle observateur de l'Evangile, le Saint du siècle, l'homme d'oraison, le modèle des chrétiens, l'humble fidèle de l'Eglise, le nouvel Alexis, un autre saint Roch, un saint François d'Assise par son amour de la pauvreté, un saint Louis de Gonzague par son innocence, un saint Philippe de Néri par son amour de Dieu, un saint Jean de Dieu par sa

(1) Lettre pastorale du 21 novembre 1881.
(2) Il Povero Pellegrino di Amettes (Roma, 1876).

charité envers le prochain, etc. Elle a placé sur sa tête une auréole lui donnant droit désormais aux hommages liturgiques que comporte le culte des Saints, dans sa plus haute expression.

Le modèle des pénitents au xviiie siècle sera invoqué publiquement dans toutes les parties du monde catholique, jusqu'à la fin des temps.

Gloire à Dieu qui a donné à l'Eglise et à la France un nouvel et puissant protecteur!

Reconnaissance au successeur de Pierre, à Sa Sainteté Léon XIII, le Vicaire de Jésus-Christ glorieusement régnant, qui a présenté à l'admiration et à la vénération du monde catholique un modèle accompli de perfection évangélique dans la personne du Pauvre volontaire, du Pèlerin infatigable, de l'incomparable Adorateur de la Victime-Eucharistique. Saint Benoit-Joseph Labre.

Inscrit au catalogue des héros de l'Evangile,
ce saint Pauvre qui n'a fait autre chose
sur la terre que souffrir, prier Dieu,
l'aimer et exercer la charité envers
ses frères, sera honoré et prié
dans les assemblées
des fidèles. Son nom ira
plus loin et durera
plus longtemps
que celui
des glorieux
de la terre.

TROISIÈME PARTIE

LA VIE DE SAINT BENOIT-JOSEPH LABRE APRÈS SA MORT.

> Ils ont paru mourir aux yeux des insensés.
> (Sag., III, 2.)
> Leur mémoire ne périt point.

Les Saints ne meurent point. La mort est pour eux le commencement d'une vie nouvelle. Tandis que les impies, en quittant ce monde, sont frappés d'une mort éternelle, les justes continuent à vivre dans l'Eglise de Dieu.

Au Ciel, où ils jouissent de la suprême béatitude, ils chantent les louanges de la très auguste Trinité dans le concert immense des anges et des élus qui composent la cité bienheureuse.

Sur la terre, ils ne cessent point de répandre leurs bienfaits et ils deviennent l'objet d'un culte spécial parmi les fidèles, pour lesquels ils sont des protecteurs et des modèles. Les **miracles** sont les signes de leur puissante intercession. Leurs **actes**, leurs **paroles**, leurs **maximes**, leurs **prières**, sont recueillis avec un soin jaloux. Les livres qui les contiennent, les panégyriques qui les rappellent servent à l'édification et à la sanctification des âmes. Les **lieux** qui furent **témoins de leurs vertus** perpétuent leur mémoire par des monuments en leur honneur. Les **lettres** et les **arts** concourent à ces manifestations incessantes d'une vie et d'une renommée qui ne doivent point finir. L'**Eglise** célèbre leurs vertus et leur grandeur par la prière dans l'Office divin et en instituant des fêtes en leur honneur. Il n'est pas jusqu'aux insultes des impies ou des mondains ignorants et frivoles, qui ne servent à divulguer la connaissance des Saints et à exciter la dévotion des fidèles, en mettant de plus en plus en évidence ceux qui méritent de partager le sort de Jésus-Christ, notre Sauveur et notre Maître : *Signum cui contradicetur*, le signe de contradiction.

Saint Benoît-Joseph Labre a offert au monde le spectacle de toutes ces admirables manifestations, à un degré suréminent.

Le récit des *miracles* dus à son intercession exigerait des volumes, comme on peut le voir par ce que nous en avons dit dans l'article 2 du chapitre troisième de la deuxième partie.

Ses *actes* sont contenus dans des volumes considérables, manuscrits ou imprimés, donnant en détail ou en abrégé tout ce qui a été fait pour le procès de béatification et de canonisation, et dans les divers ouvrages composés d'après ces documents authentiques et la tradition. Nous nous contenterons de dresser une nomenclature de ces travaux dans le chapitre troisième, intitulé : *Bibliographie du Saint*. Nous espérons pouvoir commencer bientôt la publication des *panégyriques,* qui en sont comme la substance.

Ses *prières* et ses *maximes* montrent parfaitement son esprit. Nous en avons réuni quelques-unes dans le chapitre premier.

Les *lieux* qui conservent son souvenir et ses principales reliques sont en grand nombre. Nous en faisons une énumération forcément incomplète dans le chapitre deuxième.

Enfin, dans le chapitre quatrième, nous plaçons un aperçu des monuments de l'art en l'honneur de saint Benoît-Joseph Labre : Peintures, gravures, médailles, statues, oratoires, etc.

CHAPITRE PREMIER

PRIÈRES ET MAXIMES DU SAINT

> Il faut toujours prier, et ne se lasser jamais. (Luc., XVIII, 1.)
>
> Veillez et priez, afin que vous n'entriez point en tentation. (Matth., XXVI, 41.)

Art. 1. — Prières de Saint Benoît-Joseph Labre.

1° PRIÈRES QUE BENOÎT RÉCITAIT CHAQUE JOUR :

1. *Le matin.*

Dieu, créateur du ciel et de la terre, mon aimable Sauveur, je vous remercie de l'amour immense que vous avez eu, non seulement pour moi, mais pour tout le monde. Je vous aime pardessus toute chose, et je veux vous aimer toute cette journée, ainsi qu'à tous les instants de ma vie ; je vous prie de m'aider à faire votre sainte volonté, et je vous aime continuellement pour les *infidèles* et les *pécheurs*. Je veux vous prier, toute cette journée, pour eux, afin que vous daigniez les éclairer et les faire rentrer dans votre grâce. Je veux encore gagner les indulgences que je peux obtenir, pour délivrer les *âmes du Purga-*

toire. Enfin ayez pitié des *infidèles* et des *pécheurs.* Accordez-moi, ô mon Dieu, votre amour ; imprimez dans mon cœur les marques de votre cruelle Passion. Je vous aime, mon divin Jésus, et je vous donne mon cœur.

Sainte Vierge, préservez-moi, dans ce jour et tous ceux de ma vie, de tout péché, afin que je ne perde point l'amour de mon Dieu, que je veux aimer tous les jours et à tous les moments de ma vie. Je vous rends grâces, Vierge sainte, au nom de tous les fidèles, du grand amour que vous leur portez. Je vous remercie encore pour tous les *infidèles* et pour tous les *pécheurs;* aidez-les, assistez-les, afin qu'ils retournent à leur aimable Dieu. Soyez le secours de tous dans cette journée et toujours. Ainsi soit-il.

2. *Le soir.*

Dieu de bonté, je vous demande pardon, de tout mon cœur, de vous avoir offensé. Seigneur mon Dieu, j'aimerais mieux mourir mille fois que de vous offenser davantage. Mon doux Jésus, je vous remets mon âme, et je vous remercie d'avoir eu pitié de moi durant cette journée. Je veux vous aimer toujours et continuellement dans cette nuit, quoique je dorme. Je remets mon âme entre vos mains. Je vous recommande les *âmes du purgatoire.* Aidez et éclairez tous ceux qui vivent dans les ombres de la mort, soit les *infidèles*, soit les *pécheurs*; je vous prie pour eux. Je vous rends grâces à tout moment, mon divin Jésus, de ce que vous m'avez conservé la vie, afin de vous aimer toujours de plus en plus. Je veux, de tout mon cœur, reposer dans vôtre sainte grâce. Ce cœur que vous m'avez donné, où puis-je mieux le placer que dans le vôtre? C'est là que je le dépose, ô mon doux Jésus ! c'est là que je veux habiter et que je vais prendre mon repos.

Sainte Vierge, je vous remercie de tous les biens que vous m'avez procurés. Je vous recommande les *âmes du purgatoire*. Quoique je dorme, je veux vous aimer et vous remercier pour les *infidèles* et les *pécheurs*; aidez-les, afin qu'ils rentrent en grâce devant votre divin Fils. Enfin, je vous recommande mon âme, et je la remets entre vos mains. C'est sous votre protection, Vierge sainte, que je me propose de dormir. Ainsi soit-il.

2° PRIÈRE D'UN MERVEILLEUX EFFET

dans les temps de fléaux,
de nécessités et de tribulations de toute sorte,
recommandée par
SAINT BENOIT-JOSEPH LABRE (1).

Jesus Christus Rex gloriæ venit in pace. — Deus homo factus est. — Verbum caro factum est. — Christus de Maria Virgine natus est. —

(1) Voir page 61.

Christus per medium illorum ibat in pace. — Christus crucifixus est. — Christus mortuus est. — Christus sepultus est. — Christus resurrexit. — Christus ascendit in cœlum. — Christus vincit. — Christus regnat. — Christus imperat. — Christus ab omni malo nos defendat. — Jesus Nobiscum est. — *Pater, Ave, Gloria.*

Père Eternel, par le sang de Jésus ayez pitié de nous. Marquez-nous avec le sang de l'Agneau immaculé, Jésus-Christ, comme vous avez marqué votre peuple d'Israël, pour le délivrer de la mort; et vous Marie, Mère de miséricorde, priez et apaisez Dieu pour nous, et obtenez-nous la grâce que nous demandons humblement. *Gloria Patri,* etc.

Père Eternel, par le sang de Jésus, ayez pitié de nous. Délivrez-nous du naufrage de ce monde, comme vous avez délivré Noé du déluge universel; et vous, Marie, Arche de salut, priez et apaisez Dieu pour nous, et obtenez-nous la grâce que nous demandons humblement. *Gloria Patri,* etc.

Père Eternel, par le sang de Jésus, ayez pitié de nous. Délivrez-nous des fléaux mérités par nos crimes, comme vous avez délivré Loth de l'incendie de Sodome; et vous, Marie, notre avocate, priez et apaisez Dieu pour nous, et obtenez-nous la grâce que nous demandons humblement. *Gloria Patri,* etc.

Père Eternel, par le sang de Jésus, ayez pitié de nous. Consolez-nous dans les besoins et les tribulations présentes, comme vous avez consolé Job, Anne et Tobie dans leurs afflictions; et vous, Marie, Consolatrice des affligés, priez et apaisez Dieu pour nous, et obtenez-nous la grâce que nous demandons humblement. *Gloria Patri*, etc.

Père Eternel, par le sang de Jésus, ayez pitié de nous. Vous ne voulez pas la mort du pécheur, mais qu'il se convertisse et qu'il vive : par votre miséricorde donnez-nous du temps pour faire pénitence, afin que, corrigés et repentants de nos péchés, source de tous les maux, nous vivions dans la foi, dans l'espérance, dans la charité et dans la paix de Notre-Seigneur Jésus-Christ; et vous, Marie, refuge des pécheurs, priez et apaisez Dieu pour nous, et obtenez-nous la grâce que nous demandons humblement. *Gloria Patri*, etc.

O sang précieux de Jésus, notre amour, criez à votre Père : miséricorde, pardon, grâce et paix pour nous, pour notre patrie (1), et pour tout le monde. *Gloria Patri*, etc.

O Marie, notre Mère et notre espérance, priez pour nous, pour notre patrie et pour tout le monde. *Gloria Patri*, etc.

(1) On peut remplacer *pour notre patrie* par une intention particulière quelconque.

Le pape Pie IX a accordé 100 jours d'indulgence à la récitation de cette prière, à laquelle on ajoute quelquefois :

Immaculée Marie, Mère de Dieu, priez Jésus pour nous, pour notre patrie et pour tous.

Jésus et Marie, miséricorde.

Saint Michel archange, saint Joseph, saint Pierre et saint Paul, protecteurs de tous les fidèles de l'Eglise de Dieu, et vous tous, Anges, Saints et Saintes du Paradis, priez et demandez grâce et miséricorde pour nous, pour notre patrie, pour tous. Ainsi soit-il.

3° ORAISONS JACULATOIRES :

1. Oh! bon Dieu! Oh! bon Dieu!
2. Père Eternel, je vous offre le sang très précieux de Jésus-Christ et les douleurs de la Vierge-Immaculée, sa Mère, en satisfaction pour mes péchés, et en suffrage pour les âmes bénies du purgatoire.
3. O Jésus! mon amour! je vous donne mon cœur.
4. O Jésus, mon Sauveur, souverainement aimable, imprimez votre sainte Passion dans mon cœur.
5. O Seigneur Jésus, assistez-moi partout et toujours!
6. Seigneur Jésus-Christ, ayez pitié de moi, et

préservez-moi des peines éternelles de l'enfer.

7. Refuge des pécheurs, Mère de Dieu, ô Marie, souvenez-vous de moi !

8. Miserere mei, Deus ! miserere mei !

9. O Jésus, mon amour, donnez-moi votre cœur ! O Dieu infiniment aimable, mettez votre Passion dans mon cœur !

10. Loués soient Jésus et Marie ! Qu'ils soient loués à jamais !

11. Loué, remercié et adoré soit à jamais le très saint et très divin sacrement de l'autel.

12. La volonté de Dieu soit faite.

13. Appelez-moi, mon Jésus, afin que je vous voie.

14. Ce que veut le bon Dieu !

Art. 2. — Maximes et sentences de saint Benoît-Joseph Labre.

1° *Dieu.*

1. Si les séraphins se voilent la face de leurs ailes devant Dieu, que ne doit pas faire un ver de terre en présence de cette Majesté !

2. On offense Dieu, parce qu'on ne connaît pas sa grandeur.

3. Qui connaît Dieu, se garde bien de commettre le péché.

4. Dieu nous afflige, parce qu'il nous aime ; et il a grand plaisir quand il nous voit nous aban-

donner sur son sein paternel dans les afflictions.

5. Les chuchoteries et les irrévérences à l'église font perdre le respect à Dieu dans sa propre maison.

6. Les irrévérences à l'église sont des fautes qui déplaisent beaucoup à Dieu, qui font horreur aux anges et qui causent grand dommage à l'âme.

7. La Providence de Dieu ne manque jamais à qui se confie à elle, comme il le doit.

8. Pour nous pourvoir du nécessaire corporel, nous ne devons pas nous inquiéter de l'avenir, suivant l'avertissement du Rédempteur : *Nolite solliciti esse in crastinum*. Dieu qui pourvoit aujourd'hui, pourvoira encore demain.

9. La confiance en Dieu honore Dieu, et fait une douce violence à son Cœur paternel en notre faveur.

10. Ne nous aveuglons pas nous-mêmes. Semons dans la crainte, dans l'amour, dans la vérité et dans la justice de Dieu. Semons pour pouvoir recueillir. C'est Dieu qui fera la moisson; elle doit donc être abondante.

2° *Jésus-Christ.*

11. Quand on pense que nous avons promis au baptême de renoncer à Satan, à ses pompes et à

ses œuvres, pour nous attacher à Jésus-Christ, né dans une étable, privé pendant sa vie d'endroit pour reposer sa tête, et mort cloué sur une croix afin de nous racheter : oh ! alors il est encore trop doux pour nous, misérables pécheurs, de coucher sur la paille, de vivre de racines et de mourir sur un grabat.

12. Que fait ce crucifix dans votre chambre ? Il est là pour juger dans quel état se trouvent les affaires de votre maison, de votre emploi, de votre conscience.

3° *La sainte Vierge, Marie Immaculée.*

13. La très sainte Vierge est, après Jésus-Christ son fils, notre plus puissante avocate **auprès de Dieu**. Nous la prions souvent d'intercéder pour nous à l'heure de notre mort : c'est le salut de ceux qui pensent à ce qu'ils disent en récitant : « *Et à l'heure de notre mort* », et qui le disent avec la disposition où ils voudraient être au moment réel de la mort.

4° *La Grâce.*

14. Nous pouvons tout avec la grâce de Dieu. On peut même rester intact au milieu du feu, comme les trois enfants dans la fournaise de Babylone.

15. On peut tout avec l'aide de Dieu, pourvu qu'on le veuille véritablement.

5° *La Mort.*

16. Nous devons attendre la mort avec courage, la demander avec ardeur, et la recevoir avec amour, parce qu'elle nous délivre des misères de cette vie, met fin à nos iniquités, et nous ouvre l'entrée du royaume de Dieu, que nous avons tant de fois sollicitée en vain, en disant : Que votre règne arrive.

6° *Le Ciel.*

17. Dans ce monde, nous sommes tous en une vallée de larmes ; notre consolation n'est pas ici-bas. Nous l'aurons éternellement en *Paradis*, si nous savons souffrir les tribulations sur cette terre.

7° *Damnation... Enfer.*

18. Il faut méditer souvent les peines de l'*enfer*, pour abhorrer le péché mortel qui nous y précipite pour toute l'éternité, et penser au *petit nombre des élus*, pour se tenir en crainte.

19. Quand il ne devrait y avoir qu'un damné, chacun devrait craindre de l'être.

20. Les malheureux sont seulement ceux qui sont dans l'enfer, et qui ont perdu Dieu pour l'éternité, mais non les pauvres de la terre.

21. La langue est l'instrument de damnation pour beaucoup de personnes.

22. Le défaut d'un bon examen de conscience, d'une vraie douleur ou d'un ferme propos : telles sont les causes des confessions mal faites et de la ruine des âmes.

8° *La vie chrétienne.*

23. On s'habille, on se pare comme les mondains ; on parle, on raisonne comme les gens pieux ; on assiste avec dévotion aux offices, et bientôt après on se livre à des jeux prolongés et passionnés ; on reçoit parfois les saints sacrements, l'on ne hait pas les dissipations et les réunions profanes, on évite également ce qui est contraire à la modestie et à la bonne éducation, et ce qui pourrait contrarier la sensualité : la vie n'est donc ni vicieuse ni pénitente ; mais est-elle chrétienne et sainte ?

24. Vous n'avez, dites-vous, fait aucun mal dans ce repas où vous assistiez : mais sait-on ce qui est mal, quand on n'a, comme vous, aucune idée de la vertu ?... Lorsque, comme vous, on regarde le luxe et le dérèglement comme un usage de mode ?... Lorsque l'on n'a, comme vous, ni

la crainte de Dieu, ni l'amour de son devoir ?...

25. Pour marcher fidèlement et avec un cœur droit dans la vérité, dans la justice, dans la voie des commandements de Dieu, et dans l'amour de Notre-Seigneur Jésus-Christ jusqu'à la fin de nos jours, afin de jouir ensuite d'une récompense éternelle, l'épreuve n'est pas aussi longue pour nous sous la Loi nouvelle, que pour les justes de l'Ancien Testament ; car les justes de l'ancienne Loi eurent à se sanctifier pendant toute la durée d'une longue vie et par la foi au futur Messie. Dieu paraît avoir raccourci le temps de notre vie pour nous procurer plus vite le fruit de notre Rédemption... Certes, je viens bientôt. Amen. Venez, Seigneur Jésus !

9° *La Vérité*.

26. Il n'est jamais permis de dire un mensonge, l'on doit dire la vérité à tout prix. — Le mensonge, même le plus léger, n'est jamais permis, quand même il s'agirait de sauver l'univers ; car l'offense de Dieu est un plus grand mal que la perte de l'univers.

10° *Les Apparences*.

27. Les hommes sont ainsi généralement faits : l'extérieur seul les touche ; c'est d'après les appa-

rences qu'ils jugent presque toujours; pour eux le masque de la vertu est plus nécessaire encore que la vertu elle-même; rarement on vous juge d'après ce que vous êtes, plutôt que d'après ce que vous avez l'air d'être.

11° *La Justice.*

28. Il n'est jamais permis d'employer ou de retenir quoi que ce soit, quand on sait que l'objet a été volé.

29. Dieu jugera nos justices; et toutes ces vertus qui nous flattent seront peut-être un objet de frayeur pour nous au jour du jugement, parce qu'elles avaient pour motif notre propre intérêt ou la vanité, et non la charité.

12° *La Charité.*

30. Dieu regarde tous ceux qui prient dans une église; mais il distingue celui qui surpasse les autres en foi, en charité et en union avec Jésus-Christ.

31. Quand il s'agit de la charité envers le prochain, il faut tout sacrifier. — La charité, la charité: cela ne nous va pas...

13° *L'Obéissance.*

32. Communier par obéissance est chose bien

meilleure et plus agréable à Dieu que s'en abstenir par humilité.

14° *La Pauvreté*.

33. Les commodités ne sont pas faites pour les pauvres.

34. Un pauvre ne cherche pas de lit pour dormir; il s'étend où il se trouve.

35. Les pauvres doivent vivre d'aumônes.

36. Les pauvres ne doivent pas se nourrir de mets délicats.

37. Les pauvres ne doivent pas user de pains entiers, mais de débris de pain.

38. Les pauvres ne doivent pas boire de vin; le vin n'est pas une nécessité. L'eau suffit pour se désaltérer.

39. Les pauvres ne doivent pas être bien vêtus.

40. Les pauvres ne portent pas d'argent en voyage.

15° *L'Humilité*.

41. Qui désire la vraie humilité a deux moyens à employer : l'*oraison mentale*, en méditant la grandeur de Dieu et son propre néant; et la *prière vocale*, en demandant à Dieu cette vertu par les mérites de Jésus et de Marie.

42. Il faut s'humilier, se mépriser soi-même, prier et déposer tout au pied de la croix de Jésus, avoir confiance en la bonté de Dieu, et attendre avec patience et résignation tout ce qui arrive r.

43. Je ne suis rien dans le monde; je ne suis qu'un fardeau inutile sur la terre; je dois penser à rentrer en moi-même, à faire pénitence, à règler mes affaires et à mourir en chrétien. Que Dieu daigne m'accorder cette grâce !

16° *La Souffrance.*

44. Tout ce qu'on souffre pour l'amour de Jésus crucifié est peu de chose.

45. Il faut savoir souffrir.

46. Oh ! Jésus-Christ a tant souffert pour nous !

17° *La Mortification.*

47. La jeunesse est mauvaise, il faut lui mettre un frein.

48. Pour le soutien du corps, il suffit de peu ; le surplus n'est qu'une pâture plus abondante pour les vers.

49. Les pauvres ont besoin comme les autres de mortifier et de dompter la chair.

50. Il faut savoir souffrir.

18° *La Persévérance.*

51. Dans ce monde nous sommes tous pèlerins dans la vallée des larmes : marchons toujours droit par la voie sûre de la religion, dans la foi, l'espérance, la charité, l'humilité, la prière, la patience et la mortification chrétienne, pour arriver à notre patrie du Paradis.

52. Priez et faites l'aumône qui vous purifie de vos péchés et vous fait obtenir la miséricorde et la vie éternelle.

53. Ne cessez pas un seul instant de penser aux *peines éternelles de l'enfer* et au *petit nombre des élus*, et efforcez-vous de vivre toujours dans la crainte de Dieu et dans son amour.

54. Heureux ceux qui font toujours la volonté de Dieu !

55. La pénitence seule peut désarmer la colère de Dieu.

CHAPITRE II

LIEUX OU SE CONSERVENT PARTICULIÈREMENT LE SOUVENIR ET LES RELIQUES DE SAINT BENOÎT-JOSEPH LABRE.

> La mémoire du Juste ne s'effacera point de l'esprit des hommes. (Eccli., XXXIX.)

Art. 1. — En Italie.

I. ROME : 1° Église de SAINTE-MARIE-DES-MONTS (*Santa Maria dei Monti*, ou *Madonna de' Monti*); TOMBEAU DU SAINT, du côté de l'épître, entre la table de communion et le premier pilier; CHAPELLE DÉDIÉE AU SAINT, du côté opposé au tombeau; et, sous l'autel, *statue en cire* renfermant les précieux restes du Saint.

2° Dans la maison des catéchumènes, adjacente à la sacristie de l'église Sainte-Marie-des-Monts : *Précieuses reliques* dans la chapelle intérieure, et *ancien oratoire* dans lequel fut placé le corps du Saint avant l'inhumation.

3° Dans la maison au n° 20, *via dei Crociferi*, près de la fontaine Trévi : CHAMBRE où le Saint vint plusieurs fois voir un de ses directeurs. Le postulateur de la cause l'a transformée en une

Chapelle où il a réuni un très grand nombre des reliques les plus remarquables : des ossements, les vêtements et divers objets qui furent à l'usage du Saint, son rosaire, son chapelet de Notre-Seigneur (*corona Domini*), ses livres de prières, ses passe-ports, son écuelle, son chapeau, ses souliers, ses portraits, etc. Pour la visiter, il faut *s'adresser à Mgr Virili*, qui se montre toujours heureux de satisfaire la dévotion des pieux pèlerins.

4° La Chambre où est mort le Saint, dans la maison du boucher Zaccarelli, *Via dei Serpenti*, n° 3, près de l'église Sainte-Marie-des-Monts. Le coin où était placé le lit est une petite chapelle où se trouve un *ancien portrait du Saint*. La maison est dans son état primitif. On y voit encore des peintures que fit faire Zaccarelli.

5° Églises : Saint-Vincent-et-Saint-Anastase (*SS. Vincenzo ed Anastasio*) près de la fontaine Trévi, Saint-Ignace et la loge du portier au Collège-Romain, les Douze-Apôtres, Sainte-Praxède (*Santa Prassede*), *Santa Maria in aquiro* sur la place Capranica, Sainte-Cécile (*Santa Cecilia*) au Transtévère, *S. Andrea delle Frate, San-Claudio, Santa Dorotea, Santa Maria Traspontina* au *Borgo*, Saint-Jean-de-Latran, Sainte-Marie-Majeure, Saint-Pierre et les autres basiliques, *Ara Cœli*, les chapelles au-dessus de la prison Mamertine, Saint-Théodore, Notre-Dame de Consolation, toutes les églises du Forum, Saint-Sauveur-aux-Monts, Saint-Pierre-aux-Liens, Saint-Martin-aux-Monts, Notre-Dame de Lorette sur la place Trajane, la Trinité-des-Pèlerins, Saint-André et Saint-Sylvestre au Quirinal, Saint-Sébastien au Palatin, Saint-Louis-des-Français, le *Salvatorello,* etc. Il n'y a pas d'église à Rome, dans laquelle le Saint n'ait prié, surtout aux jours de l'exposition des Quarante-Heures.

6° Le Colisée : l'arcade n° 43, derrière la 5° station du chemin de la croix, où devait être placé un monument en l'honneur du Saint, etc., etc.

II. Lorette : 1° La *Santa-Casa ;* 2° les chapelles de la basilique où se retirait le Saint, quand les portes de la *Santa-Casa* étaient fermées : chapelles du Saint-Sacrement, de Saint-François de Paule, etc. ; 3° la galerie au pied du clocher, où il se retira d'abord la nuit ; 4° la porte Marine où il passa souvent, et les madones devant lesquelles il pria ; 5° la petite *chambre* qu'il habita au-dessous d'une boutique située auprès de la place de la Basilique (la dernière à droite avant d'arriver à la place) ; elle est parfaitement conservée, on y voit un petit autel et des images qui rappellent le Pèlerin : en visitant Lorette, nous avons prié avec bonheur dans ce lieu béni et dans l'arrière-boutique, où Benoît édifiait les Sori par ses pieux entretiens ; 6° dans une ferme des environs de Lorette, on conserve une cruche (*truffa*) à laquelle le Saint a bu. Les malades vont boire de l'eau que l'on conserve dans cette cruche ; des guérisons ont été obtenues. Visiter les fermes des environs de Lorette, Récanati, etc...

III. Autres lieux d'Italie : Fabriano, Monte-Lupone où les Clarisses ont conservé le plat dans lequel on a l'habitude d'aller boire un peu d'eau. Assise et Notre-Dame des Anges, Cossignano, Montecchio, Tolentino, Bari, Naples, le Mont Alverne, le Mont Cassin, le Mont *Corona*, Bologne, Milan, Turin, etc.

Art. 2. — En France.

I. Amettes : 1° Eglise paroissiale : gros fragment de rotule du Saint ; paille de la paillasse sur laquelle il est mort ; divers ossements ; portion du cordon de Saint-François, morceau de vêtement et livre de dévotion ; statues et portraits du Saint ; fonts baptismaux ; chaire et confessionnaux ; vieux tableau du purgatoire devant lequel le Saint a prié ; lieu où se trouvait l'autel principal dans le sanctuaire primitif, et l'autel lui-même dans la première chapelle à gauche.

2° Autour de l'église : le cimetière où le Saint priait et où l'on voit la tombe de ses parents.

3° La maison paternelle où le Saint est né : la *chambre* qu'il a habitée au fond du grenier.

l'*escalier* qui conduit au grenier, et, au rez-de-chaussée, la *cuisine* où la famille se réunissait autour de la *grande cheminée* durant les longues soirées d'hiver.

4° Devant la maison : le *champ* dans lequel se trouve, à gauche, un *petit oratoire* construit sur l'emplacement de la grange où le Saint se retirait à l'écart pour prier; à droite, l'*ancien puits* où il puisa de l'eau et un *chemin de croix* monumental que l'on a érigé en souvenir d'une des principales dévotions du Saint, pour consacrer à la prière ce lieu où il s'agenouillait dans son enfance.

5° On peut aussi visiter l'*emplacement* de l'*ancienne école* et de l'*ancien presbytère* où Benoît enfant alla souvent, ainsi que la *maison des Vincent* où il passa plusieurs années de son enfance, et qui est parfaitement conservée à l'entrée du village, au confluent de la Nave et de la Coqueline.

6° Aux environs d'Amettes : Ligny-lès-Aire où l'on montre à l'*église* la place où se retirait Benoît et, derrière l'école, la *maison* bien conservée *du vicaire* chez lequel il demeurait ; Nédon où l'on visite l'église et l'emplacement de l'ancienne école ; Saint-Pol, Erin et Conteville ; Montreuil et Neuville, etc.

7° Arras : relique insigne (le crâne du Saint) et statue...

8° Saint-Omer et Longuenesse... Boulogne : à la cathédrale (Notre-Dame de Boulogne) où le Saint alla en pèlerinage, *rotule du Saint...;* l'ancien couvent des Ursulines.

9° Moulins : à la cathédrale, *reliquaire* contenant une manche de l'habit du Saint et des parcelles d'ossements, de linges et d'objets à son service.

Non loin de Moulins : le monastère de Sept-Fonts, Paray-le-Monial et Autun.

10° Besançon, Dôle, Gray, Maiche, Baume-les-Dames, Saint-Nicolas de Lorraine... Dardilly et Tarare près de Lyon.

11° Saint-Bertrand de Comminges, l'Isle-en-Jourdain, Montpellier, Lunel, Nimes, Avignon, Carpentras, Pierrelatte, Bollène, Arles, Aix, Saint-Maximin, Barjols, Fréjus, Nice, etc...

12° La paroisse de Marçay, à quatre lieues de Poitiers, possède une précieuse relique : une portion du cœur du Saint. On s'y rend de toutes les parties du diocèse pour se recommander au saint Pauvre. La ville de Poitiers, chaque année, fait un pèlerinage, ordinairement présidé par un prélat. Plusieurs beaux panégyriques ont été prononcés à cette occasion.

Art. 3. — En Suisse.

Einsiedeln, Mariastein. Fribourg. Soleure. Lucerne, Zurich. Würenlingen. etc...

Art. 4. — En Allemagne.

Waldshut. Constance, Coblentz. etc...

Art 5. — En Espagne.

Barcelone, Notre-Dame de Montserrat, Manrèse. Burgos. Saint-Jacques de Compostelle. Bilbao, etc...

CHAPITRE III

BIBLIOGRAPHIE DE SAINT BENOÎT-JOSEPH LABRE

> Les nations publieront la sagesse du Juste, et l'Église célébrera ses louanges.
> (Eccli., XXXIX, 14.)

Art. 1. — Actes du procès.

1° Les volumes manuscrits ou imprimés du procès de la béatification et de la canonisation sont la source la plus authentique des documents qui ont servi pour composer les divers ouvrages relatifs au Saint.

Les manuscrits sont contenus dans une quinzaine de gros volumes in-4°, que nous avons pu consulter chez Mgr Virili, à Rome.

Les actes imprimés, de 1787 au 5 avril 1873, forment 5 forts volumes grand in-4° qui ont pour titre : *Romana, seu Boloniensis beatificationis et canonizationis Servi Dei Benedicti Josephi Labre*... Le 1ᵉʳ volume contient 1223 pages, de 1787 à 1807 ; il comprend la discussion relative à l'introduction de la cause et à la validité des procès informatifs ordinaire et apostolique. Le 2ᵉ volume, de 1046 pages, contient les actes du procès sur les vertus, jusqu'en 1828. Le 3º volume, de 998 pages, contient les actes jusqu'en 1842, c'est-à-dire la discussion complète sur les vertus. Le 4º volume, de 816 pages, va de 1848 à 1859; il contient la discussion de trois miracles pour la béatification. Le 5º volume, de 483 pages, va de 1860 au 9 février 1873; il contient la discussion de deux miracles pour la canonisation. Ce dernier volume sera complété par les actes du pontificat de Léon XIII relatifs à la solennité de la canonisation, qui doivent paraître incessamment.

Un savant illustre, M. l'abbé Moigno, chanoine de Saint-Denis, imprime, dans son grand ouvrage *Les splendeurs de la foi*, la traduction des actes relatifs aux miracles de saint Benoît-Joseph Labre. Paris, chez Blériot.

2º Le procès de Lorette est contenu dans deux volumes manuscrits grand in-4º, conservés précieusement dans la bibliothèque de la ville. Grâce à l'obligeance de M. le chanoine de Marcy, nous les avons consultés, en passant à Lorette, au commencement de cette année. Ils portent pour titre :

Romana seu Bolonien. : in Gallia Beatificationis et canonizationis servi Dei Benedicti Josephi Labre processus informativus auctoritate ordinaria fabricatus super vita et virtutibus prædicti servi Dei a Rmo D. Canonico Josepho Antonio

Leonori vicario generali Lauretano, ab Illmo et Rmo D. Ciryaco Vecchioni, Episcopo Lauretano et Recanatensi. specialiter delegato. Laureti. anno 1784.

3° Les manuscrits de Boulogne et d'Autun.

4° Compendium vitæ, virtutum et miraculorum, necnon actorum in causa canonizationis beati Benedicti Josephi Labre, ex tabulario sacrorum Rituum Congregationis. Romæ. typis Vaticanis, 1881. in-4° de 20 pages.

Art. 2. — Actes des évêques de Boulogne et d'Arras.

1° Mgr François-Joseph de Partz de Pressy, évêque de Boulogne, de 1743 à 1789 : 1. Mandement du 3 juillet 1783 ; — 2. Instance auprès de la Sacrée Congrégation des Rites pour l'introduction de la cause; elle est datée du 1er juin 1784. On la trouve à la page 510 du premier volume des actes du procès.

2° Son Eminence le cardinal Ch. de la Tour d'Auvergne : Mandement du 11 décembre 1844.

3° Mgr Pierre-Louis Parisis : 1. Mandement portant promulgation d'un décret apostolique relatif à la béatification du V. B.-J. Labre; du 22 juillet 1859, n° 91 ; — 2. Mandement pour le Carême et instruction pastorale à l'occasion de la béatification du V. B.-J. Labre: du 25 janvier 1860. n° 99 ; — 3. Mandement pour la fête de la translation des reliques du bienheureux B.-J. Labre ; du 2 juin 1860, n° 100 ; — 4. Mandement à son retour de Rome, après la béatification solennelle de Benoît-Joseph Labre ; du 21 juin 1860, n° 101 ; — 5. Lettre pastorale après la célébration des fêtes du bienheureux B.-J. Labre à Arras ; du 19 juillet 1860, n° 102.

4° Mgr Jean-Baptiste-Joseph Lequette : 1. Circulaire pour annoncer la reprise de la cause et la proclamation de la validité des enquêtes sur les nouveaux miracles ; du 19 septembre 1869, n° 33 ; — 2. Lettre portant publication d'un décret concernant la cause de la canonisation du B. B.-J. Labre (la constatation des deux miracles reconnus par le Pape) ; du mois de janvier 1873. n° 80 ; — 3. Lettre annonçant un pèlerinage à Amettes ; du 16 juin 1873, n° 84 ; — 4. Lettre annonçant la canonisation prochaine ; du 21 avril 1880, n° 165 ; — 5. Lettre pastorale sur la prochaine canonisation du B. B.-J. Labre (le 8 décembre 1881) ; du 26 mai 1881, n° 174 ; — 6. Lettre pour solliciter les offrandes pour la prochaine canonisation ; du 7 juin 1881, n° 175 ; — 7. Lettre pastorale à l'occasion de la canonisation du bienheureux Benoît-Joseph Labre et de la clôture du jubilé ; du 25 novembre 1881. n° 181 ; — 8. Lettre rendant compte de la canonisation solennelle : 6 janvier 1882, n. 182 ; — 9. Instruction pastorale sur la canonisation de saint Benoît-Joseph Labre; du 25 janvier 1882, n° 184 (1).

Art. 3. — Vies du Saint et livres divers.

1° Année 1783. — 1. L'enquête sommaire faite par le curé d'Amettes, M. Playoult, et commencée dès le 16 mai 1783, par ordre de Mgr l'évêque de Boulogne, fut souvent imprimée en tout ou en partie.

2. Le *Journal ecclésiastique* de l'abbé Dinouart, fin de 1783 et 1784, renferme de précieux renseignements. Il relate les miracles, en reconnaissance pour un miracle dont il a été l'objet, comme il le dit, en janvier 1784.

3. *Notice* en latin, écrite sur parchemin par les professeurs Marconi et du Pino, et placée dans le cercueil, dans un tube de plomb. On l'imprima en diverses langues aussitôt après la mort du Saint, et un grand nombre d'exemplaires furent distribués. (Voir appendice **3°**, p. 311.)

4. Abrégé de la vie du serviteur de Dieu B.-J. Labre, par J.-B. Alegiani. Août 1783. Il fut traduit de suite en français et en flamand et très répandu. Au mois d'avril 1784, il existait une deuxième édition. Paris, in-12 de 70 pages.

(1) Sous presse : Panégyriques de saint Benoît-Joseph Labre, tome 1er, contenant les décret, bref et bulle de canonisation et les actes épiscopaux. Paris, librairie Saint-Paul, rue de Lille, 51.

5. *Ragguaglio della vita del servo di Dio Benedetto-Giuseppe Labre, francese*, scritto dal suo medesimo confessore. — In Roma 1783. Nella stamperia di Michel'Angelo Barbiellini. Portrait dessiné et gravé par Louis Cunego à Rome, 1783. Les approbations du livre sont, l'une du 26 août, l'autre du 24 octobre 1783. — In-8 de XVI-280 pages, avec un appendice de 18 pages. Cette vie fut traduite en diverses langues : en français en 1784 et en 1785, etc.; en allemand en 1787. C'est ce volume qui a servi pour composer un grand nombre des vies parues jusqu'en 1860, en français.

6. *Preuves sensibles de la protection de Dieu sur l'Eglise de France*, pour faire suite à l'histoire de la *Vie du serviteur de Dieu*. Brochure française de 1783, dont la traduction italienne fut imprimée à Venise en 1784.

7. *Prémices de dévotion envers le vénérable Benoit-Joseph Labre*, né à Amettes, diocèse de Boulogne, en France, le 26 mars 1748, mort à Rome en très grande odeur de sainteté, le 16 avril 1783, et déposé dans l'église de Notre-Dame des Monts. A Paris, chez M. B. Morin, brochure de 45 pages, 1783. — La traduction allemande, imprimée à Augsbourg en 1785, est précédée d'un abrégé de sa vie et terminée par des considérations sur la renommée étonnante du pauvre Pèlerin depuis sa mort.

2° Année 1784. — 1. *Mémoire historique sur la vie du V. Benoît-Joseph Labre*, par l'abbé Vincent, doyen du chapitre de Wallincourt. Il embrasse les vingt-trois premières années du Saint.

2. *Vie de Benoît-Joseph Labre*, mort à Rome en odeur de sainteté, traduite de l'italien de M. Marconi, lecteur du Collège-Romain, confesseur du serviteur de Dieu. Paris, chez Guillot, 1784, in-12 de plus de 216 pages, précédé d'un avertissement de 6 pages, sans nom d'auteur. Sans doute, la première traduction française de la relation de l'abbé Marconi (voir année 1783, 5) par J.-B. Montmignon, chanoine de Paris ; elle est tronquée et inexacte. (Voir, plus bas, année 1785, 3.) Il existe une autre édition du même ouvrage, imprimée à Avignon par François Séguin, en 1784, in-12 de 181 pages et VIII pages pour l'avertissement.

3. *Vie édifiante de B.-J. Labre*, par M. M***. Paris, 1784.

3° Année 1785. — 1. *Le vrai pénitent* ou motifs et moyens de conversion — en 3 volumes qu'on peut relier en deux — par un directeur de séminaire (M. l'abbé *la Sausse*). Chez Périsse le jeune, à Paris, et chez P. Chirac, à Tulle, 1785. Nous possédons les deux premiers volumes reliés en un volume in-12 : 1er vol. 216 pages, et 2° vol. 240 pages. En tête, une gravure par

N.-F. Martinet. Les approbations sont de mars 1783, juillet 1783, avril 1784, janvier 1785. Cette édition in-12, de 1785, est précédée de 24 pages ayant pour titre : *Le vrai pénitent de nos jours*, ou pratiques de vertus pour tous les jours de la semaine, tirées de la *Vie du serviteur de Dieu*, BENOIT-JOSEPH LABRE, composée par M. l'abbé Marconi, missionnaire, son directeur, et de celle qui a été donnée par M. l'abbé Alegiani, chargé de plaider dans la cause pour la béatification. On lit au bas de ce titre : BENOIT-JOSEPH LABRE, de la paroisse d'Amiette, diocèse de Boulogne, en Picardie, est mort à Rome en odeur de sainteté le 16 avril 1783, âgé de trente-cinq ans ; et au bas de la gravure : Benoist-Joseph Labre, né en la paroisse de Saint-Sulpice, diocèse de Boulogne, en France, mort à Rome en odeur de sainteté, le 16 avril 1783. On a imprimé souvent en brochure ces 24 pages, de 1786 à 1826, sous le titre : *Le vrai pénitent de nos jours*.

Une autre édition parut en 1788.

2. *Oraison funèbre du vénérable Benoît-Joseph Labre;* probablement par l'abbé la Sausse. Sujet du discours : Benoît sanctifié par le moyen de l'oraison et glorifié par la vertu de la prière.

3. *Vie et tableau des vertus de Benoît-Joseph Labre*, par M. l'abbé Marconi — traduction nouvelle et complète, par l'abbé Joseph-André Roubaud de Tresséol, 1785. (Voir 1783, 5.) C'est

surtout cette traduction de Marconi, plus exacte que celle du chanoine Montmignon, qui a servi à composer la plupart des vies jusqu'en 1860.

Il y eut à la même époque *une 3ᵉ traduction française de Marconi*, par Maximin Harel.

4º Année 1786. — 1. *Le chrétien pèlerin sur terre* et citoyen de la cité de Dieu et des Saints, ou véritable esprit du serviteur de Dieu Benoît-Joseph Labre, par Améric Mini, prêtre florentin. Rome, 1786.

Cette édition italienne a été traduite en français en 1863.

2. *Relation de la conversion du ministre protestant Jean Thayer*, écrite par lui-même et publiée à Paris en 1786. (Il avait fait son abjuration à Rome le dimanche 25 mai 1783.)

5º Année 1787. — *Précis de la vie du Serviteur de Dieu Benoît-Joseph Labre. français*, décrit par J. Marconi, son confesseur, traduit en allemand d'après la dernière édition de Rome. Augsbourg, 1787. Le même précis in-8º fut imprimé à Cologne.

6º Année 1788. — 1. *Le vrai pénitent*, traduit de l'italien par l'abbé La Sausse; à Paris, chez Périsse, 1788; précédé de la vie du serviteur de Dieu Benoît-Joseph Labre, en 40 pages. (Voir 1785, 1.)

2. *Vie du vénérable Serviteur de Dieu Benoît-Joseph Labre*, par le P. Antoine-Marie Coltraro,

édition italienne, 1788. Les premiers exemplaires parurent sous le nom du postulateur de la cause, le P. Palma. Il en parut une édition en 1807 avec le nom du véritable auteur, le P. Coltraro. — Elle fut traduite en anglais en 1850 et en allemand en 1853. — Cette vie ne semble pas avoir été beaucoup connue en France.

7° Année 1789. — *Le vrai pénitent de nos jours et l'éloge funèbre du vénérable Benoît-Joseph Labre*, par l'abbé La Sausse, traduction italienne, par l'abbé Rovira-Bonnet, curé de Saint-Sauveur-aux-Monts. Naples, 1789.

8° Année 1793. — Long article du journal *La Nation*, 30 mai 1793.

9° Année 1805. — De 1805 à 1839, la maison Lefort, de Lille, a édité neuf fois divers essais de vie du vénérable Benoît-Joseph Labre; elle a édité divers autres ouvrages, en 1816, 1821, 1827, 1860, 1863, etc.

10° Année 1807. — *Vie du vénérable Serviteur de Dieu Benoît-Joseph Labre*, composée par le prêtre Dom Antoine-Marie Coltraro, adressée aux dévots du même serviteur de Dieu. (Date de l'approbation, 6 août 1807.) — C'est le livre paru en 1788 sous le nom du P. Palma. — Il a été réimprimé avec quelques additions à l'occasion des fêtes de la canonisation, en 1881.

11° Année 1817. — *Vie du vénérable Serviteur de Dieu Benoît-Joseph Labre*, sans nom d'auteur.

— Traduction du *Ragguaglio...* de l'abbé Marconi, par M. Paternelle, curé d'Amettes. — Chez Lefort, à Lille.

12° Année 1821. — *Vie de Benoît-Joseph Labre*, nouvelle édition, composée sur des manuscrits inédits. Lille, chez Lefort, 1821. Sans nom d'auteur. C'est un travail de M. l'abbé Decroix, successeur de M. Paternelle à la cure d'Amettes. Volume in-12 de 200 pages, composé à l'aide de la traduction de la vie de Marconi (1785. 3), et des recherches personnelles de M. Decroix.

La 4° édition revue et un peu augmentée parut en 1860, après la béatification, sous le titre : *Le Bienheureux...* etc. (Voir année 1860.)

13° Année 1827. — *Le triomphe de l'humilité dans la vie du vénérable Benoît-Joseph Labre*. — Ce n'est qu'un abrégé de la traduction de Marconi, par l'abbé Roubaud de Tresséol...

La 6° édition, imprimée en 1864, est intitulée : *Le Bienheureux...* etc.

14° Année 1840. — *Petit manuel du chrétien catholique*, pour chaque jour de l'année, tiré des maximes, sentences et exemples des Saints, etc. — Traduit librement du français en allemand, par Silbert. — 2° édition ; à Vienne, en Autriche, 1840.

Il est parlé du Saint dans ce livre une douzaine de fois, on y voit : sa réponse sur le motif de son genre de vie ; son assiduité aux Quarante-

Heures; sa dévotion à Jésus crucifié; son amour pour les humiliations; la continuité de ses oraisons; son application à la présence de Dieu; son aptitude à consoler les affligés; sa confiance et son amour envers Dieu; sa doctrine sur les trois cœurs et sur la confession...

15° Année 1850. — Dans la collection des Vies des Saints et des serviteurs de Dieu, par les Pères de l'Oratoire de Londres : Traduction anglaise de *la Vie du vénérable Serviteur de Dieu Benoît-Joseph Labre,* en italien, par le P. Coltraro. Londres, 1850.

Cet ouvrage anglais fut traduit en allemand par le P. Frédéric Poesl, rédemptoriste, en 1853.

16° Année 1860. — 1. *Vie du Bienheureux Benoît-Joseph Labre,* publiée avec l'approbation de Mgr Pierre-Louis Parisis, évêque d'Arras, de Boulogne et de Saint-Omer. — Arras, chez A. Brissy, 1860. Brochure de 24 pages.

2. *Vie et miracles du Bienheureux Benoît-Joseph Labre,* d'après des documents authentiques et le bref de S. S. Pie IX, par M. l'abbé ***. Paris, chez Camus, 1860. brochure in-18 de 36 pages.

3. *Vie du bienheureux Labre,* surnommé le pauvre pèlerin — brochure in-32 de 128 pages. — Toulouse, 1860.

La même vie, brochure de 64 pages. — Ces

deux brochures se trouvent à Paris, chez Haton.

4. *Le Bienheureux Benoît-Joseph Labre*, né à Amettes en 1748, mort à Rome en 1783. — Sa vie composée sur des manuscrits inédits. Lille, chez Lefort, 1860, in-12 de viii-192 pages, 4e édition. Elle diffère fort peu des éditions précédentes. (Voir année 1821.)

5. *Della vita del Beato Benedetto Giuseppe Labre*, pellegrino francese, data in luce in occasione della sua beatificazione solennizata il di 20 maggio 1860, nella basilica Vaticana. Roma, tipografia forense, 1860, in-4º de 180 pages, sans nom d'auteur (l'auteur est Mgr Silani).

6. *Compendio della vita e virtu del Beato Pellegrino* BENEDETTO GIUSEPPE LABRE, dato in luce nella solennita della sua beatificazione. Roma, tipografia forense, 1860, in-18 de 196 pages. (Comme il n'est que l'abrégé de la vie précédente, nous pensons qu'ils sont tous les deux du même auteur. Mgr Silani). Il a été réimprimé en 1881 avec de légères additions.

7. *Il povero Pellegrino di Amettes owero della vita del B. Benedetto Giuseppe Labre*. Accenni di V. Anivitti. Roma, chez Fiorini, in-32, et chez Gentili, in-8. — (Voir 1866, 1876 et 1881.)

8. Autre vie en italien, sans nom d'auteur; à Monza, chez Paolini, 1860.

9. Discours latin de Mgr Parisis au Pape et réponse de Pie IX en latin, le soir de la béatifi-

cation du vénérable Benoît-Joseph Labre, le 20 mai 1860.

17° Année 1862. — 1. *Vie du Bienheureux Benoît-Joseph Labre,* suivie d'une neuvaine de méditations et de prières, par M. Robitaille, chanoine titulaire de la cathédrale d'Arras. — 2° édition. Arras, 1862. in-24 de 125 pages. (Voir année 1879.)

2. *Le Bienheureux Benoît-Joseph Labre, célèbre pèlerin français;* sa vie, ses vertus, ses miracles, avec l'histoire de la procédure suivie pour sa béatification, par F.-M.-J. Desnoyers, docteur en théologie, membre de plusieurs académies, missionnaire apostolique de la Congrégation du Précieux-Sang. — 2° édition, revue, corrigée et augmentée, 2 vol. in-8°. — Lille, chez Lefort, 1862. Le 1er volume a xx-546 pages, et le 2me 590. L'approbation de Mgr Parisis, qui figure en tête du 1er volume, est du 6 octobre 1856.

18° Année 1864. — 1. *Le bienheureux Benoît-Joseph Labre, ou le triomphe de l'humilité.* 6° édition. Lille, chez Lefort, 1864. in-18 de 106 p. (Voir année 1827.)

2. *Culte du bienheureux Benoît-Joseph Labre,* à l'usage des pèlerins d'Amettes, publié par les soins de Mgr de Billiers, protonotaire apostolique et vicaire général d'Arras. Arras, chez M. Brissy, 1864. brochure in-32 de 40 pages.

19° Année 1865. — *Serie di panegirici in onore*

del B. Benedetto Giuseppe Labre. Decade prima. Roma. coi tipi della S. C. de Propaganda Fide — sans date. — Le P. Virili, postulateur de la cause, nous fit connaître cet ouvrage en 1866.

20° Année 1866. — *L'abrégé de la vie du Bienheureux*, par V. Anivitti, de 1860, fut inséré en 1866 dans les « Biografie sacre et altre analoghe varieta », tipografia Tiberina. (Voir année 1860, 7.)

21° Année 1867. — *Le bienheureux Benoît-Joseph Labre dans le Bourbonnais*, ou LE PAUVRE PÈLERIN dans ses humiliations et dans sa gloire, par M. l'abbé Petitalot, vicaire de la cathédrale de Moulins. Moulins, chez Ducroux et Gourjon-Dulac, 1867, in-12 de 125 pages.

22° Année 1873. — 1. *Vie admirable du bienheureux mendiant et pèlerin Benoît-Joseph Labre*, par Léon Aubineau. Paris, chez V. Palmé, 1873. in-18 de 558 pages. — La 6e édition est de 1882.

2. *Histoire du pèlerinage d'Amettes*, fait en l'honneur du bienheureux Benoît-Joseph Labre. le lundi 7 juillet 1873. Arras, chez A. Planque. 1873, in-8 de 185 pages.

23° Année 1874. — *Vita e considerazioni*. par l'augustinien d'Iorio ; à Naples, 1874.

24° Année 1875. — *Vita del Beato Benedetto Giuseppe Labre*, par D. Ferdinando Apollonio. Venise. in-12 de 105 pages.

25° Année 1876. — 1. *Biographie et autres mé-*

moires en allemand, recueillis par Sig. Della-Piazza.

2. *Il povero Pellegrino di Amettes,* par V. Anivitti, est inséré dans le journal la *Vergine,* année XIII, 1876, et tiré à part en un petit volume in-16 de 68 pages, avec le titre ancien (voir année 1860, 7), 4º édition. Roma. tipografia Guerra e Miri, 1876.

26º Année 1879. — *Vie du bienheureux Benoît-Joseph Labre,* suivie d'une neuvaine, par M. Robitaille, doyen du chapitre d'Arras, 4º édition. Arras, chez E. Bradier, 1879, in-24 de 120 pages. (Voir année 1862, 1.)

27º Année 1881. — 1. *Compendio della vita e virtu di S. Benedetto Giuseppe Labre,* pellegrino francese. Roma, tipografia Gentili, 1881, in-18 de 160 pages. C'est l'abrégé de Mgr Silani, augmenté seulement de quelques pages, relatives aux deux miracles examinés pour la canonisation. (Voir année 1860, 6.)

2. *Il povero Pellegrino di Amettes* owero della vita di S. Benedetto Giuseppe Labre, accenni di Mgr Vincenzo Anivitti, vescovo di Caristo i. p. i. Quinta edizione. Roma, tipografia letteraria, 1881: in-16 de viii-57 pages, avec dédicace de Mgr Raffaele Virili à Mgr Jean-Baptiste Lequette, évêque d'Arras.

3. *Le pauvre pèlerin d'Amettes* ou vie de saint Benoît-Joseph Labre, par Mgr Vincent Anivitti,

évêque de Caryste in part. inf., traduction française par V. D. J. (M. Jacques). Rome, imprimerie Joseph Gentili, 1881, in-16 de x-73 pages.

4. *Vie admirable du saint pauvre Benoît-Joseph Labre*, avec neuvaine en son honneur et notice sur le pèlerinage d'Amettes. Arras, imprimerie de la Société du Pas-de-Calais, in-12 de 120 p. sans nom d'auteur. (L'auteur est l'abbé Laroche, prêtre du diocèse d'Arras.)

5. *Histoire de la canonisation du bienheureux Benoît-Joseph Labre*, avec un guide du pèlerin aux diverses stations de sa vie, par l'abbé Deramecourt, professeur d'histoire au petit séminaire d'Arras. Arras; chez E. Bradier, 1881, in-18 de 360 pages.

6. *Notre pèlerinage à Rome et les fêtes de la canonisation* (1-18 décembre 1881), par l'abbé A. Deramecourt, professeur d'histoire au petit séminaire d'Arras. Arras, imprimerie de la Société du Pas-de-Calais, 1881, in-24 de 115 p.

La 2e édition, augmentée d'un panégyrique du Saint, a paru en février 1882.

7. *Un mendiant français au siècle de Voltaire*. par l'abbé S. Solassol, 5e édition. Paris, chez C. Dillet, 1881, in-12 de xl-283 p.

8. *La vie de saint Benoît-Joseph Labre*, par le P. Coltraro, a été réimprimée en italien, avec quelques additions, à l'occasion de la canonisation, sous le titre suivant : Vita di S. Benedetto

Giuseppe Labre, *scritta dal Padre Anton. Maria Coltraro.D. C. D. G., per cura della postulazione della causa. Roma, tip. dell' Istituto di Pio IX*, 1881.

9. *Le saint pèlerin d'Amettes.* vie populaire de saint Benoit-Joseph Labre, né à Amettes en 1748, mort à Rome en 1783 en odeur de sainteté. A. M. D. G. et M. V. I. H. Paris, à l'imprimerie de l'Œuvre de Saint-Paul, sans date ni nom d'auteur. 14.000 exemplaires ont été vendus en moins de six mois. In-18 de 144 pages, avec portrait du Saint.

Le même ouvrage, édition illustrée de 4 portraits du Saint et de 2 plans. Paris, imprimerie de l'Œuvre de Saint-Paul, 1882.

10. *Voyage au pays natal de saint Benoît-Joseph Labre* ou guide du pèlerinage d'Amettes, orné de deux portraits du Saint et de trois plans, par A. C. (S. M.). Librairie Saint-Paul, 1881.

28° Année 1882. — *Neuvaine ou triduum* en l'honneur de saint Benoît-Joseph Labre, pour implorer son patronage dans les infirmités, ou dans toute autre tribulation, par A. C. (S M.). Paris, imprimerie Saint-Paul, 1882.

On trouve des vies abrégées du Saint ou de simples notices dans les histoires de l'Eglise, les dictionnaires historiques, les vies des saints, etc.

La presse s'est occupée du Saint dans diverses circonstances.

Pendant quelques années, après sa mort, il s'écrivit un grand nombre d'articles dans les journaux et les revues du temps. A l'époque de la béatification, il en fut encore beaucoup question, surtout dans les publications françaises. Il n'est point de journal, point de revue qui n'en ait parlé dans le courant de l'année 1881. Les semaines religieuses des mois de novembre et de décembre renferment de nombreux articles qui ont pu éclairer les sectaires impies dont les insolences ne peuvent s'expliquer que par l'ignorance et les préjugés.

Il existe un certain nombre de discours, lettres, panégyriques, prières, cantiques. etc.. qu'il serait bon de réunir en volumes. C'est un travail que nous serons heureux de faire comme complément de la vie du Saint, si les personnes qui en possèdent veulent bien nous aider à mettre à exécution ce dessein, que nous croyons de nature à glorifier le Saint et à faire du bien aux âmes.

CHAPITRE IV

PORTRAITS DU SAINT, IMAGES, GRAVURES, STATUES, MÉDAILLES, ORATOIRES, ETC.

> Le nom du Juste sera honoré
> de siècle en siècle.
> (Eccli., XXXIX, 13.)

1° **Peintures.** — Plusieurs peintres ont fait le portrait de saint Benoît-Joseph Labre de son vivant. Les principaux sont : And. BLEY, peintre lyonnais, CAVALLUCCI et CARICCHIA... On ne sait point où se trouvent les tableaux originaux.

En 1783, Bley écrivait à son frère : « Le seul portrait ressemblant qu'on ait fait est celui que j'ai mis entre les mains d'un des plus habiles graveurs d'Italie (Dominique Cunégo). Tous ceux qui connaissaient Benoît-Joseph Labre depuis longtemps ont été attendris en le voyant, et plusieurs l'ont baisé avec respect ; tous m'ont dit que j'avais un trésor entre les mains. » On croit que ce tableau fut envoyé à Mme Louise de France, carmélite du monastère de Saint-Denis.

Le peintre Marien Rossi examina bien le

Saint à Rome et il en fit, en peinture, un portrait assez ressemblant.

A Saint-Blaise d'Argenta, au diocèse de Ravenne, en 1773, on dessina son portrait en cachette et il en circula des reproductions que l'on disait ressemblantes.

A Metzerlen, près de Mariastein, un peintre verrier fit aussi son portrait à la dérobée en 1776. Ce portrait appartint d'abord aux personnes qui avaient logé le Saint, puis aux Bénédictins de Mariastein. Il fut enfin porté à Rome par Mgr Eugène Lachat.

A Sainte-Marie-des-Monts un peintre, chargé de faire, à la sacristie, le portrait du Saint dans la bière, eut à peine le temps d'en dessiner les principaux linéaments.

Le graveur Bombelli fit aussi son portrait pour le graver, aussitôt après sa mort.

Il existe à Rome diverses peintures, particulièrement chez Mgr Virili. Le peintre Gagliardi a représenté le Saint au Colisée. Le masque de la figure du Saint lui a servi pour faire la tête. Les nombreux portraits sont tous très différents les uns des autres.

Les meilleures peintures que nous connaissions sont :

1° A Rome : un petit portrait, chez dom Marcello, au Vatican; le tableau de l'autel de Sainte-Marie-des-Monts ; les divers tableaux offerts au

Pape par la postulation ; un portrait dans l'église des Pères du Sacré-Cœur d'Issoudun, sur la place Navone (on le dit fait par le P. Raphaël, capucin, pendant que le Saint se tenait à la porte de l'église avec les pauvres. Il aimait à aller dans cette église, qui est l'ancienne église de Saint-Jacques-des-Espagnols).

Zaccarelli fit représenter sur plusieurs toiles les diverses scènes de la vie de Benoît, ayant quelque rapport avec sa famille ; il en tapissa la chambre où il était mort. C'est là qu'on les voit encore. Ces peintures sont tout à fait ordinaires.

2° A Lyon, un magnifique portrait, chez M. Dumas, directeur de l'école des Beaux-Arts. Ce tableau vient de Rome. Il a certainement été fait du vivant du Saint.

3° A Paris, une belle peinture représentant le buste du Saint, en ovale. Elle a appartenu au très regretté M. l'abbé Baron, l'un de nos plus zélés aumôniers militaires. C'est un portrait peint du vivant du Saint. Le beau cadre qui l'accompagne est de la fin du siècle dernier ; il prouve clairement que le tableau a dû avoir, à l'origine, une haute destination.

Nous avons fait reproduire par un des meilleurs lithographes de Paris cette figure dont l'expression de noblesse, de modestie et d'union à Dieu caractérisent parfaitement le saint Pauvre de Jésus-Christ, celui dont on disait : « *Heureux Benoît ! Qui sait ce que tu vois dans la lumière divine ?* »

M. Poupin, rue de la Vieille-Estrapade, possède une toile qui semble être une ancienne copie du portrait peint par Cavallucci.

Il existe en outre, en France, en Italie, en Allemagne, une foule d'autres peintures, toutes plus ou moins singulières.

II° **Images et gravures**. — Les gravures, les lithographies, les chromolithographies et les photographies de saint Benoît-Joseph Labre sont sans nombre. La postulation possède à elle seule plus de cent planches gravées de toutes grandeurs. Il n'y a pas de marchand d'estampes qui n'ait quelque sujet.

Les premières gravures sont de Cunégo : l'une, fort grande et fort belle, est la reproduction du portrait peint par Bley. Elle fut gravée en 1783 et porte au bas les inscriptions : *And^s Bley Lugdunensis ad vivum depinxit anno 1771. Dominicus Cunego sculp. Romæ 1783 (proprietas postulationis causæ).*

Une autre, qui se voit en tête de la vie du Saint par Marconi, de 1783, porte inscrit au bas : *Romæ, apud Michael Angel. Barbiellini, Aloysius Cunego del. et sculp. Romæ 1783.* C'est un type tout différent du premier ; il rappelle un peu le portrait de l'abbé Baron.

Diverses gravures ont été faites pour la béatification et la canonisation. On a surtout gravé les tableaux de Gagliardi et ceux des autres peintres modernes qui ont reproduit diverses scènes de la vie du Saint : Benoît priant au Colisée ; Benoît distribuant l'aumône aux autres pauvres ; l'apothéose du Saint, etc.

L'austère Pèlerin était en telle vénération, dès la fin du siècle dernier, en France, en Italie, en Suisse, en Belgique, en Allemagne, etc., que dans un grand nombre de familles on se faisait gloire d'avoir son portrait.

III.° **Statues et médailles.** — 1. Les STATUES de saint Benoît-Joseph Labre sont nombreuses, surtout depuis la canonisation. Chaque marchand possède des modèles très différents.

Aussitôt après sa mort, Zaccarelli fit mouler son masque par le sculpteur François Tedeschi. La postulation en possède le moule aujourd'hui.

Le masque servit à faire une belle statue en cire, en 1783.

L'orfèvre Orlando Baladi fit un buste en argent de grandeur naturelle.

On admirait, chez un marchand, un buste en cire, de grandeur naturelle, avec un livre à la main ; on le trouvait fort ressemblant. Il fut reproduit à un grand nombre d'exemplaires. C'est sans doute un de ces bustes que le chanoine Glutz, qui se trouvait à Rome en 1783, peu après la mort du Saint, rapporta à Soleure, où on le voit aujourd'hui dans le réfectoire des religieuses à l'hôpital civil, où le Saint logea.

Dans l'église du Sacré-Cœur, à la place Navone, à Rome, on vénère une statue qui a été donnée par Mgr Virili.

Sous l'autel de la chapelle du Saint, à Sainte-Marie-des-Monts, on voit une belle statue en cire renfermant les reliques.

Une autre belle statue en cire se trouve sous l'autel de la chapelle dédiée au Saint, dans la maison de la *Via dei crociferi*, n° 20, où il pria.

Parmi toutes les statues qui se vendent à Paris, celle de M. Pillet, rue de Sèvres, 14, nous a paru la meilleure. C'est celle qui nous rappelle le mieux la piété, la simplicité, la modestie du Saint, en même temps que sa gravité et sa noblesse.

M. Giacometti, directeur des musées du Vatican, a fait le projet du monument qui devait être placé au Colisée, en mémoire du Saint, au lieu même où il passa souvent les nuits en prières.

2. Les Médailles de saint Benoît-Joseph Labre sont très connues. On en frappa aussitôt après la mort du saint Pèlerin. La postulation en a fait frapper plusieurs à l'occasion de la béatification et de la canonisation.

Celles de M. Coltat, à Paris, ont été faites à l'aide des documents les plus authentiques, fournis par le postulateur de la cause.

IV° **Oratoires et travaux d'art.** — Peu après la mort de Benoît, et pour honorer sa mémoire, la princesse de Croï fit construire une chapelle à Erin, sur le lieu même où le Saint avait logé dans le presbytère. Cette chapelle fut mise sous le vocable de Notre-Dame auxiliatrice.

A Carpentras, on construisit aussi une chapelle, pour honorer le saint Pèlerin, dans le quartier qui porte encore son nom.

A Aix, on a placé un petit oratoire au quartier de Chicalon où logea le Saint, en attendant qu'on y construise une chapelle en son honneur.

A Tarare, diocèse de Lyon, la famille Chapiron a fait placer un vitrail du Saint dans l'église neuve.

A Ouasy-le-Verger, dans le diocèse de Cambrai, on voit, à l'église paroissiale, un beau vitrail, exécuté par M. Claudius Lavergne, d'après le portrait du Saint que possède M. Dumas.

Une chapelle sera dédiée à saint Benoît-Joseph Labre dans l'église du Vœu national au Sacré-Cœur, à Paris.

Depuis l'époque de sa béatification, le Saint était vénéré à Paris, d'une manière toute spéciale, dans une chapelle de la rue de la Tombe-Issoire, et à l'église Saint-Gervais.

A Amettes, l'église paroissiale a été agrandie et décorée de belles peintures, pour honorer le Saint, qu'on y vénère d'une manière toute spéciale.

De magnifiques RELIQUAIRES ont été faits pour exposer à la vénération des fidèles les précieux restes du saint Pauvre évangélique. Un des plus beaux est celui qui a été offert à Sa Sainteté Léon XIII, par Mgr Virili, à l'occasion des fêtes de la canonisation. Il est tout en argent massif, avec contours à feuillages, sur fond d'arabesques dorées. Deux anges soutiennent la thèque centrale entourée de pierreries, au-dessus de laquelle est placée l'image du Saint en camée et ornée de rubis, d'émeraudes, de topazes et d'améthystes.

La fête de saint Benoît-Joseph Labre se célèbre le jour anniversaire de sa mort, le 16 avril.

AMETTES est visité par de nombreux pèlerins durant toute l'année, et particulièrement au mois de juillet. Le plus grand concours a lieu, chaque année, pendant la neuvaine solennelle qui se fait dans ce mois. C'est à cette époque que l'on y célèbrera, cette année, les fêtes de la canonisation de ce Saint incomparable.

POUR LUI LA TERRE NE FUT RIEN ;
IL NE PENSAIT QU'AU CIEL,
LA VRAIE PATRIE.

A. M. D. G. et M. V. I. H.

FIN.

APPENDICE

1° Extraits des registres paroissiaux de la paroisse Saint-Sulpice d'Amettes, aujourd'hui aux archives de la mairie.

1. Extrait de baptême du Saint.

PROCÈS-VERBAL

L'an mil sept cent quarante-huit le vingt-sept mars le soubsigne maitre François Joseph Labre pretre vicaire d'Ames a batize un fils ne le jour precedent en legitime mariage de Jean Baptiste Labre marchand mercier et d'Anne Barbe Gransir ses pere et mere de cette paroisse auquel on a impose pour nom Benoit Joseph. Le parrein a este le dit maitre François Joseph Labre baptizant du consentement du sieur Rean cure d'Amettes et la marreine Anne Theodore Hazembergue femme de Jacques François Vincent laboureur derant en cette paroisse lesquels interrogez s'ils sçavaient ecrire de ce interpellez ont repondu le sçavoir.

Anne Theodore HAZEMBERGUE.

F. J. Labre, p^{tre} vicaire d'Ames.

(Textuel, registre pour l'année 1748.)

2. Extrait de baptême d'un frère du Saint.

L'an mil sept cent cinquante-huit, le vingt et un de may environ neuf heure du matin, est nee un guarson en legitime mariage de Jean Baptiste Labre et Anne Barbe Gransire, laboureurs et vivants de leur bien en cette paroisse d'Amette, le meme jour a ete baptise par moy curé du dit Amette susnommé, et nommé Denis Joseph par Benoit Joseph Labre son frere et Marie Rose Delerue parein et mareine qui de ce interpelle; ont declare ne scavoir ecrire mais seulement faire leur marque.

Marque de Benoit   Marque de Marie
Joseph + LABRE   Rose + DELARUE

J. F. Leprestre, p^{tre}

(Textuel, registre pour l'année 1758.)

3. *Extrait de baptême du dernier frère du Saint.*

L'an mil sept cens soixante huit le trois de mars je sous signe vicaire ay baptise un garçon ne le meme jour vers les trois heures apres midy du legitime mariage de Jean Baptiste Labre et d'Anne Barbe Gransire menagers demeurans à Amettes auquel on a impose le nom d'Augustin Joseph. Les parrain et marraine ont été Benoit et Elizabeth Labre frere et sœur du nouveau baptise tous deux de libre condition et habitans du dit Amettes Lesquels de ce interpelles de signer la marraine a dit ne savoir écrire.

Benoit-Joseph LABRE.

Theret, p^{tre} v

(Textuel, registre pour l'année 1768.)

2° **Attestations diverses**.

1. Certificat du curé d'Amettes.

Nous soussigné, curé de la paroisse de Saint-Sulpice en Amettes diocèse de Boulogne certifions que le hommé Benoît Joseph Labre notre paroissien né de parents vertueux, d'une conduite irréprochable et de très bonne renommée, ayant passé la plus grande partie de sa jeunesse chez le prêtre curé d'Erin son oncle, s'est toujours comporté d'une manière édifiante, s'approchant des sacrements, assistant régulièrement aux divins offices, gardant une parfaite soumission à ses parents et supérieurs, et ne fréquentant que d'honnêtes compagnies, donnant partout des marques de piété, de modestie, de docilité, d'intégrité et de probité, se rendant aimable et sociable avec ses compagnons, et à nous estimable et recommandable.

En foi de quoi nous avons signé ces présentes, au dit Amettes ce jour d'hui, vingt quatre aoust mil sept cens soixante sept.

J. THÉRET, *prêtre v.*

2. Certificat du curé et du vicaire de Ligny-lès-Aire.

Nous pretres, cure et vicaire, soussignes, certifions a tous, que Benoit Joseph Labre ne de bons et vertueux parents est un garçon de bonnes mœurs, d'une vie reguliere et edifiante, d'un caractere doux et flexible, frequentant les sacrements, aimant l'etude, et ne trouvant de plaisir que dans l'eloignement du Monde. De si belles qualites nous engagent de lui donner cette attestation, avec d'autant plus de plaisir, que nous sommes persuades qu'il ne nous dementira jamais.

A Ligni, le 25 d'Aoust 1767.

LARDEAU, *cure de Ligni*
DU FOUR, *prêtre vic. du dit lieu.*

3. *Certificat des Chartreux de Longuenesse.*

Nous, frère Georges Kenler, prieur de la Chartreuse du Val de Sainte-Aldegonde, près la ville de Saint-Omer, diocèse de Saint-Omer, certifions et attestons à quiconque appartiendra, que le vénérable serviteur de Dieu, Benoît-Joseph Labre, s'est vraiment présenté à notre dite Chartreuse en qualité de postulant, il y a environ dix-sept ans; mais que la communauté n'ayant pas alors besoin de novices, il lui fut conseillé d'apprendre le chant et d'étudier la dialectique, et d'aller ensuite se présenter à la Chartreuse de Montreuil-sur-Mer. Nous attestons, en outre, que le Serviteur de Dieu, n'ayant pas même logé dans le couvent, le prieur de ce temps-là, D. Bertin Rifflart, aujourd'hui notre coadjuteur, ne le vit pas même et que D. Cyrille Piéfort, le seul des religieux actuels de la Maison, qui le reçut dans sa cellule et l'entretint quelque temps, déclare qu'il lui sembla *un jeune homme d'une grande modestie*. En foi de quoi nous avons signé le présent certificat, et nous y avons apposé le sceau ordinaire de notre couvent.

A la Chartreuse du Val de Sainte-Aldegonde, en ce jour, le 11 du mois de février 1784.

Place + du sceau. Frère Georges, Kenler, *prieur*; frère Bertin Rifflart; frère Cyrille Piéfort.

(Extrait du procès informatif de Boulogne [1781] p. 246)

4. *Extrait du registre sur lequel le portier de l'abbaye de la Trappe inscrit les noms des postulants qui se présentent pour embrasser la réforme de ce monastère.*

Benoît-Joseph Labre, natif de la paroisse d'Amettes, diocèse de Boulogne-en-Artois, âgé de vingt ans environ, s'est présenté pour religieux de chœur le vingt-cinq novembre mil sept cent soixante sept.

Nous soussigné, frère Théodore, abbé du monastère de Notre-Dame de la Trappe, de la stricte observance de l'Ordre de Cîteaux, dans le diocèse de Séez, attestons à qui il appartiendra, que l'extrait ci-dessus est pris exactement du registre, sur lequel le Religieux portier, chargé de recevoir les étrangers, inscrit les noms des postulants, qui se présentent pour être les compagnons de notre pénitence. Nous attestons, en même temps, qu'aucun de nos solitaires n'a connaissance de ce que peut avoir dit ou fait le vénérable Benoit-Joseph Labre pendant le temps de son séjour à la Trappe, qui ne peut avoir été que très court, pour avoir été renvoyé comme n'ayant pas l'âge requis. En foi de quoi nous avons donné la présente attestation, signée de notre propre main et munie de notre sceau.

A l'abbaye de la Trappe, le 7 décembre 1783.

Place + du sceau.

F. Théodore, *abbé de la Trappe.*

(Extrait du procès informatif de Boulogne [1784,] page 247.)

5. *Attestation du R. P. François-Joseph-Henri Cappe, prêtre profès et procureur de l'Ordre de Saint-Bruno.*

J'ai bien connu le serviteur de Dieu, Benoit-Joseph Labre, pour avoir passé avec lui environ six semaines dans la susdite Chartreuse de Neuville, près de Montreuil..... Pendant les deux séjours qu'il fit à la susdite Chartreuse, il fut toujours regardé, tant par ses égaux que par ses supérieurs et par les autres

personnes, comme un homme qui menait une *vie
exemplaire et édifiante.*

(Extrait du procès de Boulogne en 1784, pp. 215 et 216.)

6. *Extraits des registres de Sept-Fonts et certificat du cellerier.*

1° Extrait du registre public du monastère de Sept-Fonts.

Benoît-Joseph Labre, après avoir passé le temps requis dans l'hôtellerie et au noviciat, après avoir fait, le deux de ce mois de novembre, sa demande de l'habit, en chapitre, prosterné devant nous, frère Dorothée Jalluots, abbé, en présence de toute la communauté, est entré en épreuve le onze, revêtu de l'habit de novice de chœur, sous le nom de frère Urbain, et a souscrit avec Nous et notre Secrétaire...

2° Extrait du registre du noviciat.

Benoît-Joseph Labre renvoyé à cause de ses peines d'esprit, qui donnaient à craindre pour sa tête, était un bon sujet, pieux, laborieux. Il quittait la maison avec grand regret...

3° Certificat du Père cellerier de Sept-Fonts.

Je soussigné religieux cellerier de l'abbaye royale de Notre-Dame du Saint-Lieu, dit Sept-Fonts, de l'étroite observance de l'Ordre de Cîteaux, certifie que M. Benoît-Joseph Labre, natif d'Amettes, diocèse de Boulogne-en-Artois, âgé d'environ vingt-deux ans, est arrivé dans le monastère le 28 octobre dernier, qu'il y a resté jusques à ce jour en qualité de Novice de chœur, sous le nom de frère Urbain, qu'il s'y est toujours bien comporté, et qu'il n'en sort aujourd'hui qu'à cause que sa santé ne lui permet pas de soutenir les austérités qui s'y pratiquent, ayant même été malade pendant plus de deux mois.

En foi de quoi, le présent certificat lui a été délivré.

Fait à Sept-Fonts, le second juillet mil sept cent soixante et dix.

F. DOMINIQUE, *cellerier*.

3° Procès-verbal des funérailles.

A la requête de M. R. P. D. Gaëtan Palma, recteur du Collège de Sainte-Marie-aux-Monts, à Rome, de la Vén. Congrégation des Pieux-Ouvriers, je soussigné, notaire public, me suis transporté, en compagnie du très révérend M. Luc-Antoine Coselli, chanoine, promoteur fiscal et secrétaire du tribunal du vicariat de Rome, vers la vingt-deuxième heure du jour ci-mentionné, en l'église de la bienheureuse Vierge Marie, annexée au collège même. Etant arrivé et étant entré à très grande peine, à cause de la foule, par la petite porte qui, d'un côté, conduit à la sacristie par un corridor et, d'un autre côté, donne accès à l'église elle-même, je trouvai au milieu du dit corridor un cadavre humain, posé sur des tréteaux, revêtu du vêtement blanc, dont se servent les frères de la vénérable confrérie de Notre-Dame-des-Neiges, ceint d'un cordon propre à ce costume et les mains en croix sur la poitrine, n'exhalant aucune odeur, ni bonne ni mauvaise.

Pour éviter la multitude du peuple qui se pressait, M. le chanoine Coselli, en vertu des pouvoirs qu'il avait reçus de Son Eminence le cardinal Marc-Antoine Colonna, vicaire de Rome, ordonne aussitôt que l'on transporte le corps, sur le brancard, dans la sacristie qui est proche; ce qui fut fait immédiatement avec l'aide des soldats.

La porte de la sacristie étant fermée, on procéda à la reconnaissance du cadavre en présence des divers témoins, savoir : le sus-nommé M. R. P. D. Gaëtan Palma, recteur, M. P. D. Blaise Picillo, les frères Michel Triscitto, François Bagnagatti et Camille Siméoni, tous trois religieux du dit collège, le R. D. Joseph Marconi, le R. D. Annibal Albani, l'illustrissime comte Jacques Piccini, le sieur Paul Mancini, le sieur François Zaccarelli, le sieur Pierre Sensoli :

Lesquels tous, après avoir bien vu et considéré attentivement le dit cadavre, affirmèrent, sous la foi du serment, que c'était le *Corps du Serviteur de Dieu*, BENOIT-JOSEPH LABRE, lequel ils avaient bien connu pendant qu'il vivait, et dont l'âme, comme ils le croyaient pieusement, avait passé au repos éternel, vers une heure de nuit, le mercredi 16 du mois d'Avril courant, dans l'habitation voisine du sieur François Zaccarelli; et ils en donnèrent pour preuve qu'ils lui avaient parlé souvent durant sa vie et qu'ils avaient traité familièrement avec lui; M. Marconi ajouta, en outre, qu'il avait entendu ses confessions sacramentelles pendant un espace de temps notable, et M. Mancini attesta que, depuis longtemps, le même Benoit avait pris son repos la nuit dans son hospice, destiné aux pauvres.

La reconnaissance du cadavre étant finie, de manière qu'il ne fût plus possible de douter de son identité, par ordre du très révérend Monsieur le chanoine Coselli, vu la foule des gens dont la sacristie était remplie, il fut transporté, enveloppé dans un linceul, sur le brancard, dans la chapelle particulière voisine.

Les soldats ouvrirent le passage. On plaça le corps sur deux bancs préparés d'avance ; là il fut mesuré par un menuisier, qui le trouva long de sept palmes et cinq pouces. Ensuite les assistants, et particulièrement le sieur Joseph Chigi, chirurgien appelé pour cela, firent des expériences; ils s'aperçurent et reconnurent que le corps était, en toutes ses parties, flexible, palpable et sans le moindre indice de corruption.

Après qu'on l'eut dépouillé de ses vêtements avec la décence convenable, pour le changer de chemise, il fut nécessaire de le soulever dans sa partie supérieure. Les frères Michel Triscitto, François Bagnagatti et Camillle Siméoni le placèrent de manière à ce que la partie inférieure restant étendue sur les bancs, la partie supérieure eût la position d'un homme assis. Il arriva alors que le corps étant soutenu par les épaules par le frère François Bagnagatti, il sembla que le cadavre saisissant, de la main gauche, le bord du banc, supportait, comme naturellement, le poids du corps.

Les assistants, ayant observé ce fait et voulant s'assurer s'il n'était pas arrivé par hasard, penchèrent un peu le corps sur le côté gauche; la même main resta encore attachée, jusqu'à ce qu'on la retirât du banc. Ayant ainsi enlevé la main de cette position, et le corps ayant été aussi un peu tourné vers la droite, on l'éleva de nouveau dans la position d'un homme assis et on le vit, pour la seconde fois, saisir la même extrémité du banc, et il parut soutenir le corps comme auparavant, c'est-à-dire se tenir droit avec les doigts repliés au-dessous du banc et avec le pouce et l'index au-dessus, comme un homme vivant l'aurait fait.

Quelque temps après, on leva sa main et on reconnut que les doigts étaient flexibles et pouvaient se distendre, comme il a été décrit plus haut. Cette particularité fut manifeste pour tous les assistants, parmi lesquels étaient le R. P. Palma, recteur, les frères Michel Triscitto, François Bagnagatti et Camille Siméoni, le R. M. Joseph Noël du Pino, missionnaire urbain, le très illustre M. Fidèle Retagliati, avocat, les susdits : le R. M. Marconi et M. Paul Mancini, le R. M. Marc-Antoine Colonna, le R. M. D. Michel-Ange Bove, le R. M. D. Jean-Pierre Paul de Lunel de la Rovère, M. Mathieu Angeletti et plusieurs autres.

On revêtit ensuite le dit corps d'un nouveau vêtement des confrères de la dite confrérie de Notre-Dame-des-Neiges, on le ceignit d'un nouveau cordon propre à ce vêtement, et, lui ayant croisé les mains, on l'enveloppa d'un linceul et on le mit dans une bière préparée d'avance. Cette bière était faite de bois de châtaignier ; elle était longue de huit palmes et sept pouces, large, vers la tête, de deux palmes et cinq pouces, et haute d'une palme et sept pouces : sa largeur était, vers les pieds, d'une palme et deux pouces et demi, et sa hauteur d'une palme et deux pouces.

On plaça, aux pieds du cadavre, un tube de plomb environné d'un ruban de soie, de couleur violette, arrêté avec de la cire d'Espagne rouge, portant l'impression du sceau de Son Eminence révérendissime Mgr le cardinal-vicaire susnommé. On renferma dans ce tube un parchemin souscrit par le dit révérendissime M. le chanoine Coselli et par moi Notaire, etc., et portant l'éloge qui suit :

Anno Domini 1783, indictione 1ª, die vero 20ª mensis Aprilis, sedente sanctissimo Domino nostro Pio, divina Providentia Papa sexto, Pontificatus sui anno nono,

Benedictus Joseph, Joannis Baptistæ Labre et Annæ Barbaræ Grandsir filius, natus in parœcia Sancti Sulpicii *d'Amettes*, diœcesis Boloniensis in Gallia, die 26ª Martii 1748, post egregie exactam adolescentiam sub disciplina Patrui sui Parochi *d'Erin*, arctioris vitæ desiderio flagrans, die 28ª octobris an. 1769 in regali abbatia Sanctæ Mariæ Septem Fontium Cisterciensium monachorum strictioris observantiæ ad tyrocinium inter Clericos receptus est.

Sed cum propter Vitæ austeritatem in morbum incidisset, hoc ultra duos menses patienter tolerato, habitum, quem laudabiliter ultra menses octo gestaverat, dimittere coactus est die 2ª Julii 1770.

Hinc e Galliis profectus, varias peregrinationes, præsertim ad Domum Lauretanam et ad sacra Apostolorum limina suscepit, donec Romæ, ab ea non discessurus, nisi annuæ Lauretanæ peregrinationis causa, moram fixit.

L'an de Notre-Seigneur 1783, indiction 1re, le 20 du mois d'Avril, la neuvième année du Souverain-Pontificat de Notre Saint-Père le Pape Pie VI. régnant par la divine Providence.

Benoît-Joseph, fils de Jean-Baptiste Labre et d'Anne-Barbe Grandsir, né dans la paroisse de Saint-Sulpice d'Amettes, diocèse de Boulogne, en France, le 26 mars 1748, après avoir passé, avec une bonne conduite, son adolescence sous la discipline de son oncle paternel, curé d'Erin, brûlant du désir d'une vie plus austère, fut admis au noviciat, le 28 octobre de l'année 1769, parmi les clercs, dans la royale abbaye de Sainte-Marie de Sept-Fonts, des moines de Cîteaux de la plus stricte observance.

Mais comme il tomba malade à cause de l'austérité de la vie, après avoir enduré patiemment plus de deux mois sa maladie, il fut forcé de quitter, le 2 juillet 1770, l'habit qu'il avait porté avec édification plus de huit mois.

De là il partit hors de la France ; il entreprit divers pèlerinages, en particulier à la sainte maison de Lorette et au tombeau des saints apôtres Pierre et Paul, jusqu'à ce qu'il fixât sa demeure à Rome, d'où il ne sortait plus que pour faire son pèlerinage annuel à Lorette.

Partout il se distingua en donnant l'exemple des vertus chrétiennes. Il gardait la pauvreté évangélique la plus stricte ; il ne vivait que de ce qui lui était offert spontanément, qu'il ne recevait qu'en petite quantité et dont il réservait toujours une portion pour les autres pauvres. Il se fit remarquer par sa profonde humilité, par son mépris souverain du monde et de lui-même, par les rigueurs de sa pénitence, par ses stations quotidiennes dans les églises de la Ville, prolongées depuis le lever du soleil jusqu'à son coucher, et par l'exercice de toutes les autres vertus ; il fut cher aux hommes, quoique rebutant à cause de ses haillons et de son extérieur négligé ; il fut de mœurs pures, et, s'oubliant entièrement lui-même, il chercha uniquement à plaire à Dieu.

Le 16 Avril de l'an 1783, après avoir prié longtemps, selon sa coutume, dans l'église de Sainte-Marie-aux-Monts, il tomba en défaillance sur le palier de cette église. Ayant accepté l'hospitalité que lui offrit obligeamment un homme de bien, il fut conduit dans sa maison qui était proche. Là, muni du sacrement de l'Extrême-Onction, assisté des prières des prêtres et d'autres personnes, il s'endormit

Ubique christianorum virtutum exemplis clarus ; evangelica paupertate ad apicem constituta ; e sponte oblatis, nonnisi parce acceptis, portione etiam ex iis pro pauperibus detracta, victitans ; profunda humilitate, mundi suique contemptu altissimo, pœnitentiæ rigoribus, jugi nec interrupta oratione, piis stationibus quotidie in Urbis ecclesiis ab ortu solis ad occasum usque productis, cæterarumque virtutum exercitatione insignis ; hominibus charus, licet habitu cultuque horrendus, moribus castus, oblitus sui, uni Deo vacavit.

Die 16 Aprilis an. 1783, post orationem in hac ecclesia Sanctæ Mariæ ad Montes de more protractam, in ipsius vestibulo languore correptus, cum oblatum benigne a pio viro proximæ domus hospitium acceptasset, eo deducitur. Ibi extremæ unctionis Sacramento munitus, inter Sacerdotum aliorumque preces hora prima noctis ejusdem diei in osculo Domini quievit in pace.

— 307 —

Sequenti die in hanc Ecclesiam maximo populi concursu, decenti pompa, piorum virorum sumptibus comparata adsportatus est.

Illico tota pene urbs commota est rumore ac fama sanctitatis ; ad eumque ex omnibus ordinibus confluere homines cœperunt tanto impetu, ut irruentem multitudinem destinati milites coercere vix possent.

Quare ut fidelium jugiter concurrentium devotioni fieret satis, manere eum inhumatum ad vesperam usque diei Paschatis 20 Aprilis 1783, Em. Card. Urbis Vicarii placito, indultum est, donec ipsius jussu hic, seposito in loco, honorifice conderetur eadem die, hora 24ª.

paisiblement dans le Seigneur, à une heure de nuit, le même jour.

Le jour suivant on le porta, aux frais de personnes pieuses, dans cette église, avec toute la décence convenable, au milieu d'un très grand concours de peuple.

Aussitôt, à la nouvelle de sa mort, presque toute la ville fut mise en mouvement par sa réputation de sainteté, et des personnes de toutes conditions se mirent à accourir en masse avec une telle impétuosité que les soldats destinés à contenir le torrent de la foule eurent de la peine à pouvoir y réussir.

Pour satisfaire la dévotion des fidèles qui ne cessaient de venir en grand nombre, Son Eminence le Cardinal-Vicaire permit que le corps restât exposé jusqu'au soir du jour de Pâques, 20 avril 1783. Enfin, par son ordre, il fut inhumé d'une manière honorable dans un lieu particulier, le même jour, à la 24ᵉ heure.

Ont signé : Luc-Antoine Coselli, chanoine, promoteur-fiscal du tribunal du vicariat.

François Mari, notaire requis par le sieur Joseph Cicconi.

Le cercueil fut ensuite fermé par le menuisier, qui fixa soigneusement avec des clous le couvercle aux parties latérales de la caisse ; il fut ensuite entouré de plusieurs tours d'un ruban de soie violette, que l'on fixa en cinq endroits du couvercle avec de la cire d'Espagne rouge portant, comme signe authentique, le sceau de Son Eminence Révérendissime le Cardinal-Vicaire, dont les armes sont *une colonne*.

Après quoi, on appliqua sur le couvercle une plaque de cuivre, sur laquelle on lit ces mots gravés :

BENOIT-JOSEPH LABRE

mourut le 16 avril, à une heure de nuit,
l'année 1783.

La bière ainsi scellée fut mise dans une autre caisse pareillement en bois de châtaignier, dont le couvercle fut aussi fixé avec des clous. Elle est longue de dix palmes, large à la partie supérieure de deux palmes et trois quarts, et haute de deux palmes ; sa partie inférieure a une palme et demie de largeur et deux en hauteur.

Enfin, comme on devait terminer en ensevelissant le cadavre, on le transporta à l'église et là, selon l'ordre de Son Eminence Révérendissime Mgr le Cardinal-Vicaire sus-nommé, on le déposa dans une fosse préparée à l'avance, *du côté de l'Epitre* de l'autel majeur de l'église.

On le plaça de manière que les pieds sont dirigés vers l'autel lui-même, et la tête du côté du mur voisin ou du premier pilier de l'église, lequel est éloigné du sommet de la bière de trois palmes et un quart, et du mur latéral de treize palmes et un quart.

Comme le Père Recteur avait décidé qu'on mettrait sur le caveau, au niveau du pavé, une pierre avec une inscription, on recouvrit provisoirement la fosse avec des planches ; on fit ensuite venir les maçons qui recouvrirent le cercueil d'une voûte faite de briques et de chaux, au-dessus de laquelle on devait mettre une pierre.

Tout cela fut fait afin que dans la suite on ne pût douter de l'identité du corps du serviteur de Dieu *Benoît-Joseph Labre.*

L'opération terminée, nous nous retirâmes tous ensemble avec le susdit révérendissime M. le chanoine Coselli.

Moi, notaire, etc.

(Extrait du livre intitulé : *Ragguaglio della vita del Servo di Dio Benedetto Giuseppe Labre,* scritto dal suo medesimo confessore. In-8°. Roma 1783. — Appendice, p. 7, etc.)

Au mois de décembre 1783, Mgr Guidobagni, archevêque de Myre et chanoine de Saint-Pierre, fit mettre une pierre sépulcrale en marbre, sur laquelle était gravée l'inscription :

D. O. M.
HIC. JACET.
SERVUS. DEI.
LABRE.
BOLONIEN. DIŒC. IN. GALLIA.
MORTUUS XVI KAL. MAIAS. ROMÆ.
FER. IV. HEBD. MAJORIS.
AN. MDCCLXXXIII.
ÆTATIS. SUÆ. XXXV.
SEPULTUS. DIE. SANCTO. PASCHÆ.
SUB. VESP.

Quand le serviteur de Dieu eut été déclaré vénérable, on ajouta Ven. devant Servus Dei.

Après la béatification, en 1860, les restes du Saint

curent les honneurs des autels; et l'on remplaça
l'inscription du caveau, où ils avaient reposé, par la
suivante :

HIC. JACUIT.

ANNIS. LXXVII.

CORPUS.

B. BENEDICTI. JOSEPHI

LABRE.

4° Lettres diverses.

1. *Lettre de l'abbé Joseph Marconi, confesseur du Saint, écrite de Rome à son père, Jean-Baptiste Labre, à Amettes.*

Mon très cher Monsieur,

On me remit hier au soir la très gracieuse lettre de M. Vincent, curé d'Œuf, par laquelle, suivant vos ordres, il donne, autant qu'il lui a été possible, des éclaircissements que je vous avais prié de me procurer. Cependant il ne m'envoie pas ce que je souhaitais le plus avoir, et que j'avais demandé principalement, savoir : la copie de la dernière lettre que votre très pieux fils vous écrivit du Piémont. Sans doute qu'il a cru que je pouvais facilement l'avoir du cardinal de Bernis; ce qui est fort incertain, Son Eminence étant absente de Rome, justement dans le temps où la vie du serviteur de Dieu, que j'ai écrite, est sous presse et paraîtra imprimée dans peu de temps, comme je l'espère.

Il me serait bien difficile de compter seulement tous les miracles opérés depuis son heureux décès, tant à Rome et dans toute l'Italie, que dans les tres parties de l'Europe. La liste que j'en ai remplit déjà un volume considérable.

Je me contenterai d'en rapporter ici quelques-uns : d'abord le serviteur de Dieu a prédit sa mort un an avant qu'elle n'arrivât, lorsque, selon sa coutume ordinaire, il allait partir de Lorette pour retourner à Rome. Ce fut encore à Lorette, et dans la maison où le serviteur de Dieu logeait ordinairement dans ses pèlerinages, que sa mort fut prédite plusieurs fois par un petit enfant qui n'avait pas plus de cinq ans quatre mois. « *Le pèlerin Benoît*, disait-il de temps en temps, *n'arrivera pas cette année, parce qu'il ira au paradis.* » Et, quand on lui demandait d'où il savait cela, il avait coutume de répondre que *son cœur le lui disait ainsi*. Le même enfant annonça à ses parents cette pieuse mort dès le matin du 17 avril. Quoiqu'elle ne soit arrivée à Rome que la veille, à la première heure de la nuit, il disait alors : « *Benoît est mort ! Benoît est allé au paradis.* »

Enfin une religieuse de *Monte-Lupone* l'a prédite aussi. Quinze jours avant que le serviteur de Dieu mourût, elle eut une vision, dans laquelle le Seigneur lui montrait *un beau verger* qui désignait l'hôpital des Pauvres de l'abbé Mancini à Rome, et, dans ce verger, l'époux céleste qui y cueillait une fleur figurant *Benoît-Joseph*. Cette religieuse fit la relation de sa vision par écrit à l'abbé Paul Mancini, qui prend soin des pauvres.

Avant le décès du V. Benoît, au moment même qu'il expira, on entendit dans les rues de Rome des enfants qui criaient : « *Le Saint est mort, le Saint est mort !* » Ce bruit se renouvela le lendemain matin dans le voisinage de la maison où était le défunt.

Son cadavre demeura pendant quatre jours sans

être enterré, *toujours souple, intact, flexible, sans corruption, sans exhaler aucune mauvaise odeur;* en un mot, semblable au corps d'un homme vivant. Pendant ce temps, il en découla une sueur abondante, surtout le jeudi saint au soir et le vendredi saint.

Lorsque le temps désigné pour l'inhumation du serviteur de Dieu fut venu, ceux qui lui rendaient les derniers devoirs de charité ayant jugé à propos de changer de linge son cadavre, avant de l'enfermer dans le cercueil qu'on avait préparé, et ayant pour cela soulevé la partie supérieure du corps, tout d'un coup la main gauche du mort saisit le bord du banc sur lequel il était étendu, le serra fortement, et s'appuya comme le ferait un homme vivant et assis; ce qui causa à toute l'assemblée, qui était nombreuse, une surprise extrême. Pour éclaircir la vérité d'un fait si extraordinaire, on détacha la main du banc et on tourna le corps de l'autre côté; puis on le souleva encore comme auparavant et aussitôt cette main gauche s'accrocha au banc comme la première fois, et fit en cette occasion ce que ferait la main gauche d'un homme qui serait assis dans son lit et qui s'appuierait de ce côté-là.

J'étais alors posté vis-à-vis, et aux pieds du cadavre. A la vue de cette merveille je fus saisi d'étonnement et je n'ai pu m'empêcher de pousser une exclamation à la gloire du Tout-Puissant.

Le serviteur de Dieu a été enterré dans l'endroit même où, depuis quatre ans, on le voyait faire assidûment sa prière. Dès le lendemain de ses funérailles, il se fit tant de miracles sur son tombeau, que je ne pourrais en renfermer le détail dans cette lettre; et depuis lors, le nombre s'en est tellement accru, qu'il serait difficile de les nombrer.

La vue est rendue aux aveugles, l'ouïe aux sourds ; et, dans l'instant, les maladies les plus invétérées, celles de sept, dix, douze, quatorze, dix-huit, trente ans sont guéries sur-le-champ. Les prodiges s'opèrent non seulement à Rome, mais encore à Naples, à Gênes, à Milan, à Bergame, à Capoue, à Lorette, et dans les autres provinces d'Italie, soit dans les États ecclésiastiques, soit dans le royaume de Naples, dans l'île de Malte, dans la Lombardie, etc., comme le certifient les nombreuses lettres authentiques que l'on reçoit tous les jours à Rome de ces différentes contrées.

Nous sommes aussi informés chaque jour de quantité d'autres miracles qui se font en France et dans les autres royaumes de l'Europe.

Le temps et les bornes de cette lettre ne me permettent pas, mon cher Monsieur, de vous en dire davantage.

J'ajouterai seulement que les portraits de Benoît-Joseph, depuis sa mort, sont tellement multipliés, qu'on en compte jusqu'à présent *cent soixante mille*. Il n'est aucun peintre, aucun graveur qui n'ait travaillé à tirer, à représenter sa figure au naturel, en tableaux, en médailles, en cire, en plâtre, en soie.

Plus de *quatre-vingt mille* reliques ont déjà été distribuées. Je vous en envoie quatre : ce sont autant de parcelles de l'habit de votre fils qui m'est aussi cher qu'à vous-même. Je les insère ici, en y joignant une petite portion de ses cheveux, que je conserve avec respect, et *un de ses portraits que je crois le plus ressemblant;* car jusqu'à présent aucun ne l'est parfaitement.

La maladie de son frère Jacques-Joseph m'afflige beaucoup. Vous pourriez le consoler en lui disant ce que son vénérable frère disait à une fille de la ville de Fabriano, infirme depuis vingt ans, à qui il rendait visite : « *Ma fille, prenez courage, la maladie est une grâce de Dieu, aussi bien que la santé. Combien de Saints ont souhaité avec ardeur votre infirmité, et n'ont pu l'obtenir! Souffrez donc celle que le Seigneur vous a envoyée, avec patience et pour son amour.* » Cette même personne l'ayant invoqué après sa mort, pendant trois jours, suivant le conseil de son confesseur, elle entendit chaque jour la voix du serviteur de Dieu, qui lui disait : « *La volonté de Dieu est que vous continuiez à supporter votre mal avec patience.* » Cependant je conseille à votre fils malade de recourir avec confiance *à l'intercession de son frère*, et de s'appliquer dévotement une de ses reliques; persuadé que Dieu lui rendra la santé du corps, si elle peut être utile au salut de son âme.

Adieu, mon très cher Monsieur; priez Dieu et son serviteur votre fils pour moi. Je ne manquerai pas de le prier pour vous toutes les fois que je visiterai son tombeau, ce que je fais souvent. Encore une fois, adieu.

Votre très dévoué et très humble serviteur,

Joseph MARCONI.

A Rome, le 23 septembre 1783.

(Extrait du livre intitulé : VIE DE BENOÎT-JOSEPH LABRE, traduite de l'italien de M. Marconi. In-12; Paris 1784, chez Guillot, page 192.)

2. *Lettre d'un médecin de Rome à sa sœur, Carmélite au monastère de Cavaillon (Vaucluse).*

Je ne vous ai pas écrit depuis longtemps, ma chère sœur, parce que j'ai de temps à autre de vos nouvelles et que je sais que vous vous portez bien. Quoique vous n'aimiez pas à être entretenue des choses du monde, voici un événement trop frappant et qui fait trop de bruit à Rome et dans les environs pour ne point vous en faire part.

Un pauvre Français, nommé Benoît-Joseph-Labre, d'Amettes, diocèse de Boulogne, en France, âgé de trente-cinq ans, après avoir habité dans cette ville depuis douze ans, vivant d'aumônes, couvert de haillons, très abject aux yeux des hommes, et très mortifié, mourut le 16 avril dernier dans la maison d'une personne charitable qui lui avait fait du bien et qui le logeait.

Le lendemain, plusieurs habitants vertueux se cotisèrent pour lui procurer des obsèques honorables ; on fut bien surpris, quand on toucha le cadavre, de le trouver aussi souple et aussi flexible que s'il n'eût été qu'endormi. Cet événement, qui n'est point du tout naturel, excita la curiosité de toute la ville ; on s'empressa de venir en foule pour être témoin du phénomène et on ne cessait de le toucher. Les témoignages que rendaient de sa piété ceux qui le connaissaient pour l'avoir vu continuellement à l'église depuis le matin jusqu'au soir, ceux des pauvres avec qui il partageait les aumônes qu'il recevait (il les refusait quelquefois), quelques paroles heureusement échappées à son confesseur, qui est en grande réputation de sainteté, tout cela excita la confiance et la ferveur du peuple qui commença bientôt à l'invoquer comme bienheureux,

Les effets miraculeux de son intercession ont été si rapides et si multipliés qu'afin de satisfaire la dévotion de la multitude, qui ne pouvait plus être contenue par les gardes dont il était environné, on prit le parti de le laisser étendu par terre l'espace de quatre-vingt-seize heures à la vue de tout le monde ; pendant ce temps, il a conservé la même flexibilité, montrant la fraîcheur d'un homme vivant et répandant une odeur très agréable.

Depuis les plus petits jusqu'aux premiers de la ville et aux cardinaux, tous ont voulu voir la merveille, et se convaincre, par leurs propres yeux, des miracles qui s'opéraient à chaque instant sur ceux qui l'invoquaient. Après le quatrième jour écoulé, comme le peuple se rassemblait à l'église, où il était exposé, en trop grand nombre pour qu'on pût maintenir l'ordre, et que jour et nuit il fallait prendre les moyens possibles pour empêcher le trouble que faisait craindre une affluence si considérable, affluence qui augmentait toujours par les cris de joie et actions de grâces qu'on entendait de toutes parts, le Saint-Père ordonna que le corps fût inhumé avec les cérémonies ordinaires ; ce qui fut exécuté le 20 du même mois. On l'ensevelit dans un petit caveau qu'on venait de construire exprès à la place où il avait coutume de faire sa prière.

Depuis le moment de son inhumation, c'est un concours extraordinaire de Rome et des endroits voisins qui ne se ralentit point ; on ne cesse de visiter le tombeau du Bienheureux, qui, de son côté, ne cesse de faire des miracles en faveur de ceux qui l'invoquent avec foi. Les muets parlent, les aveugles voient, les paralytiques et les perclus marchent librement et s'en retournent sans secours ; les hydropiques sont guéris sur-le-champ.

Dimanche dernier, une pauvre femme hydropique fut guérie sur la pierre même qui couvre le tombeau ; on vit sortir du talon de la malade une eau d'une fort mauvaise odeur et en très grande quantité : elle se trouva un moment après guérie ; jambe cassée subitement et parfaitement remise, ulcère invétéré, plaie ancienne desséchée et disparue à l'instant, toutes sortes d'estropiés qui, après s'être fait porter sur le tombeau, se retirent pleins de force et aussi agiles que s'ils n'eussent jamais été incommodés.

Voilà un spectacle dont toute la ville est témoin. Je ne saurais vous exprimer combien il excite l'admiration et la surprise ; les incrédules, comme les autres, en sont attendris jusqu'aux larmes. Quel triomphe, ma chère sœur, pour la religion! j'en ai entendu plusieurs faire cet aveu; « Je ne pouvais me persuader tout ce que l'on dit sur les miracles ; je me rends aujourd'hui. »

Personne ici n'a jamais rien vu de pareil. On en voit qui, sans manger depuis le matin jusqu'au soir, ne quittent point la place dont ils viennent s'emparer dès que l'église est ouverte, pour être témoins des miracles qui se succèdent d'heure en heure.

Avant-hier les mouvements de la multitude, que l'on n'est pas maître de contenir, déterminèrent les supérieurs à faire fermer l'église. L'on n'en permet l'entrée qu'aux malheureux que le désir d'être guéris attire au tombeau et qu'aux personnes distinguées par leur rang ; mais il faut une garde très forte pour arrêter le peuple, et je crains, vu les cris qu'il jette sans cesse, quelque soulèvement.

Vous désirez sans doute connaître le genre de vie qu'a mené le bienheureux mendiant, aujourd'hui si riche et si puissant ; voici, en attendant un plus grand détail, quelques anecdotes que je veux vous apprendre. Il avait été tenté, comme vous, de vivre dans la retraite, et, dans ce dessein, il se présenta à la Trappe, en 1769 ; la faiblesse de sa santé ne lui ayant pas permis d'y rester, il en sortit au bout de huit mois, et il s'embarqua pour aller visiter les saints lieux. Arrivé à Rome, après avoir satisfait sa dévotion sur les tombeaux des apôtres, il s'y fixa ; il y a toujours vécu dans la plus grande obscurité. Ce n'est qu'après sa mort que Dieu a voulu produire l'éminente sainteté de son serviteur.

Quelle nouvelle, ma chère sœur, pour le père fortuné, s'il vit encore, qui a donné la vie à un tel fils ! il y a de quoi mourir de joie. On va travailler à sa béatification, et on commence déjà à s'en occuper. Ces jours derniers, on a compté 63 miracles incontestables ; en outre une fille âgée de vingt-deux ans et née muette a recouvré tout à coup l'usage de la parole. On lui apprend la langue, et elle prononce parfaitement tout ce qu'on lui fait articuler.

Son confesseur a déposé : premièrement, qu'ayant un jour projeté en lui-même de lui donner quelque argent, il alla le trouver et lui dit : « *Mon père, vous feriez mieux de donner à d'autres l'argent que vous gardiez pour moi* » ; deuxièmement, qu'ayant encore acheté à son insu de la toile pour lui faire deux ou trois chemises, le pénitent va le trouver et lui dit : « *Mon père, souffrez que je n'accepte pas les chemises neuves que vous voulez bien me donner, et que je vous prie de les réserver pour telles personnes, qu'il nomma* » ; troisièmement, le bienheureux mendiant, à l'exemple de quelques saints des premiers siècles, que Dieu conduisait à la sainteté par les voies extraordinaires, et surtout par celle de la plus rebutante abjection, était couvert de poux, et on a remarqué que jamais on ne le vit faire le moindre mouvement pour se soulager de l'incommodité continuelle qu'il en devait ressentir : quelle mortification ! quatrièmement, le confesseur dépose encore qu'ayant oublié par trois fois de lui donner un livre de piété qu'il avait résolu, sans le prévenir, de lui remettre entre les mains pour son usage, il vint lui dire : « *Mon père, faites-moi la charité de me donner le livre que vous m'avez destiné* » ; cinquièmement, il ajoute qu'il ne donnait jamais à ce pauvre que la bénédiction, faute de matière d'absolution.

C'est bien ici le lieu de dire avec saint Augustin : « Les simples et les ignorants emportent le ciel ; pour nous, que faisons-nous avec toutes nos sciences prétendues ? Nous nous roulons dans la poussière et dans la boue : *Rudes et imperiti rapiunt cœlum ; et nos cum doctrinis nostris in fœno volutamus.* »

Rome, 1er mai 1783. BRETON.

3. *Extrait d'une lettre du R. Père Général des grands Carmes au R. Père Prieur du couvent de Paris.*

Le Français nommé BENOÎT-JOSEPH LABRE continue à faire des prodiges. Une religieuse de Pérouse, aveugle depuis sept ans, a recouvré la vue en appliquant sur ses yeux une image de Labre. Un enfant, en tombant, se coupe la langue ; elle ne tenait plus qu'à un fil. La mère le porte à l'hôpital. Les chirurgiens, après avoir examiné tout, disent qu'on ne peut coudre la langue, qu'il faut la couper. La mère, désespérée, porte son enfant sur le tombeau de Labre : la langue se réunit aussitôt ; l'enfant parle. Il reste sur la langue un signe de la réunion. Il y a plusieurs Paralytiques, Aveugles, Boiteux, qui ont été guéris par l'intercession de ce Serviteur de Dieu. Vous savez qu'il est de Boulogne-sur-Mer ; ainsi, peu éloigné de votre patrie. On commence à faire les informations juridiques de ces miracles. Ce même vénérable Labre a fait les prédictions les plus funestes contre Rome

Rome, le 28 mai 1783.

4. *Relation abrégée d'un Miracle opéré par l'intercession du Serviteur de Dieu,* Benoît-Joseph Labre, *le 29 juin 1783, sur une religieuse du couvent du Saint-Sacrement de Boulène, diocèse de Saint-Paul-trois-Châteaux.*

Une religieuse professe, peu de jours après sa profession, tomba dans un état d'infirmité, avec complication de maux les plus violents et les plus extrêmes. Pendant trois ans et demi, clouée dans un lit, avec de violentes coliques, comme si elle avait, disait-elle, du plomb fondu dans les entrailles, douleurs rhumatismales, convulsions, vomissements, crachements de sang, rebut pour tous aliments, violent mal de côté, état cruel qui la réduisait souvent comme morte: tous ces maux affreux avaient empiré les trois derniers mois. Elle rendait les excréments par la bouche, avec de si violents efforts, qu'elle en était étouffée, tant ils étaient durcis. Le médecin dit n'avoir jamais vu, ni lu genre de mal semblable, et que s'il était permis d'abréger les jours de quelqu'un qui souffre, il faudrait le faire à l'égard de cette malade.

Les religieuses firent une neuvaine, et recommandèrent à la malade de s'unir à elles. Elle préféra de souffrir selon la volonté de Dieu, et ne consentit à leurs désirs, qu'afin de pouvoir, en cas de guérison, faire les exercices de sa règle; surtout pour être une vraie Adoratrice du Saint-Sacrement. Le 29 juin, jour de saint Pierre et saint Paul, ces sentiments redoublèrent en elle. Elle demanda une *image du Vénérable*; sa confiance fut grande. Elle se mit en prières. Pendant les vêpres, cette religieuse, percluse de ses membres, ne pouvant lever la tête, n'y voyant plus, à cause de son extrême épuisement, et étant près d'expirer, ainsi que le médecin et les religieuses l'ont attesté, se sent tout à coup guérie. « Je suis guérie, dit-elle à l'infirmière; allez chercher mes habits. » On lui apporte ses habits; elle se lève, sort de l'infirmerie; elle ne descend pas l'escalier, mais elle vole; l'infirmière pousse un grand cri. Toute la communauté s'attendait à la voir expirer et on la rencontre guérie.

Elle va se prosterner devant le Saint-Sacrement. Toute la communauté ravie, on psalmodie le *Te Deum*. Après toutes les démonstrations de joie et de reconnaissance, on lui offre un bouillon. « Non, dit-elle, je mangerai plutôt. » Elle goûte, assiste au Chapitre avec la communauté. A l'heure du souper, elle se met à table, mange promptement, et va relever celle qui faisait la lecture, qu'elle continua avec une voix forte, tandis qu'auparavant elle l'avait éteinte. Depuis, elle a toujours suivi la communauté. Guérie subitement et parfaitement, elle n'a éprouvé aucune convalescence.

Un de mes amis de Boulène, plein de jugement, à qui j'ai demandé son avis et des éclaircissements sur un bruit qui avait couru ici, que la miraculée était retombée, me répond en ces termes :

« Rien n'est plus faux que le bruit qui court chez vous, de la rechute de notre religieuse. Depuis les premiers moments de sa guérison, elle a joui, sans interruption, et jouit encore de la plus parfaite santé. Sa voix, sa vue, ses chairs, son pouls, ses forces, tout lui est rendu à la fois. Elle n'a cessé de suivre en tout l'Ordre de sa communauté, se trouvant la première à tous les exercices du jour et de la nuit, comme si elle n'avait jamais eu la moindre incommodité. En un mot, le doigt du Seigneur est si clairement marqué dans cette guérison, que je ne la croirais pas moins surnaturelle, quand même Dieu permettrait que la miraculée retombât, ou mourût. »

M. le médecin de Boulène est si persuadé que cette guérison est miraculeuse que dès qu'il sera remis d'un mal aux yeux, il en fera son rapport. Et Mgr l'évêque n'attend plus que cette pièce pour faire la procédure.

E..., Archidiacre.

5. *Extrait d'une lettre d'un ecclésiastique de Rome à un ecclésiastique de Paris :*

Le Vénérable fait toujours des miracles. On a fait de lui une statue en cire, qui attire tout Rome. On en a offert cent sequins, qui font onze cents livres de France, mais on n'a pas voulu la livrer à ce prix. Je vous instruirai du reste, un autre courrier.

Le 15 juillet 1783.

6. *Lettre de Mme la marquise de P... à Mme B..., sa sœur, à Paris.*

Je reçois dans l'instant, chère sœur et tendre amie, ta charmante lettre, en date du 2 de ce mois. Je m'empresse d'y répondre pour satisfaire la personne qui t'intéresse.

Il est certain qu'il est mort à Rome un mendiant, Français de nation, en odeur de sainteté. Dieu a opéré, par son intercession, nombre de miracles très avérés par des personnes dignes de foi, dont nous avons eu les relations très circonstanciées. Il y a une religieuse de Boulène, à quatre pas d'ici, qui a été guérie miraculeusement par l'invocation du serviteur de Dieu. Deux personnes de connaissance, d'Avignon, ont été entièrement rétablies en l'invoquant. Je l'ai invoqué pour ma fille qui, grâces à Dieu, est aussi bien qu'on peut le désirer, après l'état où elle a été. Je porte sur moi une de ses images, et j'ai, je t'assure, beaucoup de dévotion et de confiance en lui.

Je t'envoie, chère amie, une de ses images; on travaille à sa béatification.

Je crains que la poste aux lettres ne soit fermée. Je n'ai plus que le temps de te certifier que les premières relations, au sujet de Benoît Labre, nous sont venues par un médecin de ce pays-ci, qui est à Rome depuis plusieurs années et qui a ici une sœur carmélite à qui il les a adressées.

A Cavaillon, ce 7 août 1783.

(Tiré de la brochure intitulée : Prémices de dévotion envers le vénérable BENOIT-JOSEPH LABRE. Paris, chez Morin, 1783, de la page 22 à la page 26.)

7. *Extrait d'une lettre*
de l'abbé Pierre-Paul de la Rovère, au curé d'Erin,
le 27 avril 1783.

... La dévotion des fidèles paraît plus grande que celle que le peuple montra à la mort de saint Philippe de Néri. La sacristie est remplie de potences, de béquilles, de bandages, etc.

5° Prières au Saint.

1. Prière composée l'année de sa mort.

Bienheureux Pauvre, qui avez été riche dans la foi, et à qui Dieu a fait la grâce de connaître quelle est la vanité des richesses périssables de ce monde, et quels sont les avantages de la pauvreté chrétienne; pendant que vous étiez regardé en cette vie par les mondains comme les ordures et les balayures qu'on rejette avec horreur, vous étiez l'objet de la vénération des Anges et de la complaisance de Dieu même, qui, en vous faisant vivre et mourir dans la pauvreté, vous avait fait le même partage qu'il a fait à son Fils unique, pour vous établir comme un des princes de sa cour. Vous souffriez, à la vérité, la faim, la soif, la nudité et les rebuts; vous étiez errant, voyageur et inconnu; vous étiez abattu de lassitude par les rigueurs de vos jeûnes et de vos pénitences, qui ne vous ont quitté qu'à la mort; mais vous étiez soulagé, soutenu et fortifié par les consolations intérieures et par les grâces les plus précieuses de celui qui est le Père des orphelins et le Protecteur des veuves.

Tout ce que la pauvreté et l'austérité vous ont fait souffrir sur la terre est maintenant passé; mais la récompense que vous en avez reçue ne finira jamais; et, tant que Dieu sera Dieu, c'est-à-dire pendant toute l'éternité, vous serez enivré de l'abondance des biens de sa maison, et vous boirez du torrent de ses délices.

Ami de Dieu, priez pour moi, afin que plus les biens de ce monde me manqueront, plus je sois persuadé alors que Dieu m'aime, et que j'en suis véritablement plus riche et plus heureux. Ainsi soit-il.

2. Prière a Dieu, *en considération des grâces qu'il a faites au vénérable Benoît-Joseph Labre, composée l'année de sa mort.*

O Dieu qui dans ces derniers temps, où il n'y a presque point de lieu habité sur la terre, qui ne soit frappé de quatre fléaux terribles : les *misères* et les *calamités publiques* les plus affreuses; le *luxe* et la *mollesse* portés au degré le plus excessif; le *libertinage* et la *corruption* montés au dernier comble; l'*incrédulité* et l'*irréligion* partout, marchant tête levée : tous effets parlants de votre juste colère sur les hommes indociles et rebelles à vos grâces, avez daigné user encore de miséricorde en suscitant, au sein de la Capitale du monde chrétien, un Phénomène des plus étonnants, ayant tiré de la poussière et faisant briller comme un astre, dans la plus sombre nuit, votre vénérable Serviteur Benoît-Joseph Labre, dont vous nous manifestez la sainteté par un nombre prodigieux de miracles corporels et spirituels, *éclatants* pour la gloire de votre nom, *multipliés* pour le plus grand triomphe de votre Eglise, *consolants* pour vos élus affligés et persécutés, et *foudroyants* contre les ennemis de votre religion :

Nous vous supplions très humblement, dans la vive attente de pouvoir adresser publiquement nos prières et invocations à ce Glorieux Thaumaturge aussitôt que l'Eglise lui aura décerné un culte canonique, de nous regarder en pitié et de nous rendre participants des grâces que vous lui avez accordées, ou qui nous sont plus spécialement nécessaires à *Nous tous* en général ou à chacun de nous en particulier :

La *douceur* et *l'humilité de cœur;* le *mépris de nous-mêmes;* le *support de notre croix;* l'*amour de la retraite*, de la *mortification* et de la *pénitence;* la *victoire* sur nos passions ; un *détachement* sincère de cette terre de péché, qui dévore ses habitants; une glorieuse *résurrection* de cet assoupissement léthargique où sont plongés presque tous les chrétiens de tous les ordres; un *renouvellement* de foi, de piété et de religion; le *courage* d'en soutenir dignement la profession extérieure ; un *amendement* sérieux de notre vie ; un prompt et heureux *changement* dans la jeunesse si pervertie et si corrompue dans cette lie du xviiie siècle, et qui néanmoins doit renouveler les races du siècle prochain ; la *réunion* de nos frères errants ; le *rappel* de votre ancien peuple ; la *conversion* des infidèles et des pécheurs ; la *paix* de l'Eglise, entre les princes souverains, dans ce royaume, dans les familles; la *charité* envers les pauvres ; l'*union* entre tous ; un *désir* ardent de vous posséder ; enfin la *perfection* de notre âme ; le *sentiment* de toutes les vertus ; la *pratique* de toutes les bonnes œuvres ; la *stabilité* dans la justice et la *persévérance finale;*

Afin qu'après avoir été *préservés*, durant cette vie, par votre grâce et l'effet des prières et des exemples de votre vénérable Serviteur, *de chacune des quatre grandes plaies et autres* qui couvrent la surface de la terre et désolent votre Eglise, nous puissions l'imiter, vous glorifier dans cet illustre Pénitent et partager un jour, avec lui, les consolations éternelles que nous vous demandons avec la *foi*, la *confiance* et l'*amour* que vous seul pouvez inspirer. Par Jésus-Christ Notre-Seigneur. Ainsi soit-il.

Seigneur, qui nous donnez lieu de contempler le vénérable Benoît-Joseph Labre, comme votre *Elu*, ayez pitié de nous.

Seigneur, qui nous donnez lieu de regarder le

vénérable BENOÎT-JOSEPH LABRE, comme un *vrai pauvre de Jésus-Christ*, ayez pitié de nous.

Seigneur, qui nous donnez lieu de considérer le vénérable BENOÎT-JOSEPH LABRE, comme *jouissant de la Gloire éternelle,* ayez pitié de nous.

(Tiré des Prémices de dévotion, 1783, p. 15.)

3. *Autre prière composée en* 1783.

Dieu tout-puissant, qui avez appris à votre Serviteur BENOÎT-JOSEPH LABRE à n'avoir point d'autre *volonté* que la vôtre, dont l'objet était la sanctification de son âme; d'autre *soumission* que celle de son cœur, le plus humble et le plus pénétré d'amour et de zèle; d'autre *sacrifice* que celui de son corps, de son âme et de toutes les facultés extérieures et intérieures qui en dépendent, afin de vous plaire uniquement en tout et partout :

Je vous supplie très humblement, *par son intercession*, de m'accorder quelque précieuse portion de tant d'excellents dons que vous lui avez faits, auxquels il a répondu avec tant de fidélité et de ferveur. Et, comme le sacrifice d'un cœur contrit et humilié vous est le plus agréable, jetant un regard de compassion sur l'état pitoyable et cruel dans lequel je gémis depuis si longtemps, et qui est aggravé de tant d'autres peines, chagrins, charges et embarras; si c'est votre volonté de prolonger la durée de mes maux jusqu'à la fin de mes jours, j'accepte avec une humble résignation ce calice de votre main adorable, en vous demandant une nouvelle force de grâces pour souffrir, non seulement avec patience, mais encore avec joie. Si c'est votre volonté de m'accorder la *santé* et la *guérison* de mes maux, qui sont extrêmes, je vous demande cette insigne grâce, ô mon Dieu, pour la *gloire* de votre saint Nom, pour la *consolation* de votre Eglise, pour l'*extirpation* de l'erreur et de l'impiété, pour la *conversion* des pécheurs et des infidèles, et pour mon *salut*. Par Jésus-Christ, Notre-Seigneur, et par l'intercession de votre digne et glorieux Serviteur. Ainsi soit-il.

(Prémices de dévotion, 1783, p. 40.)

4. *Prière que l'on récitait pendant la Révolution.*

O Dieu de miséricorde, faites éclater votre puissance, brisez les armes des impies. Les pierres de votre sanctuaire sont dispersées; vous avez permis, par un juste châtiment, que la patrie de votre Serviteur Benoit-Joseph Labre fût accablée de maux de tout genre, tels qu'on n'en a jamais vus. Sauvez-nous, rassemblez-nous des nations. Nous vous en supplions par son intercession.

5. *Autre prière, composée en 1783.*

Dieu tout-puissant et miséricordieux, qui avez fait briller votre Serviteur Benoît-Joseph par son humilité, sa pauvreté, sa patience et son admirable dévotion envers Jésus eucharistique et sa très sainte Mère Marie, et qui l'avez honoré après sa mort de prodiges sans nombre : faites que nous l'imitions pendant notre vie dans sa dévotion, et que, par son intercession, nous jouissions dans le ciel, après notre mort, des récompenses éternelles. Par le même Jésus-Christ, notre Seigneur. Ainsi soit-il.

6. *Prière à saint Benoit-Joseph Labre, imprimée par la Postulation, à l'occasion de la canonisation solennelle du 8 décembre 1881.*

O exemplaire admirable de la perfection chrétienne,

Saint Benoît-Joseph Labre, dès le premier usage de la raison jusqu'à la mort, Vous avez conservé immaculée la robe d'innocence, et, abandonnant toute chose, pèlerin sur la terre, Vous n'avez plus cherché que les souffrances, les privations, les opprobres. Eh bien, moi, misérable pécheur, prosterné à vos pieds, je remercie l'infinie bonté du Très-Haut qui a voulu imprimer en Vous une image si vive de son Fils crucifié, tandis que je reste confus en voyant combien votre vie est différente de la mienne. De grâce, cher Saint, prenez pitié de moi ; présentez vos mérites au trône de l'Eternel, obtenez-moi la faveur d'arriver, en suivant vos exemples, en conformant mes actions aux préceptes et aux enseignements du divin Maître, à aimer vraiment ses souffrances et ses humiliations, et à mépriser tellement les plaisirs et les honneurs de ce monde que ni la crainte des unes ni le désir des autres ne m'induisent jamais à transgresser sa sainte loi, et que j'obtienne ainsi d'être un jour reconnu et rangé au nombre des bénis de son Père. Ainsi soit-il.

Pater, Ave et *Gloria.*

℣ Ora pro nobis, Sancte Benedicte Joseph.

℟ Ut digni efficiamur promissionibus Christi.

Oremus

Deus, qui Sanctum Benedictum Josephum Confessorem tuum humilitatis studio et paupertatis amore tibi uni adhærere fecisti, da nobis ejus suffragantibus meritis terrena cuncta despicere et cœlestia semper inquirere. Per Christum Dominum nostrum. Amen.

S. S. Léon XIII a daigné accorder 100 jours d'indulgence une fois par jour à ceux qui récitent dévotement cette prière.

6° Cantiques en l'honneur du Saint.

1. *Cantique que chantaient les prêtres français réfugiés à Londres, s'encourageant à supporter les peines de l'exil par la pensée des rigueurs de la pénitence du saint Pèlerin français.*

1

L'humilité profonde
Triomphe cette fois,
Et le faste du monde
Va perdre tous ses droits.
Dissipez vos alarmes,
Pauvres, levez les yeux !
Labre, du sein des larmes,
Vient de passer aux cieux.

2

Dès la fleur de son âge,
Il ne chercha que Dieu ;
Biens, parents, héritage,
De tout, Jésus tint lieu.
Monde, les saints t'abhorrent ;
Tu fais couler leurs pleurs.
Mais pour ceux qui t'adorent
As-tu quelque douceur ?

3

La Trappe pénitente
Excite ses désirs ;
La Chartreuse abstinente
Enflamme ses soupirs ;
Mais de ces monastères
Il tarit les rigueurs,
Et leurs règles austères
N'ont point assez d'horreurs.

4

Éclairé par la grâce
Et fidèle à sa voix,
Il marche sur la trace
D'un Dieu mort sur la croix.
Rome est sa solitude,
L'Évangile est sa loi ;
La croix est son étude,
Aimer Dieu, son emploi.

5

Quel glorieux partage,
Jésus et ses douleurs !
Quel touchant héritage,
La croix et ses rigueurs !
Labre, au sein des misères
Plus riche que les rois,
Tu fais part à tes frères
Des biens que tu reçois.

6

O douce Providence,
Mère pleine d'attraits,
Avec reconnaissance
Il reçut tes bienfaits.
Mais si, sur son passage,
Tu versas des rigueurs,
Providence si sage,
Tu les changeas en fleurs.

7

Au milieu de ce monde,
Le ciel fut dans son cœur ;
Des saints la paix profonde
Excitait son ardeur.
Dieu ! ta plus pure flamme,
Sur l'aile de l'amour,
Consumait sa belle âme,
La brûlait nuit et jour.

8

Les pauvres l'assistèrent
Au moment de la mort ;
Et les Anges portèrent
Son âme jusqu'au port.

O mort digne d'envie,
Sois l'objet de mes vœux !
Pauvre dans cette vie
Et riche dans les cieux.

2. *Autre cantique,*
complété à l'occasion de la béatification.

1

Je veux chanter la gloire
Du Bienheureux Benoît,
Et dire à sa mémoire
Comme il fut simple et droit ;
Comment vers la patrie
Constamment voyageur,
Il modela sa vie
Sur celle du Sauveur.

2

Au village d'Amettes
Benoît reçut le jour
De parents fort honnêtes,
Et pour Dieu pleins d'amour.
Premier astre qui brille
Au front de ses parents,
Il fut, dans la famille,
L'aîné de quinze enfants.

3

Un frère de son père,
Vicaire du dit lieu,
Dans l'onde salutaire
Le fit enfant de Dieu.
Son goût pour la souffrance
Parut dès cet instant :
Et l'âge d'innocence
Le montra pénitent.

4

Un frère de sa mère,
Ministre du Seigneur,
De cet ange sur terre
Se fit le précepteur.
La tâche était facile
A l'égard d'un enfant
Doux, pieux et docile,
Autant qu'intelligent.

5

Dans un âge encor tendre
Qui n'aime qu'à jouir,
On le voit se défendre
Des attraits du plaisir.
O précieux augure !
Il est indifférent,
Soit à sa nourriture,
Soit à son vêtement.

6

Dès sa huitième année,
Il n'aspire qu'aux cieux :
Une sœur bien-aimée
Expire sous ses yeux.
« Pour toujours tu vas vivre,
Dit-il, au sein de Dieu ;
Que ne puis-je te suivre,
Ma sœur, c'est tout mon vœu ! »

7

Mais voici venir l'heure
Où dans ce cœur de choix
Dieu fera sa demeure
Pour la première fois.
Quel feu divin l'embrase
Auprès des saints parvis !
Dans sa pieuse extase
Il est en Paradis.

8

Dès lors, progrès immenses
Vers la perfection,
Austères pénitences,
Mortification.
Il semble à qui l'admire
Que le terme est atteint :
Et chacun de redire
Que c'est un petit saint.

9

A lire de bons livres,
Faits pour former le cœur,
O Benoît, tu te livres
Avec un saint bonheur,
Mais celui qu'encor jeune
Tu sais surtout goûter,
C'est le Père Lejeune,
Si bon à méditer.

10

L'éternité le frappe
Par ses enseignements ;
Benoît veut à la Trappe
S'enfermer dès quinze ans.
La volonté d'un père
S'oppose à son projet ;
Benoît, qui la révère,
S'incline et se soumet.

11

Après un an, son père
A ce pieux dessein,
Vaincu par sa prière,
Veut bien donner la main.
Il part, plein d'allégresse ;
Mais du cloître susdit
A sa grande jeunesse
L'accès est interdit.

12

Il rentre à son village,
Non sans verser des pleurs ;
Il attend que son âge
Lui donne entrée ailleurs.
Deux fois il se présente
Au couvent des Chartreux :
Mais les efforts qu'il tente
Ne sont pas plus heureux.

13

La maison paternelle
Le revoit donc encor ;
Mais, à la croix fidèle,
Souffrir est son trésor.
Contre lui-même il s'arme ;
C'est un crucifiement.
Sa mère s'en alarme,
Et s'en plaint tendrement.

14

Il couchait sur la dure,
Et longuement jeûnait :
Sa part de nourriture,
Au pauvre il la donnait ;
Il priait dans les veilles,
Pendant de longues nuits :
S'exerçant aux merveilles
Qu'il opéra depuis.

15

A divers monastères
Six ans il va frappant ;
Ils ne sont pas austères
Au gré du pénitent.
Il sent que Dieu l'appelle
A de meilleurs combats.
Mais où sa voix veut-elle
Guider enfin ses pas ?

16

Redoublant ses prières
Et sa dévotion,
Il cherche des lumières
Pour sa vocation.
Il part pour l'Italie,
Espérant cette fois
Que du Dieu qu'il supplie
Il entendra la voix.

17

Oui, notre saint jeune homme
A trouvé son chemin :
Dieu, qui l'appelle à Rome,
Le voulait pèlerin.
Un long pèlerinage
Attendait tous ses pas :
Benoît sera l'image
De l'exil d'ici-bas.

18

Il passe par Lorette,
Qu'il reverra souvent :
Dans Assise il s'arrête,
Puis à Rome il se rend.
Saints lieux, Benoît s'adonne
A vous visiter tous :
Devant chaque Madone
On le voit à genoux.

19

Ce que surtout il aime
C'est la SCALA SANTA,
Que sur ses genoux même
Si souvent il monta.
Quel amour le pénètre
Sur ces vingt-huit degrés !
Le sang du divin Maître
Les a tous consacrés.

20

Après un an à Rome.
Notre Saint va partir
Pour les lieux qu'on renomme
Par un grand souvenir.
Vous, ô lointaines terres
Qui le vîtes prier,
Vos bénis sanctuaires
Ne sauraient l'oublier.

21

Dans ces saintes visites
Qu'il fait toujours nu-pieds,
Quel trésor de mérites,
Mon Dieu, vous lui comptiez !
Pour lui la planche nue
Est un lit trop peu dur :
Il couche dans la rue,
La tête contre un mur.

22

Le ciel, qui le contemple,
Nous le montre partout
Riche de bon exemple
Et dénué de tout :
Bénissant qui lui donne,
Mais sans tendre la main ;
Et répandant l'aumône
Partout sur son chemin.

23

Jamais il ne conserve
L'argent qu'on lui donnait :
« Dieu, dit-il, m'en préserve :
La main me brûlerait. »
Quel remède à la plaie
De nos contemporains !
A qui donc la monnaie
Brûle-t-elle les mains ?

24

Si les haillons qu'il porte
Inspirent le mépris,
Les affronts qu'il supporte
Sont pour lui d'un grand prix.
Les excès de l'injure
Lui sont un vrai bonheur ;
Et jamais un murmure
Ne monte de son cœur.

25

Dieu ! quelles nourritures
Pour votre chérubin !
Fruits gâtés, épluchures
Ont apaisé sa faim.
Souvent des eaux bourbeuses
Pour sa soif ont suffi :
O tables somptueuses,
Il vous jette un défi !

26

Pourquoi taire un supplice
Qu'il ne s'épargna pas ?
Que votre affreux cilice
Rappelle saint Thomas !
Vermine pour vermine,
Celle du corps me plaît
Mieux que celle qui mine
L'âme, où Dieu se déplaît.

27

Rome pour six années
Revoit l'homme de Dieu ;
Là toutes ses journées
Se passent au saint lieu.
Benoît dans sa prière,
En contemplation,
N'habite plus la terre,
Mais la sainte Sion.

28

Le soir au Colisée
Le Saint avait repris
Sa niche méprisée
Parmi ces grands débris.
A le voir se combattre,
N'est-il pas un martyr ?
Dans cet amphithéâtre
Il lui sied de dormir.

29

Un lieu pour la prière
A ses affections ;
Votre humble sanctuaire,
Notre-Dame-des-Monts !
Usé de pénitence,
Un jour qu'il en sortait,
Dans une défaillance
Notre Saint se mourait.

30

On s'emprese : on l'emporte
Chez un voisin ami :
C'est un boucher qui porte
Pour nom Zaccarelli.
Dans ce modeste asile,
Pauvre de Jésus-Christ,
Joyeux, libre et tranquille,
Vous rendîtes l'esprit.

31

Ce pauvre qui, la veille,
N'inspirait que dégoûts,
Il devient, ô merveille !
L'attention de tous ;
Et la foule accourue,
Dans un pieux transport,
Fait retentir la rue
Du cri : « Le Saint est mort ! »

32

Dans la voisine église,
Qu'il préféra toujours.
Il faut qu'on l'introduise :
Immense est le concours.
De sa gloire invincible
Rayon pur et touchant !
Sa chair souple et flexible
Est la chair d'un enfant.

33

Dans la pieuse enceinte
Un triomphe l'attend ;
Quand la dépouille sainte
Dans sa tombe descend,
Un perclus s'en approche ;
Et l'on entend ce cri
Gagnant de proche en proche :
« Miracle ! il est guéri. »

34

Dieu lui-même à sa gloire
Se plaît à travailler ;
A *Rome*, la victoire
Pour lui vient de briller.
Rebut de cette terre,
Mais perle dans les cieux,
Il est par le Saint-Père
Proclamé Bienheureux.

35

Arras bientôt l'honore
Par ses solennités,
Belles comme une aurore
Des célestes clartés.
Quel éclat environne
Son triomphe ici-bas !
Pour former sa couronne
Je vois vingt-cinq prélats.

36

Les pèlerins d'*Amettes*
Encombrent les sentiers ;
Ceux qui vont à ses fêtes
Se comptent par milliers.
C'est un pèlerinage
Qui n'aura pas de fin,
Sois fier, heureux village
De ton cher Pèlerin !

3. *Cantique composé par l'abbé* DINOUART, *guéri miraculeusement en 1783.*

1

O Labre! ami de l'Être incomparable,
De ton crédit tout ressent les effets :
Vois en pitié mon état déplorable,
Entends mes vœux, exauce mes souhaits.

2

Oui, j'ai péché, j'en fais l'aveu sincère ;
Pour le pardon j'implore ton secours.
Hélas ! je sens l'excès de ma misère ;
Cher protecteur, à ton nom j'ai recours.

3

Par charité, soutiens ma confiance ;
Ah ! je gémis sur mes égarements,
De ton pouvoir j'implore l'assistance,
Demande à Dieu pour moi tes sentiments.

4

Que votre grâce, ô Seigneur, est puissante !
Parlez : mes maux disparaîtront soudain.
Labre, en ce jour, seconde mon attente ;
Je recevrai ce bienfait par sa main.

5

Les maux du corps font souvent languir l'âme.
Le péché seul rend l'homme malheureux.
L'amour de Dieu, quand le cœur il enflamme,
Peut seul ici nous rendre tous heureux.

6

Tu me l'apprends, ô Juste vénérable,
Par tes vertus tu m'apprends à servir,
Comme je dois, l'Etre seul tout aimable :
De son amour qu'il daigne me remplir.

7

De l'Homme-Dieu tu compris le mystère ;
Pour l'imiter tu vivais inconnu ;
Tu te plaisais à souffrir, à te taire.
Dieu maintenant exalte ta vertu.

8

Labre, ton nom sur la terre et sur l'onde
Vole, et partout est connu, révéré ;
Tu pris plaisir d'être ignoré du monde ;
Mais Dieu se plaît à te voir honoré.

9

Si tu répands sur tous ta bienfaisance
En obtenant des dons et des faveurs,
Daigne, ô Français! écouter dans la France
Les tendres vœux que t'adressent les cœurs.

10

Obtiens pour nous, en marchant sur tes traces,
Soumis en tout, et pour Dieu pleins d'amour,
Que le Seigneur nous comble de ses grâces,
En nous plaçant dans l'éternel séjour.

4. *Chant de reconnaissance à* saint Benoît-Joseph LABRE, *composé en 1783 à l'occasion de Sœur Victime de Jésus, dame de l'Adoration perpétuelle du très saint Sacrement, à Carpentras.*

1

Benoît-Joseph, ô pauvre incomparable,
De ton crédit tout ressent les effets;
Vois en pitié mon état déplorable
Entends mes vœux, accomplis mes souhaits.

2

Mon cœur confus te fait l'aveu sincère
D'avoir un temps douté de ton secours;
Mais aujourd'hui l'excès de ma misère
Fait qu'à ton nom, avec foi, j'ai recours.

3

Par charité, soutiens ma confiance,
Mets en oubli mes premiers sentiments;
De ton pouvoir j'implore l'assistance,
Daigne obtenir la fin de mes tourments.

4

Vois à tes pieds ce chœur d'adoratrices
Du même Dieu qui t'embrasait d'amour;
De l'adorer elles font leurs délices,
Et tu faisais près de lui ton séjour.

5

Que ce rapport m'encourage et m'anime !
Pourrais-tu bien, fidèle Adorateur,
Un plus long temps souffrir cette victime
Loin de l'autel, source de son bonheur ?

6

Non, non ; je sens qu'étant Adoratrice,
A ton crédit j'ai des droits bien puissants ;
Rends à mon cœur son plus cher exercice.
Pour cet objet que mes vœux sont pressants !

7

Daigne obtenir de l'aimable Marie.
En ta faveur, sous sa protection,
Que je reçoive une nouvelle vie.
Pour l'employer à l'Adoration.

8

Que sens-je ! ô ciel ! Quelle joie ravissante !
Mes maux divers m'abandonnent soudain.
Benoît-Joseph, tu remplis mon attente ;
Oui, je ressens ta bienfaisante main.

9

Vous tous, témoins de l'état pitoyable
Qui, chaque jour, me tenait aux abois,
Reconnaissez son secours favorable,
Pour le bénir, ne faisons qu'une voix.

10

Benoît-Joseph, que ma reconnaissance
Fasse au plus loin retentir ses accents.
Je veux partout de ta munificence
Faire annoncer les effets ravissants.

11

D'un Dieu caché tu compris le mystère ;
Pour l'imiter tu vivais inconnu,
Tu te plaisais à souffrir et te taire.
Aussi le ciel exalte ta vertu.

12

Déjà ton nom sur la terre et sur l'onde
Vole, et partout est connu, révéré ;
Tu pris plaisir d'être ignoré du monde,
Mais Dieu se plaît à te voir honoré.

13

Ne borne pas sur moi ta bienfaisance,
Répands au loin tes grâces, tes faveurs ;
Daigne surtout d'un œil de complaisance
Voir les souhaits qu'ici font tous les cœurs.

14

Fais qu'à l'envi nous volions sur tes traces
En adorant le Sacrement d'amour.
De tes vertus, de tes dons, de tes grâces,
De ton esprit revêts-nous chaque jour.

(Tiré d'un vieux recueil.)

5. Cantique composé à l'époque de la béatification.

1

Dans nos concerts pieux
De notre Bienheureux
Célébrons la mémoire ;
Tout redit en ces lieux,
A nos cœurs, à nos yeux,
Ses vertus et sa gloire.

2

Dès ses plus tendres ans,
Benoît fut des enfants
Le plus parfait modèle ;
Candide, obéissant,
Humble, doux, bienfaisant
A tout devoir fidèle.

3

Déjà brûlant d'amour,
Il offrait, nuit et jour,
Une ardente prière,
Et son cœur tressaillait
Pendant qu'il contemplait
L'auguste et saint Mystère.

4

Comme un autre Alexis,
Désirant, à tout prix,
Fuir la peine éternelle,
Dès l'âge de seize ans,
Il quitte ses parents
Et vole où Dieu l'appelle.

5

A Sept-Fonts, aux Chartreux,
Des saints religieux
D'abord il suit la trace :
Mais, malgré son ardeur,
Un trouble intérieur
Le fatigue et le lasse.

6

Il part en pèlerin,
Changeant chaque matin
De voie et de demeure ;
Seul et sans compagnon.
Il est en oraison
En tous lieux, à toute heure.

7

De haillons revêtu,
Il marche le pied nu
Et couche sur la dure,
Souffrant avec bonheur
De la faim la douleur,
De l'hiver la froidure.

8

Il vénère d'abord,
Dans un pieux transport,
La maison de Lorette,
Et le ravissement
Qu'en son âme il ressent
L'y retient et l'arrête.

9

Il part et chaque jour
Visitant tour à tour
Un nouveau sanctuaire,
Du saint qu'il vient prier
Il brûle d'égaler
La vertu la plus chère.

10

Le Suisse et l'Allemand,
L'Espagnol et le Franc
Et toute l'Italie
Admirent sa douceur,
Sa bonté, sa candeur,
Sa rare modestie.

11

Six ans le Bienheureux
Poursuit d'un pas joyeux
Ce long pèlerinage,
Quand l'esprit du Seigneur
Dit à son serviteur :
« C'est assez de voyage. »

12

Dès lors il suit l'attrait
Qui toujours le poussait
Dans la ville éternelle.
A Rome seulement
Il trouve un aliment
Qui suffise à son zèle.

13

Là, docile à la voix
D'un Dieu mort sur la croix
Et fidèle à sa grâce,
Plus pauvre que jamais,
Il est sûr désormais
De marcher sur sa trace.

14

Sa robe est un lambeau ;
Un débris de chapeau
Couvre son front modeste ;
Pour apaiser sa faim,
De légume ou de pain
Il mange quelque reste.

15

Chaque soir, retiré
Sous un mur délabré,
Il poursuit sa prière,
Et pour trêve à ses maux
Prend un peu de repos
Couché sur une pierre.

16

La sainte pauvreté,
Dans toute sa beauté
A pour lui tant de charmes.
Qu'il croirait peu l'aimer
S'il n'osait affronter
Ses horreurs et ses larmes.

17

L'effroi du mendiant,
L'insecte avilissant
Qui le gêne et déchire,
Les affronts, les mépris
Ont pour lui plus de prix
Que le sanglant martyre.

18

Souvent en butte aux coups,
Il reste calme et doux
Comme son divin Maître :
« Il ferait pis encor,
« Répond-il tout d'abord,
« Qui pourrait me connaître. »

19

Ministres du Seigneur,
Témoins de sa ferveur,
Dites, quels sanctuaires
Ne l'ont vu tout le jour
Répandre avec amour
Ses pleurs et ses prières ?

20

Tantôt d'un front heureux
Il vient offrir ses vœux
A la Vierge Marie :
Il ne peut se lasser
De bénir et d'aimer
Cette Mère chérie.

21

Tantôt, considérant
De Jésus expirant
L'ineffable mystère,
Il suit, les yeux en pleurs,
La trace des douleurs
De son Dieu, de son père.

22

Plus souvent, soupirant
Près du Saint-Sacrement,
Il est inconsolable ;
Il a vu le pécheur
Outrager le Sauveur
En son temple adorable.

23

Qui dira son bonheur,
Quand il sent dans son cœur
Venir le Dieu suprême !
Il adore, il bénit,
Il loue, aime et gémit ;
Il est hors de lui-même !

24

Enfin ses longs travaux
Ses jeûnes et ses maux
Ont épuisé sa vie ;
Alors d'un œil serein
Il voit venir sa fin :
C'était sa seule envie,

25

O Seigneur tout puissant,
C'est à vous maintenant
De publier sa gloire ;
De dire à vos enfants
Par des traits éclatants
Que grande est sa mémoire.

26

Et vous, ô Bienheureux,
Qui régnez en ces lieux
Par votre bienfaisance,
De tant de malheureux
Vous entendez les vœux ;
Montrez votre puissance.

6. *Cantique en l'honneur de* S. Benoît-Joseph LABRE, *composé en* 1882.

1

D'un Saint, enfant de notre France,
Nous vénérons ici (1) le cœur.
Martyr d'amour et de souffrance,
Labre au Ciel arrive en vainqueur.

REFRAIN

Trésor de cet humble village,
Cœur de Labre, aimé de Jésus,
Nous vous bénirons d'âge en âge.
Donnez, donnez-nous vos vertus.

2

Dieu seul, voilà, dès son jeune âge,
Son bien, son unique trésor.
Il renonce à son héritage ;
Plus rien n'arrête son essor.

3

Vaillant, sur les traces du Maître,
Il foule aux pieds tous les appas.
Humble et pauvre dans tout son être,
Il n'a plus d'asile ici-bas.

4

Comme une lampe solitaire
Qui brûle la nuit et le jour,
Labre se consume en prière
Devant le Dieu de son amour.

(1) L'église de Marçay, dans le diocèse de Poitiers.

5

Retirez-vous, esprit immonde,
Rien n'est à vous dans un grand cœur ;
Ce pèlerin, rebut du monde,
Est à jamais votre vainqueur.

6

Quand vient enfin l'heure dernière,
Labre s'endort comme un enfant
Qui repose au sein de son père ;
Quel réveil fut plus triomphant !

7

Pour un court moment de souffrance,
O vous qui régnez à jamais,
N'oubliez pas Rome et la France,
Au sein de la Cité de paix.

8

Riches, le Seigneur vous l'ordonne,
A l'indigent tendez la main ;
Pauvres, voyez votre couronne.
Labre vous montre le chemin.

9

Chrétiens, acceptons la souffrance,
Pour tous le gage précieux
De la divine récompense
Qui nous attend un jour aux Cieux.

10

Remportons tous une étincelle
De cet amour brûlant pour Dieu.
Et quand partout la foi chancelle,
Ranimons-la dans ce saint lieu.

M. CROCHARD.

7⁰ Office et Messe de Saint Benoît-Joseph Labre nouvellement concédés.

DIE XVI APRILIS

IN FESTO S. BENEDICTI JOSEPHI LABRE CONFESSORIS

I. IN OFFICIO

Omnia de communi confessorum non pontificum præter ea quæ sequuntur.

OREMUS

Deus qui Sanctum Benedictum Josephum Confessorem tuum humilitatis studio, et paupertatis amore Tibi uni adhærere fecisti, da nobis ejus suffragantibus meritis, terrena cuncta despicere, et cœlestia semper inquirere. Per Dominum Nostrum Jesum Christum Filium tuum, etc.

IN PRIMO NOCTURNO

Lectiones de scriptura occurrente; in quadragesima vero : Justus si morte præoccupatus fuerit......

IN SECUNDO NOCTURNO

LECTIO IV

Amettis in Gallia in diœcesi Bononiensi anno millesimo septingentesimo quadragesimo octavo in lucem editus est honestis piisque parentibus Benedictus Josephus Labre. Gratiæ divinæ donis præventus pueritiam domi sanctissime exegit : ab inanibus ludis abhorrens fratribus pietatis, obedientiæ, solertiæ in addiscendis religionis et litterarum rudimentis fuit exemplo. Ad patruum, qui sacerdos parœciam moderabatur virtute eximia, missus, plurimum in bonarum artium studiis, inque pietatis exercitatione profecit.

In Deum religio, in proximum charitas in Benedicto Josepho adolescente enituerunt : nemini egeno, qui stipem peteret, defuit, neminem a se inanem dimisit. Cum dira lues late in provincia grassaretur, patruo curioni adfuit, ei se comitem in ægris adeundis adjunxit, et parum abfuit, quin vitam profunderet, ut patruo accidit. Nihil innocens adolescens omisit, quod ad levandam ægrotantium calamitatem pertineret : eorum vices tum in ovibus ad pascua agendis, tum in agris colendis præstitit. Inde ad avunculum digressus, ejus in domo mira edidit virtutum exempla : socii enim et contubernalis, qui ejus illudebat pietati, eumque assidue vexabatur, vitia patienter perpessus est.

LECTIO V

Ad asperrimum vitæ genus a prima adolescentia Benedictus Josephus ferri visus est. Noctu nudis asseribus incubabat, jejunus, aut minimo panis frustulo dies exigebat, se flagellis cædebat, genibus nixus plures horas ante Christum Deum in Eucharistia delitescentem traducebat. Cum se ad sanctius vitæ institutum a Deo vocari existimaret, Trappense Cœnobium primum adiit, sed gravi correptus morbo abscedere coactus est, domumque remeare. Carthusianis quoque adscribi petiit, hinc ad Cistercienses commigravit : sed ab utrisque morbo diuturno conflictatus recessit. Itaque prece assidua Deum exorabat, ut quæ vitæ ratio sibi foret incunda, ostenderet. Cœlesti instinctu sese ad novum vitæ genus impelli sensit, Sanctique Alexii vestigiis sibi insistendum esse perspexit : quod pii juvenis consilium conscientiæ ejus moderator probavit. Hac mente Benedictus Josephus duos et viginti annos natus sacris se itineribus dedit, veste obsoleta, quæ non frigus arceret, sed honestati consuleret, rudi pileolo, fune præcinctus, inops, rerum omnium egenus, oblata stipe victitans, peram saxis onustam humeris gestans, ut viæ labores graviores redderet. Italiam, Helvetiam, Germaniam, Pannoniam, Hispaniam lustravit, sanctiores ædes invisit, in quo illis solidos dies in preces effusus, inque genua volutus morabatur. Iter carpens imbres, nives, glacies, ardentis solis æstus hilari animo ferebat, in cœlestium rerum commentatione defixus, sui oblitus : famem frustulis panis sibi oblatis levabat, sitim fonte restinguebat : noctu de via aliquantum decedens, humi, subdio perbrevem membris defessis soporem indulgebat.

LECTIO VI

In urbibus, et oppidis, quæ pietatis causa adibat, tot virtutum edebat exempla, ut beatissimi censerentur, qui eum intra domesticos parietes excepissent : sæpe eorum pietatem Deus eximiis beneficiis muneratus est. Præ cæteris autem sacris ædibus Lauretanam Matris Dei Mariæ domum singulari cultu est prosequutus. Deus vero servi sui sanctitatem prodigiis, futurorum notitia, aliisque signis ostendit. Romæ autem, in qua urbe largius suis optatis satis poterat fieri, peregrinationum metam et sedem constituit. Amphitheatri Flavii porticus, ubi tot millia Martyrum Christi fidem sanguine sanxerunt, Benedictum Josephum excepit : sepulchrum Apostolorum in basilica Vaticana, S. Aloisii aram, easque sacras ædes, ubi publicæ pietati propositus erat solemni ritu Christus Deus in Eucharistia, frequens adibat, ibique perdiu ea modestia immorabatur, ut omnium in se oculos converteret. Nec ejus virtuti dura defuerunt certamina : plebis enim minutæ ludibria, et eorum, qui ejus vitæ rationes carperent, obtrectationes æquissimo et hilari animo perpessus est. Sed ejus patientiæ præmium Deus diutius non distulit. Præcipiti morbo correptus ad cœlestem sedem demigravit XVII Kalendas Maias anno millesimo septingentesimo octogesimo tertio, cum ageret annum quintum et trigesimum. Benedicto Josepho Pius IX Pontifex Maximus cœlitum beatorum honores tribuit anno millesimo octingentesimo sexagesimo : Leo vero XIII Pontifex Maximus novis fulgentem prodigiis Sanctorum fastis solemni ritu adscripsit festo die Conceptus Immaculati Matris Dei Mariæ anno millesimo octingentesimo octogesimo primo.

IN III NOCTURNO

LECTIO VII

† Sequentia sancti Evangelii secundum Lucam. *Luc.*, cap. x.

In illo tempore dixit Jesus : Homo quidam descendebat ab Jerusalem in Jericho, et incidit in latrones, qui etiam despoliaverunt eum, et plagis impositis abierunt, semivivo relicto. Et reliqua.

Homilia S. Joannis Chrysostomi. (*Orat. VIII adversus Judæos, num.* 3.)

Imitare Samaritanum illum, qui tantam erga vulneratum hunc præstitit sollicitudinem. Etenim illac præteriit Levita, præteriit Pharisæus, et neuter deflexit, sed inclementer, crudeliterque relicto illo abierunt. Samaritanus autem, qui nullo modo illi conjunctus erat, non prætercurrit, sed accurrens misertus est, instillavit oleum et vinum, imposuit jumento, duxit ad diversorium, pecuniam partim dedit, partim

pollicitus est pro ejus curatione; nec dixit apud se :
Quæ mihi cura est istius? Samaritanus sum : nihil mihi
cum illo; procul absumus a civitate, et ille ne in-
gredi quidem potest. Quid autem si ferre non possit
viæ longitudinem, mortuum afferam?

LECTIO VIII

Samaritanus humanus et mitis nihil horum refor-
midat, non periculum, non pecuniarum impendium,
non aliud quidpiam. Quod si Samaritanus adeo humanus et misericors fuit erga hominem ignotum,
quam habituri nos sumus veniam, si proprios fratres
neglexerimus? Nec Samaritanus ille hæc dicebat :
sed perinde quasi venatum maximum nactus esset,
ita lucrum arripuit. Et tu igitur cum videris aliquem
egentem curatione vel corporis, vel animæ, ne dicito
apud temetipsum, quare ille et ille eum non curave-
runt? sed a morbo libera neque rationes ab illis exi-
gas negligentiæ.

LECTIO IX

Si inveneris aurum derelictum in via, num dicis
apud teipsum, quare ille et ille non sustulerunt, sed
festinas ante alios, rapere. Idem et de fratribus ægris
aut collapsis cogita, putatoque te thesaurum repe-
risse, nimirum curam illorum. Etenim si instilla-
veris illi velut oleum, sermonis doctrinam, si ligaveris
mansuetudine, si sanaveris tolerantia : ille te faciet
ditiorem quovis thesauro. Hisce verbis animum adhi-
beas : Christus Jesus non Levitam, non Sacerdotem
laudavit, sed Samaritanum, quia apud illum inventa
est misericordia. Hæc sunt verba Filii Dei, hæc etiam
operibus exhibuit : nec pro amicis solum et suis mor-

tuus est, sed pro inimicis, pro odientibus se, pro crucifigentibus : pro iis sanguinem suum fudit, pro iis se necari passus est.

II. MISSA

Ego autem mendicus sum et pauper : Dominus sollicitus est mei. (*Ps.* xxxix.)

Beatus qui intelligit super egenum et pauperem, in die mala liberabit eum Dominus. (*Ps.* xl, 1.)

Gloria Patri, et Filio, etc.

OREMUS

Deus qui sanctum Benedictum Josephum confessorem tuum humilitatis studio et paupertatis amore tibi uni adhærere fecisti, da nobis ejus suffragantibus meritis, terrena cuncta despicere, et cœlestia semper inquirere. Per Dominum Nostrum Jesum Christum Filium tuum, etc.

EPISTOLA

Lectio libri Tobiæ. (*Cap.* iv.)

Audi, fili mi, verba oris mei, et ea in corde tuo quasi fundamentum construe. Omnibus diebus vitæ tuæ in mente habeto Deum : et cave ne aliquando peccato consentias, et prætermittas præcepta Dei nostri. Ex substantia tua fac eleemosynam, et noli avertere faciem tuam ab ullo paupere : ita enim fiet, ut nec a te avertatur facies Domini. Quomodo potueris, esto misericors : si multum tibi fuerit, abundanter tribue : si exiguum tibi fuerit, etiam exiguum libenter **impertiri** stude. Præmium enim bonum tibi thesaurizas in die necessitatis. Quoniam eleemosyna ab omni peccato, et a morte liberat, et non patietur animam ire in tenebras. Fiducia magna erit coram summo Deo eleemosyna omnibus facientibus eam.

GRADUALE

Ps. LXXXV, 1. — Inclina, Domine, aurem tuam et exaudi me : quoniam inops et pauper sum ego.

℣. Custodi animam meam : salvum fac servum tuum, Deus meus, sperantem in te. Alleluia, Alleluia.

℣. *Tobiæ*, XII, 20. — Vos autem benedicite Deum, et narrate omnia mirabilia ejus. Alleluia.

Post Septuagesimam, omissis Alleluia *et versu sequenti, dicitur :*

TRACTUS

Tob., XII, 8. — Bona est oratio cum jejunio, et eleemosyna magis quam thesauros auri recondere.

Tob., XII, 9. — Eleemosyna ipsa est, quæ purgat peccata, et facit invenire misericordiam, et vitam æternam.

Tob., XII, 12. — Quando orabas cum lacrymis, ego obtuli orationem tuam Domino.

Tob., XII, 8. — Et quia acceptus eras Deo, necesse fuit ut tentatio probaret te.

Tempore paschali omittitur Graduale *et ejus loco dicitur :*

Alleluia, Alleluia. ℣. *Tob.*, XII, 8. Bona est oratio cum jejunio et eleemosyna magis quam thesauros auri recondere. Alleluia.

℣. *Tob.*, XII, 9. — Eleemosyna ipsa est, quæ purgat peccata, et facit invenire misericordiam et vitam æternam. Alleluia.

EVANGELIUM

☩ Sequentia sancti Evangelii secundum Lucam.
(*Luc.*, x.)

In illo tempore dixit Jesus : Homo quidam descendebat ab Jerusalem in Jericho, et incidit in latrones, qui etiam despoliaverunt eum, et plagis impositis abierunt, semivivo relicto. Accidit autem ut sacerdos quidam descenderet eadem via, et viso illo præterivit. Similiter et Levita, cum esset secus locum, et videret eum pertransiit. Samaritanus autem quidam iter faciens venit secus eum : et videns eum misericordia motus est. Et approprians alligavit vulnera ejus, fundens oleum et vinum : et imponens illum in jumentum suum, duxit in stabulum et curam ejus egit. Et altera die protulit duos denarios et dedit stabulario, et ait : Curam illius habe ; et quodcumque supererogaveris, ego, cum rediero, reddam tibi. Quis horum trium videtur tibi proximus fuisse illi, qui incidit in latrones ? At ille dixit : Qui fecit misericordiam in illum. Et ait illi Jesus : Vade et tu fac similiter.

OFFERTORIUM

Propter nos egenus factus est Dominus Noster Jesus Christus, cum esset dives. (*II Cor.*, VIII, 9.)

SECRETA

Oblata munera, clementissime Deus, propitius respice, et Sancti Benedicti Josephi confessoris tui interveniente suffragio, in salutem nobis provenire concede. Per Dominum Nostrum Jesum Christum, etc.

COMMUNIO

Si exprobramini in nomine Christi, beati eritis.
(*I Petr.*, IV, 14.)

POSTCOMMUNIO

Sacris, Domine, refecti muneribus, quæsumus, ut Sancti Benedicti Josephi confessoris tui virtutes imitemur, cujus poscimus meritis adjuvari. Per Dominum Nostrum Jesum Christum, etc.

DIE XVI APRILIS

ELOGIUM IN MARTYROLOGIO ROMANO INSERENDUM

Romæ Natalis S. Benedicti Josephi Labre confessoris, sui contemptu et extremæ paupertatis laude insignis.

**Laudetur Jesus Christus in æternum.
Amen.**

TABLE DES MATIÈRES

	Pages.
Hommage à Mgr Lequette, évêque d'Arras	v
Approbations	viii
Préface	xiii
Introduction	xv

PREMIÈRE PARTIE

ENFANCE ET JEUNESSE DE BENOÎT-JOSEPH LABRE	1
Chap. I. — **Enfance de Benoît**	1
Chap. II. — **Jeunesse de Benoît**	11
Art. 1er. — Benoît à Erin	11
Art. 2. — Benoît à Amettes et à Conteville	21
Art. 3. — Benoît essaie d'entrer chez les Chartreux et à la Grande-Trappe	25
Art. 4. — Benoît part pour Sept-Fonts	35

DEUXIÈME PARTIE

BENOÎT MÈNE LA VIE DE PÈLERIN	49
Chap. I. — **Vie de Benoît de 1770 à 1777**	50
Art. 1er. — Premier pèlerinage à Lorette et à Rome	53
Art. 2. — Benoît à Fabriano et à Lorette	56
Art. 3. — Benoît à Lorette, à Moulins, en Espagne et dans le midi de la France	65
Art 4. — Notre-Dame-des-Monts à Rome, quatrième pèlerinage à Lorette	79
Art. 5. — Einsiedeln, Fribourg, l'Allemagne, Rome	89
Chap. II. — **Vie de Benoît de 1777 à 1783**	107
Art. 1er. — Benoît ne quitte plus l'Italie	107
Art. 2. — Huitième pèlerinage à Lorette... L'hospice évangélique à Rome	114
Art. 3. — Monte-Lupone... La famille Sori à Lorette, Rome	119

	Pages.
Art. 4. — Benoît à l'hospice évangélique	134
Art. 5. — Dernier voyage à Lorette	144
Art. 6. — Mort de Benoît	170

Chap. III. — **Dévotion au Saint et procès de canonisation** 174
Art. 1er. — Concours extraordinaire et funérailles...... 174
Art. 2. — Dieu manifeste la sainteté de Benoît par des signes extraordinaires 186
Art. 3. — Procès de béatification et de canonisation... 192
Art. 4. — La canonisation 211

TROISIÈME PARTIE

LA VIE DE SAINT BENOÎT-JOSEPH LABRE APRÈS SA MORT.. 241

Chap. I. — **Prières et Maximes de saint Benoît-Joseph Labre** 244
Art. 1er. — Prières de saint Benoît-Joseph Labre...... 244
  1° Prières que Benoît récitait chaque jour :
    1. Le matin 244
    2. Le soir 245
  2° Prière d'un merveilleux effet 246
  3° Oraisons jaculatoires 249
Art. 2. — Maximes et sentences de saint Benoît-Joseph Labre 250

Chap. II. — **Lieux où se conservent particulièrement le souvenir et les reliques de S. Benoît-Joseph Labre** 260

Chap. III. — **Bibliographie du Saint** 267

Chap. IV. — **Portraits du Saint, images, gravures, statues, médailles, oratoires, etc.** 286

APPENDICE

1° Extraits des registres paroissiaux d'Amettes...... 295
2° Attestations diverses 296
3° Procès-verbal des funérailles 301
4° Lettres diverses 310
5° Prières au Saint 324
6° Cantiques en l'honneur du Saint 330
7° Office et Messe nouvellement concédés 344

Bar-le-Duc — Typ. de l'Œuvre de Saint-Paul, L. Philipona et Cie — 1313

www.ingramcontent.com/pod-product-compliance
Lightning Source LLC
Chambersburg PA
CBHW050536170426
43201CB00011B/1448